Twitter

Den Weg zu Ihrem persönlichen **E-Book** finden Sie
am Ende des Buches.

Nick Bilton ist Kolumnist und Reporter für die *New York Times,* leitet
deren populären Bits Blog und widmet sich der Internet-Revolution
und den sich daraus ergebenden technologischen, wirtschaftlichen
und kulturellen Zukunftsfragen. Anhand von tausenden Dokumenten und in hunderten von Interviewstunden hat er sich ins
Innere des Planeten „Twitter" vorgearbeitet. Bilton lebt mit seinem
Hund Pixel in San Francisco.

Nick Bilton

Twitter

Eine wahre Geschichte von Geld,
Macht, Freundschaft und Verrat

Aus dem Englischen von Ulrike Bischoff
und Andreas Simon dos Santos

Campus Verlag
Frankfurt/New York

Für Sandra, Terry, Leanne, Elissa, ihre Familien und Pixel

Die Originalausgabe erschien 2013 unter dem Titel
Hatching Twitter. A True Story of Money, Power, Friendship and Betrayal
bei Portfolio / Penguin, a member of Penguin Group (USA) LLC, 2013

Copyright © 2013 by Nick Bilton

ISBN 978-3-593-39906-5

Copyrights für den Bildteil
Seite 1 (oben und unten), 2 (oben und Mitte): Dom Sagolla
Seite 2 (unten): Ray McClure
Seite 3 (oben), Seite 4 (oben): Scott Beale
Seite 3 (unten), 5 (unten): Sara Morishige Williams
Seite 4 (unten), Seite 6 (Mitte und unten): Twitter, Inc.
Seite 5 (oben): Scott Heiferman
Seite 6 (oben): Dustin Diaz / Twitter, Inc.
Seite 7 (oben), Seite 8 (unten): Jillian West / Twitter, Inc.
Seite 7 (unten): Geoff Livingston
Seite 8 (oben): Tim Trueman / Twitter, Inc.
Umschlaggestaltung: total italic, Thierry Wijnberg, Amsterdam/Berlin
Satz: Fotosatz L. Huhn, Linsengericht
Gesetzt aus: Scala und Scala Sans
Druck und Bindung: Beltz Bad Langensalza
Printed in Germany

Dieses Buch ist auch als E-Book erschienen.
www.campus.de

Inhalt

Vorbemerkung des Autors

Der Schriftsteller Julian Barnes schrieb einmal:»Geschichte ist die Gewissheit, die dort entsteht, wo die Unvollkommenheiten der Erinnerung auf die Unzulänglichkeiten der Dokumentation treffen.« (*Vom Ende einer Geschichte*, Köln 2011)

Grundlage des vorliegenden Buches sind mehrere Hundert Stunden Interviews mit heutigen und ehemaligen Mitarbeitern von Twitter und Odeo, Staatsdienern, Freunden und wichtigen Bekannten von Twitter-Führungskräften sowie mit Mitarbeitern von Konkurrenzunternehmen und Gespräche mit nahezu allen im Buch erwähnten Personen. Twitter verweigerte mir für dieses Buch zwar offiziell den Zugang zum Unternehmen, aber gegenwärtige und ehemalige Vorstandsmitglieder und alle vier Firmengründer waren bereit, mir Interviews zu geben, die sich alle zusammengenommen über mehr als 65 Stunden erstreckten. Die meisten Interviews wurden aus Gründen der Genauigkeit aufgezeichnet, aber sämtliche Gespräche fanden »on background« statt, also unter der Vereinbarung, dass die Aufzeichnungen zwar für dieses Buch verwendet, aber die einzelnen Quellen des Materials nicht explizit angeführt werden. Nur einige wenige der in diesem Buch genannten Personen lehnten ein Interview ab.

Im Laufe der Interviews stellte sich heraus, dass die Erinnerungen an frühere Ereignisse sich mit der Zeit verändert hatten. Nur in wenigen Fällen gaben zwei Personen an, dass ein Treffen stattgefunden hatte, hatten dann aber drastisch abweichende Erinnerungen in Bezug auf Ort oder Zeit der Begegnung. Wo immer möglich, habe ich mich bemüht, Zeitpunkte und Orte von Ereignissen anhand von mir zugänglichen Dokumenten und natürlich anhand von sozialen Medien zu ermitteln. Ließ sich das nicht herausfinden, habe ich nach besten Kräften den zeitlichen Ablauf zu rekonstruieren versucht. Ich habe mich bewusst entschieden, in meiner Darstellung Aspekte wegzulassen, deren Schilderungen allzu stark voneinander abwichen. An einigen Stellen des Buches weise ich auf Ereignisse hin, die erst einige Monate später stattfanden, um den Lesern die Gesamtbedeutung eines Moments leichter verständlich zu machen.

Dieses Buch basiert zudem auf über tausend Dokumenten, die ich im Laufe meiner Recherchen erhielt oder einsah: Mitarbeiter-E-Mails, Präsentationen der Firmenleitung, Investmentunterlagen, Verträge, Terminkalender von Angestellten, Partnerschaftsunterlagen, Kommunikation mit staatlichen Stellen, Instant-Messenger-Korrespondenz, Zeitungsartikel, Blogeinträge und streng vertrauliche juristische Unterlagen und interne E-Mails von Twitter. Schauplätze, die in diesem Buch eingehend beschrieben sind, habe ich meist persönlich besucht. Die Schilderung innerer Monologe oder Gefühle einer Person beruht auf Interviews mit dem Betreffenden, nicht auf Mutmaßungen.

Trotz hunderter Stunden an Interviews und der internen Dokumente fand ich den genauesten Erinnerungsort im Internet, verstreut auf den Webseiten der sozialen Medien. Gemeinsam mit einer Recherchekraft sichtete ich Zigtausende Tweets, Fotos und Videos.

Während der Recherchen zu diesem Buch stellte sich heraus, dass die Unvollkommenheiten der Erinnerung sich bei meinen Gesprächspartnern zuweilen im Laufe des letzten Jahrzehnts deutlicher ausprägten. Dagegen blieben die Hunderttausenden von Fotos, Videos und Tweets, die sie alle über die Jahre ins Netz gestellt hatten, intakt und halfen, genaue Zeitpunkte, Kleidung, Gespräche und Stimmungen festzumachen. Auch wenn es den Betreffenden damals nicht bewusst war, gewährleisteten die Tools, die sie schufen – insbesondere Twitter –, dass nur sehr wenige Unzulänglichkeiten der Dokumentation die tatsächlichen Ereignisse vernebelten, die diese Geschichte ausmachen.

Start

4. Oktober 2010, 10:43 Uhr, Twitter-Verwaltung

»Raus«, sagte Evan Williams zu der Frau, die im Türrahmen zu seinem Büro stand. »Ich muss mich übergeben.«

Sie trat einen Schritt zurück und schloss die Tür mit einem metallischen Klicken, das durch den Raum hallte, während er mit feuchten, zittrigen Händen nach dem schwarzen Papierkorb in der Ecke seines Büros griff.

Das war's. Seine letzte Handlung als Vorstandschef von Twitter war, sich in einen Papierkorb zu übergeben.

Eine Weile kniete er in seiner dunklen Jeans auf dem groben Teppichboden, bevor er sich an die Wand lehnte. Draußen raschelte der kalte Oktoberwind in den Bäumen der Folsom Street. Verkehrsrauschen mischte sich mit gedämpften Gesprächen vor seiner Bürotür.

Kurz darauf sagte jemand seiner Frau Sara, die ebenfalls bei Twitter arbeitete, Bescheid: »Mit Ev stimmt was nicht.« Sie eilte in sein Eckbüro. Ihre üppigen dunklen Locken wippten leicht beim Gehen.

Sara warf einen Blick auf ihre Armbanduhr und sah, dass Ev nur noch 45 Minuten blieben, bis er vor die 300 Twitter-Mitarbeiter treten und ihnen die Neuigkeit mitteilen sollte. Sie öffnete seine Bürotür und ging hinein.

Ein Stück weiter den Korridor hinunter prüfte Twitters PR-Team

den Blogeintrag, der um 11:40 Uhr auf der Webseite erscheinen sollte, sobald Ev seine Ansprache an die Mitarbeiter beendet, dem neu-
en Vorstandschef das Mikrofon gereicht und die Macht mit einer
simplen Geste übergeben hätte, als reiche er einen Staffelstab weiter.

Der Blogpost, den Tausende Presseabteilungen und Blogs welt-
weit aufgreifen würden, verkündete freudig, dass das vier Jahre alte
soziale Netzwerk Twitter mittlerweile 165 Millionen registrierte
Nutzer habe, die täglich erstaunliche 90 Millionen Tweets sendeten.
Fünf Absätze weiter stand, der gegenwärtige Vorstandschef Evan
Williams trete auf eigenen Wunsch zurück.

»Ich habe beschlossen, unseren Geschäftsführer Dick Costolo zu
bitten, Twitters Vorstandschef zu werden«, hieß es in dem Beitrag,
der angeblich von Ev stammte.

Das war natürlich nicht der Fall.

Ev saß auf dem Boden seines Büros, umklammerte einen Papierkorb und verspürte absolut nicht den Wunsch, dies mitzuteilen. Der
Farmerssohn aus Nebraska, der zehn Jahre zuvor mit kaum mehr
als zwei Reisetaschen voller billiger, abgetragener, zu großer Klei-
der und zigtausend Dollar Kreditkartenschulden nach San Francisco gekommen war, wollte Chef des Unternehmens bleiben, das er
mitgegründet hatte. Aber das würde nicht passieren. Es spielte keine Rolle, dass er mittlerweile über 1 Milliarde Dollar besaß und nur
für Twitter gelebt hatte. Er hatte keine Wahl: Leute, die er eingestellt
und früher zu seinen engsten Freunden gezählt hatte, und einige
Investoren, die das Unternehmen finanziert hatten, hatten ihn in
einem üblen Coup des Verwaltungsrats von der Spitze verdrängt.

Als Sara hereinkam, schaute Ev auf. Er wischte sich mit dem Är-
mel seines Sweatshirts über seine dunklen Bartstoppeln.

»Hey, was hast du denn? Wie fühlst du dich?«, fragte Sara.

»Beschissen«, antwortete er und war sich nicht sicher, ob es an
seinen Nerven lag oder ob er etwas ausbrütete. Vielleicht beides.

Um die Ecke teilte Biz Stone, einer der vier Mitbegründer von
Twitter, den Mitarbeitern gerade in einer E-Mail mit, dass für

11:30 Uhr eine Betriebsversammlung in der Cafeteria anberaumt sei. Die Teilnahme sei verpflichtend; Gäste seien nicht zugelassen. Es gebe nichts zu essen, aber wichtige Neuigkeiten. Er klickte auf »senden«, stand vom Schreibtisch auf und machte sich auf den Weg zu Evs Büro, um seinen Freund und langjährigen Chef aufzumuntern.

Jason Goldman, der Twitters Produktentwicklung leitete und zu Evs wenigen Verbündeten im siebenköpfigen Verwaltungsrat gehörte, saß bereits auf der Couch, als Biz hereinkam und sich neben ihn setzte. Still trank Ev aus einer Flasche Wasser, starrte niedergeschlagen in die Ferne und ließ in Gedanken den Wirbel und Wahnsinn der vergangenen Woche Revue passieren.

»Weißt du noch ...«, versuchten Goldman und Biz im Chor, Ev mit launigen Erinnerungen an die vergangenen Jahre bei Twitter aufzuheitern. Es gab unzählige Anekdoten: Einmal war Ev als Gast in der *Oprah Winfrey Show* aufgetreten und hatte sich nervös und linkisch vor Millionen Fernsehzuschauern präsentiert. Der russische Präsident war einmal im Schutz von Scharfschützen und Geheimdienst in die Firmenzentrale gekommen, um seinen ersten Tweet zu senden, und genau in dem Moment war die Webseite ausgefallen. Einmal hatte Al Gore Biz und Ev zum Abendessen in seine Suite im St. Regis eingeladen, und während der ehemalige Vizepräsident der USA die beiden zu überreden versucht hatte, ihm einen Anteil an Twitter zu verkaufen, hatten sie sich »total volllaufen lassen«. Abstruse Kaufangebote hatte es auch von Ashton Kutcher an seinem Pool in Los Angeles und von Mark Zuckerberg bei unbehaglichen Gesprächen in seinem spärlich möblierten Haus gegeben. Kanye West, will.i.am, Lady Gaga, Arnold Schwarzenegger, John McCain und unzählige andere Prominente und Politiker waren manchmal unangemeldet in der Zentrale aufgetaucht, hatten gerappt, gesungen, gepredigt, getwittert (einige waren sogar high oder betrunken gewesen) und zu begreifen versucht, wie dieses merkwürdige Etwas, das die Gesellschaft veränderte, sich kontrollieren ließe oder wie sie sich einen Anteil daran sichern könnten.

Ev rang sich ein Lächeln über die Geschichtchen seiner Freunde ab und bemühte sich nach Kräften, die Trauer und Niedergeschlagenheit in seiner Miene zu kaschieren.

Es gab einen, dem es vielleicht hätte gelingen können, Ev zum Lächeln zu bringen: der Mann, der gerade im Büro nebenan mit gesenktem Kopf auf und ab ging und das Telefon ans Ohr presste. Dick Costolo, der ehemalige Stand-up-Comedian, der mit Steve Carell und Tina Fey auf der Bühne gestanden hatte. Eben der Dick Costolo, den Ev »beschlossen hatte zu bitten«, Twitters neuer Vorstandschef zu werden, der dritte Chef eines erst vier Jahre alten Unternehmens.

Aber auch Dick war nicht in leutseliger Stimmung. Er besprach gerade mit den Verwaltungsratsmitgliedern, die an dem Coup beteiligt waren, den Wortlaut des Blogeintrags, der bald an die Medien gehen sollte, und seine Ansprache an Hunderte Twitter-Mitarbeiter, sobald er das Mikrofon von Ev übernehmen würde.

Er ging auf und ab, während sie den nächsten Schritt planten: die Rückkehr von Jack Dorsey, dem ersten Vorstandschef und Mitbegründer von Twitter, den Ev 2008 in einem ähnlichen Machtkampf von der Unternehmensspitze verdrängt hatte. An diesem Vormittag hatte Jack eigentlich mit seiner Rückkehr in die Firma gerechnet, die er bis zu seiner Absetzung wie ein Besessener aufgebaut hatte.

Aber einige Stunden zuvor hatte der Verwaltungsrat Jack mitgeteilt, dass seine Rückkehr zu Twitter nicht an diesem Tag stattfinden, sondern sich erneut verzögern sollte. Während der Ereignisse dieses Vormittags war Jack nur einige Häuserblocks entfernt in seinem Büro bei dem mobilen Bezahldienst Square, den er kürzlich gegründet hatte.

Nachdem er in seinem Penthouse an der Mint Plaza aufgewacht war, das von Sichtbeton dominiert war, hatte er zur Arbeit das mehrere Tausend Dollar teure Outfit angezogen, das mittlerweile zu seinem Markenzeichen avanciert war: ein elegantes Dior-Hemd, dunkles Jackett und Rolex-Uhr. Das Ensemble unterschied sich drastisch von dem ungepflegten T-Shirt und der schwarzen Mütze, die er getragen hatte, als man ihn zwei Jahre zuvor aus Twitter verdrängt hatte.

Aber auch wenn seine Aufmachung an diesem Morgen eine andere war, empfand er noch dieselbe Verachtung für seinen früheren Freund und Twitter-Mitbegründer Ev, der Jacks geplante Rückkehr in das Unternehmen vereitelt hatte. Ev war zwar erfolgreich als Vorstandschef abgesetzt, aber nicht, wie ursprünglich geplant, rundheraus gefeuert worden. Zumindest noch nicht.

In der Twitter-Zentrale schaute Ev auf, als es auf 11:30 Uhr zuging. Zeit, zu gehen.

Ev hatte keine Ahnung, dass er in einigen Monaten gar nichts mehr mit dem Unternehmen zu tun haben würde. Biz und Jason folgten ihm den Korridor entlang, wie sie es jahrelang getan hatten, nicht ahnend, dass man auch sie zu gegebener Zeit aus dem Unternehmen drängen würde.

Schweigend gingen sie in die Firmencafeteria, vorbei an bunten Wänden, weißen Freischwingern und ratlosen Mitarbeitern, die sich einen Sitzplatz suchten. Keiner der Twitter-Mitarbeiter wusste, was sie von ihrem beliebten Chef, Evan Williams, zu hören bekommen würden. Sie hatten keine Ahnung, dass das Unternehmen, für das sie arbeiteten und das die Welt in vielfältiger Hinsicht verändert hatte, im Begriff stand, sich selbst für immer zu verändern.

I. #Gründer

@Ev

Evs Fahrradreifen knirschten auf dem Kies, als er den Schotterweg entlangrollte, vorbei an den endlosen Reihen grüner und gelber Weinstöcke. Die kalifornische Morgensonne wärmte seinen Rücken mit ihrer orangeroten Glut, während er mit seinen leuchtend orangefarbenen Turnschuhen in die Pedale trat und allmählich auf der gefürchteten 6,5 Kilometer langen Fahrt zur Arbeit Geschwindigkeit aufnahm.

Sobald er sich der Morris Street in Sebastopol näherte, rauschten Autos an ihm vorbei und verursachten kleine Luftwirbel, die den Schweiß auf seiner Stirn trocknen halfen. In diesem Moment sagte er sich wieder einmal, dass er sich bald ein Auto würde leisten können, um zur Arbeit zu fahren, statt sich auf einem alten Fahrrad abstrampeln zu müssen, das er sich von einem Kollegen geliehen hatte.

Eigentlich hätte er nie gedacht, dass er in San Francisco einen eigenen Wagen brauchen würde, denn er hatte geglaubt, in die Stadt zu ziehen, als er in diesem Jahr nach Kalifornien gekommen war. Das war 1997, mitten im modernen Goldrausch des sogenannten IT-Booms. Junge, computerbegeisterte Nerds wie Ev, Designer und Programmierer waren einem neuen Traum gefolgt und hatten sich in Scharen in diese Gegend aufgemacht, wo man angeblich reich werden konnte, indem man statt glänzender Goldnuggets Einsen und Nullen verkaufte.

Mit leeren Taschen und glühendem Idealismus war Ev mit 25 Jahren nach Kalifornien gekommen und hatte feststellen müssen, dass die Firma, die ihn eigenstellt hatte – O'Reilly Media, für die er Werbetexte schreiben sollte – in Sebastopol saß, einem ruhigen Hippiestädtchen knapp 90 Kilometer nördlich von San Francisco.

Auf der Landkarte, die er auf dem kleinen Küchentisch seiner Mutter in Nebraska ausgebreitet hatte, hatte es ausgesehen, als läge der Ort wesentlich näher an der Großstadt. Aber Ev kam zu dem Schluss, dass ihm nicht viel anderes übrig blieb, als die Stelle zu behalten. Er besaß keinen College-Abschluss und konnte keine Computerprogramme schreiben. Die Chancen, eine andere Arbeit zu finden, waren schlecht bis nicht vorhanden. Außerdem verdiente er bei O'Reilly 48 500 Dollar im Jahr, was ihm helfen würde, die zigtausend Dollar an Kreditkartenschulden und Studienkrediten aus seinem einen Collegejahr abzustottern. Zudem überlegte er, dass sein neuer Arbeitgeber, der Technologieratgeber verlegte, der geeignete Ort wäre, um programmieren zu lernen. Also suchte er sich eine Bleibe am Stadtrand und mietete für 600 Dollar im Monat einen Schuhkarton von Wohnung, die über einer Garage lag.

Die Abgeschiedenheit von Sebastopol, umgeben von den Geräuschen der Einöde, empfand Ev als überraschend tröstlich. Es erinnerte ihn an die Farm in Clarks, Nebraska, auf der er aufgewachsen war. An dem Tag, an dem er nach Kalifornien ging, sank die Einwohnerzahl von Clarks von 374 auf 373 Seelen.

An seinem neuen Arbeitsplatz saß er oft in billigen, ausgebeulten Jeans, übergroßem T-Shirt – das er meist in die Hose steckte – und an geeigneten Tagen mit einer seltsamen Mütze still an seinem Computer.

Wenn die Eltern Farmer sind, wird am Frühstückstisch gewöhnlich nicht gerade über Eleganz diskutiert. Auch IT-Start-ups und San Francisco gehören nicht zu den üblichen Gesprächsthemen. Daher hatte sein Vater Monte auch nicht recht verstanden, warum der junge Ev nach Kalifornien ging, um mit Computern zu spielen, statt sich um die Farm zu kümmern. Aber die Familie Williams hatte Ev nie wirklich verstanden.

Schon von klein auf war er ein Tagträumer. Als Junge saß er gern neben dem grünen Traktor der Familie auf den Feldern und starrte in den Himmel. Er war schüchtern, in Gesellschaft zuweilen unbeholfen, gehörte nie recht dazu und verbrachte oft stundenlang allein mit sich und seinen Gedanken. Als er heranwuchs, galt es in Clarks als selbstverständlich, dass er mit seinem Vater und seinem Bruder auf die Jagd hätte gehen sollen. Wie alle Jungen im amerikanischen Mittelwesten hätte er lernen müssen, mit Gewehr und Bogen zu schießen, einen Hirsch auszuweiden und in den Seen Nebraskas Barsche oder Forellen zu angeln. Zudem erwartete man, dass er sich für Football begeisterte. Und selbstverständlich hätte er bei alledem einen imposant großen Pick-up fahren müssen. Das alles war Teil des amerikanischen Traums.

Aber Ev saß lieber in seinem Zimmer und bastelte Plastikmodelle, nahm stundenlang sein Fahrrad auseinander und setzte es wieder zusammen oder skizzierte Ideen für Videospiele, die er entwickeln wollte, wenn er älter wäre – und sich einen Computer leisten könnte. Gewehre, Football und Jagen waren schlicht nicht seine Sache.

Als Ev erwachsen wurde und die Zeit kam, sein erstes Auto zu kaufen, entschied er sich nicht für einen großen, bulligen Pick-up, sondern für einen knallgelben BMW. Der Besitz eines fahrbaren Untersatzes mit vier Rädern und vier Türen machte ihn schlagartig an der High-School beliebt. Ein Auto ist für einen Teenager im Mittelwesten so etwas wie ein Wasserspender in der Wüste. Bald kutschierte er seine neuen Freunde zu Partys, knutschte mit Mädchen rum und trank Bier aus roten Plastikbechern.

Sein sorgenfreies neues Leben fand ein abruptes Ende, als seine Eltern sich in seinem letzten High-School-Jahr scheiden ließen. Der Dorfklatsch raunte später, seine Mutter habe sich in den Kunstdüngervertreter verknallt. So verschlug es Ev in eine andere Stadt und an eine andere High-School, wo er wieder in Bedeutungslosigkeit und Isolation versank.

Ständig schwirrten ihm verrückte Geschäftsideen durch den Kopf. Die meisten schlugen nie ein, vor allem nicht bei der Landbevölkerung Nebraskas. Als das Internet an den amerikanischen Küsten an Fahrt gewann, kam Ev auf die Idee, in einem VHS-Video zu erklären, was es mit diesem Netz auf sich hatte. Den ganzen Sommer fuhr er in seinem gelben BMW herum und versuchte örtliche Händler zum Kauf des Videos zu überreden. Es fand nicht gerade reißenden Absatz.

Aber wenn Ev erst einmal eine Idee hatte, war er wild entschlossen, sie umzusetzen. Eher hätte man die Erddrehung stoppen können, als Evan Williams davon abzuhalten, eine seiner ausgebrüteten Ideen zu hegen und zu pflegen.

Nach der High-School ging er nicht allzu weit von zu Hause entfernt an die University of Nebraska in Lincoln, empfand das College und seine Professoren aber schon nach eineinhalb Jahren als Zeitverschwendung. Eines Nachmittags im Jahr 1992 stieß er beim Schmökern in seinem Zimmer im Studentenwohnheim auf einen merkwürdigen Artikel über einen Werbeguru, der in Florida lebte und arbeitete. Ev war von dem Mann, den der Artikel beschrieb, so fasziniert, dass er ihn anzurufen versuchte, um zu fragen, ob er Leute einstellte. Nach einigen Gesprächen mit einem Anrufbeantworter, sagte Ev: »Scheiß drauf!«, stieg in den Chevy-Van seiner Familie und fuhr über 3 000 Kilometer nach Key West, Florida. Als fahnenflüchtiger Student war er völlig abgebrannt. Das Benzin bezahlte er per Kreditkarte und schlief im Van. Wenn die südliche Sonne ihn weckte, schob er eine Kassette in den Rekorder – meist ein Marketing- oder Business-Buch – und hörte sie sich auf der Fahrt über leere Straßen an. Als er in Florida ankam, klopfte er an der Tür des Werbefachmanns und bat um einen Job. Beeindruckt von Evs Hartnäckigkeit und Überredungskunst stellte dieser ihn auf der Stelle ein. Aber nach einigen Monaten erkannte Ev, dass der Mann weniger ein Werbekünstler als vielmehr ein Schaumschläger war. Also machte er kehrt und fuhr – mit einem kurzen Zwischenstopp in Texas – zurück nach Nebraska.

Seine Entschlossenheit ging manchen gegen den Strich. Als er bei O'Reilly Media einmal das Marketingmaterial für eines der neuesten Produkte der Firma entwerfen sollte, teilte er allen Mitarbeitern der Firma in einer E-Mail mit, er werde es nicht schreiben, weil das Produkt »ein Stück Scheiße« sei.

Auch in Kalifornien trug seine schroffe Art nicht dazu bei, Freunde zu finden. Also radelte er jeden Abend mit seinem geborgten Rad zwischen Weinstöcken, deren Trauben bald in für ihn unerschwinglich teuren Weinflaschen landen würden, nach Hause und trank allein billiges Bier über der Garage in seiner Einzimmerwohnung, die gerade groß genug war für eine Matratze, eine Schrankküche und Evs wertvollsten Besitz: seinen Computer.

Hier brachte er sich auf eigene Faust das Programmieren bei. Die Grillen, die um die Garage zirpten, waren die einzigen Freunde, die ihn anspornten, während er eine Sprache lernte, die nur Computer verstanden.

Schließlich entkam er der Enge der verschlafenen nordkalifornischen Kleinstadt und ging nach Palo Alto, um bei Intel und später bei Hewlett-Packard zu arbeiten. Er entwickelte langweilige Software und fand allmählich Anschluss an Kollegen aus der Branche. An Wochenenden fuhr er mit dem Zug nach San Francisco, wo seine neuen Freunde ihn mit auf Start-up-Partys nahmen. Die Anziehungskraft der Großstadt ließ ihn schließlich eine billige, verbaute Wohnung im Mission-Bezirk von San Francisco mieten.

Als er Meg Hourihan kennenlernte, eine aufgeweckte Programmiererin, die seine Leidenschaft für klare Standpunkte und Computer teilte, entspann sich zwischen ihnen eine Liebesgeschichte. Die Beziehung dauerte zwar nicht lange, aber die beiden beschlossen, gemeinsam eine Firma zu gründen. Mit einigen Freunden eröffneten sie ein Miniunternehmen namens Pyra Lab, das sie in Evs Wohnung betrieben. Die Gruppe wollte Software zur Steigerung der Produktivität am Arbeitsplatz entwickeln. Aber nach einem Muster, das Ev im Laufe seiner Karriere begleiten sollte, erwuchs aus Pyra wie zufällig etwas Besseres.

Ev und ein Kollege hatten eine einfache interne Journalwebseite erstellt, auf der sich Pyra-Mitarbeiter über die Arbeitsfortschritte auf dem Laufenden halten konnten. Meg gefiel dieses Nebenprojekt nicht, sie hielt mit ihrer Meinung nicht hinterm Berg und tat es als eine von Evs Ablenkungen ab. Im Sommer 1999, als Meg eine Woche Urlaub machte, gab Ev die Journalwebseite für die Welt frei. Er nannte sie »Blogger«, ein Wort, das bis dahin nicht existiert hatte. Nach seiner Überzeugung würde sie es Leuten ohne Programmierkenntnisse ermöglichen, ein Weblog oder Blog zu erstellen.

Die zunehmende Beliebtheit, der sich Blogger bei Computerfreaks erfreute, überzeugte Meg schließlich vom Potenzial der Webseite, nicht aber von Evs Potenzial. Sie befürchtete, er habe nicht das Zeug, eine Firma zu führen, da sich der Papierkram stapelte und Rechnungen unbezahlt blieben. Bald entspann sich ein Minimachtkampf, in dem Meg die Kontrolle über die Firma anstrebte, aber Ev sich weigerte, nachzugeben. Letzten Endes löste sich das fünfköpfige Pyra-Team auf, und Ev blieb allein und ohne Freunde zurück und betrieb die Firma von seinem Wohnzimmer aus.

Um diese Zeit platzte die Dot.com-Blase, die sich aus dem IT-Boom entwickelt hatte. Die Börse geriet in eine Abwärtsspirale, und an der NASDAQ wurden Billionen Dollar verbrannt. Innerhalb von Monaten hörten die Partys auf. Arbeitsplätze wurden knapp. Startups machten Bankrott. Und die meisten, die auf der Suche nach Reichtum ins Tal gekommen waren, verließen die Gegend finanziell ruiniert.

Aber Ev ging nicht weg. Er hatte eine Vision für Blogger: Jeder sollte sein eigenes Blog in der Art einer eigenen Internetzeitung betreiben können. Anders als in seinen einsamen High-School-Tagen hatte er in seiner Abgeschiedenheit nun eine Verbindung zur Welt durch Hunderte Blogs, die in der von ihm gegründeten Gemeinde auftauchten: in der Blogger-Community mit einer Bevölkerung von Zigtausenden.

Auf seinem eigenen Blog, *EvHead*, knüpfte er digitale Freundschaften. Täglich schrieb er oft 14 bis 16 Stunden lang neue Programme, erweiterte Blogger und entwickelte neue Features für diesen Dienst. Nachts verfasste er Blogbeiträge über die Musik, die er hörte, über Filme, die er gesehen hatte, oder über Auseinandersetzungen mit dem Finanzamt wegen Steuerrückständen. Wenn der Mond seinen Höchststand am Himmel erreicht hatte, schaute Ev sich ein letztes Mal die Blogs an, sagte den Leuten im Internet gute Nacht, rollte sich auf seiner Couch zwischen wochenalten Pizzaschachteln und leeren Eisteeflaschen zusammen und schlief ein. Keine Freunde, keine Mitarbeiter, kein Geld. Nur Ev.

Bald musste er erfahren: Wenn man genügend Leuten ein Mikrofon gibt, brüllt irgendjemand etwas hinein, woran andere Anstoß nehmen. Ständig trudelten Beschwerden bei Blogger ein. Leute empörten sich über politische Blogs, religiöse Blogs, Naziblogs, Blogs, die sich abfällig über Schwarze, Hispanier, Juden, Behinderte oder Weiße äußerten. Da Ev klar war, dass sich unmöglich sämtliche Blogeinträge kontrollieren ließen, entschied er sich in der Regel für die Haltung, dass alles erlaubt sei.

In dem Maße, wie Blogger und die Kunst des Bloggens kontinuierlich in den gesellschaftlichen Alltag vordrangen, verdiente Ev durch Anzeigen und Spenden von Nutzern der Webseite bald gerade genug Geld, dass er nach und nach ein kleines Programmiererteam einstellen konnte. Es zog 2002 in einen winzigen Raum, der 400 Dollar im Monat kostete und gespenstisch nach einem ehemaligen Detektivbüro aussah.

Zu jener Zeit hatte der Hosting-Dienst Blogger nahezu eine Million Nutzer auf der ganzen Welt mit annähernd 90 Millionen Blogeinträgen – beides waren 2002 imposante Zahlen. Aber das »Büro« war nicht größer als eine Einzimmerwohnung in New York City – knappe 3,65 Meter im Quadrat – und feucht und dunkel. Eine der drei kleinen weißen Uhren, die an der Wand hingen, hatte schon lange zu ticken aufgehört und sah aus, als sei sie einfach eingeschlafen. Der kleine Zeiger nickte auf der Sieben, der große hielt nahe der Zehn Winterschlaf.

Bald zeigte sich, dass Ev einen Büroleiter brauchte, der sich um
so alltägliche Aufgaben wie Rechnungen, Lohnzahlungen und die
Beschwerdeflut über den Inhalt von Blogger kümmerte. Also stellte
er Jason Goldman ein, einen bereits zur Glatze neigenden 26-Jähri-
gen, der sein Astrophysikstudium an der Princeton University für
das gelobte Land der Computertechnik aufgegeben hatte und nun
bereit war, für einen Stundenlohn von 20 Dollar für die klamme
Start-up-Firma zu arbeiten.

Goldman war in der sechsköpfigen Belegschaft nicht der erste
Jason, sondern der dritte. Um zu vermeiden, dass drei Leute auf-
schauten, wenn er einen von ihnen rief, nannte Ev sämtliche Jasons
beim Nachnamen. So hießen Jason Shutter, Jason Shellen und Jason Goldman schlicht Shutter, Shellen und Goldman.

»Goldman!«, bellte Shutter an einem der ersten Arbeitstage des
Neulings. »Du bist für die Kunden-E-Mails zuständig!«

»Was heißt das?«, fragte Goldman und schaute ihn durch seine
Brille verständnislos an. »Und wieso grinst du so?« Goldman war
groß und drahtig und hatte einen Eierkopf. Er legte ebenso wenig
Wert auf Äußeres wie Ev damals und trug oft T-Shirts und Jacken,
die für seine Schultern zu weit, und Hosen, die für seine Beine zu
lang waren.

»Ach, das wirst du schon sehen. Es geht um die E-Mail-Adresse
auf unserer Webseite, auf der Leute sich über andere Blogs beschwe-
ren können.« Es gab Gekicher im Büro, als Shutter Goldman zeigte,
wie er das E-Mail-Account öffnen konnte. »Fang mit der Nachricht
an«, sagte er und deutete auf den Monitor. Goldman klickte auf die
E-Mail, in der eine Frau aus dem amerikanischen Mittelwesten sich
über ein Blog beschwerte und verlangte, es unverzüglich einzustellen. Er öffnete den Link in der E-Mail, und umgehend erschien
auf seinem Monitor ein Zeichentrickfilm von einer Gruppe nackter
Männer, die auf einem Trampolin Sex hatten.

»Äähhhm ... Mann ... Was ... was soll ich damit machen?«, fragte
Goldman, verlegen lachend, während alle anderen kicherten. Mit
halb abgewandtem Kopf blinzelte er auf den Monitor und versuchte

zu begreifen, was die Männer da trieben und wer sich überhaupt für so etwas Abstruses interessieren mochte.

»Nichts«, sagte Ev. »PUSH-BUTTON PUBLISHING FOR THE PEOPLE.« So lautete Bloggers Motto, wonach jeder veröffentlichen durfte, was er wollte. Überall im Büro standen Becher, die in kaffeebefleckten Großbuchstaben die Firmenethik von Blogger verkündeten: »push-button publishing for the people«. Und Ev war fest entschlossen, an dieser Maxime festzuhalten. Einmal hatte ein schottisches Bergbauunternehmen mit einer Klage gedroht für den Fall, dass Blogger ein Gewerkschaftsblog nicht entfernte, auf dem das Fehlverhalten eines Kohlebergwerks aufzeigt wurde. Ev gab nie nach und hätte lieber den Betrieb aufgegeben, als sich dem Druck von Konzernen zu beugen. Letztlich gab das Bergbauunternehmen auf.

Evs Blogaktivitäten hatten für ihn unerwartete Nebenwirkungen. Als Blogger und andere Blogdienste wuchsen, schrieb die Fachpresse über ihn, und so erlangte er allmählich eine gewisse Bekanntheit im Silicon Valley. Anstelle der endlosen Abende, die er allein mit seinem Computer auf der Couch verbrachte, kam nun mehr Abwechslung in sein Privatleben. Wie in seinen Anfangszeiten als Schüler mit eigenem Auto nahmen Bekannte ihn nun zu den wenigen Partys der IT-Szene mit, die in der Umgebung noch stattfanden, und er bandelte mit Mädchen an und trank Bier aus roten Plastikbechern.

Außerhalb der kleinen Enklave des Silicon Valley glaubten die meisten nicht an eine Zukunft dieser seltsamen Weblogs. Manche nannten sie »blödsinnig« und »infantil«. Andere fragten sich, warum jemand Interesse haben sollte, etwas Persönliches so öffentlich mitzuteilen.

Für Ev galt das nicht. Er war fest entschlossen, Blogger wachsen zu sehen, und wollte es jedem, der einen Computer besaß, ermöglichen, zu veröffentlichen, was er wollte. Die Medienwelt aufzumischen. Die ganze Welt aufzumischen. Programmierzeile für Programmierzeile.

@Noah

Noah Glass ließ beinah das *Forbes*-Heft fallen, als er das Bild sah. Mit der magnetischen Anziehungskraft der Neugier strebten das Magazin und sein Gesicht aufeinander zu.

An diesem warmen Sommernachmittag 2002 hing er in seiner Wohnung herum. Durch das offene Fenster wehten Verkehrsrauschen und Gemurmel von Obdachlosen von der Church Street herein. Er hatte die Zeitschrift durchgeblättert und beim Anblick eines Mannes von Mitte zwanzig gestutzt, der hinter einer aufstrebenden Webseite namens Blogger stand.

Es war nicht der Text, der Noah beinah vom Stuhl gehauen hätte, sondern das Bild von Evan Williams, dem Rattenfänger von Blogger, der für den Fotografen stolz vor einem Computer mit einem leuchtend orangefarbenen Blogger-Sticker in der unteren Ecke des Monitors posierte. Hinter dem lächelnden Ev war durch ein Fenster im Hintergrund eine Küche zu sehen. Eben die Küche, in der Noah gerade saß.

Noah wirbelte auf seinem Stuhl herum, hielt die Zeitschrift hoch und schaute durch das Fenster in die Wohnung gegenüber: Dort stand eben dieser Computer auf genau dem Schreibtisch, der in dem Artikel abgebildet war, ganz real. In der unteren Monitorecke klebte derselbe orangefarbene Sticker, und der Mann, von dem der Artikel handelte, saß an seinem Schreibtisch: Evan Williams.

»Boooaa! Verdammt noch mal!«, sagte Noah laut und grinste breit. Einen Moment lang stand er da und verglich das Foto mit der Wirklichkeit.

Die Zeitschrift wirkte durch Noahs Größe ausgesprochen klein in seiner Hand. Er war in jeder Hinsicht riesig, groß und breit mit einem breiten Boxergesicht und den Augen eines traurigen Welpen. Und wie ein Welpe besaß er die Energie eines Atomkraftwerks.

Schnell entschlossen öffnete er die Balkontür und ging auf den Balkon. »He, Blogger!«, brüllte er. Ev drehte sich verdutzt und etwas erschrocken um. »Du bist doch Ev Williams von Blogger, stimmt's?«, sagte Noah. »Ich bin Noah. Noah Glass.«

»Ja, das bin ich«, antwortete Ev zögernd und trat auf seinen Balkon.

Noah schaute über Evs Schulter in die Wohnung. Er erinnerte sich, dass er dort im Frühsommer auf engstem Raum bis zu fünf Leute gesehen hatte, die oft in der Küche an Computern gesessen und gearbeitet hatten. Auf der Arbeitsplatte neben Evs Küchenspüle standen einige Server, die kaum von Pizzaschachteln zu unterscheiden waren und den gesamten Betrieb von Blogger gewährleisteten. Aber heute war nur Ev in diesem improvisierten Büro.

»Bloggst du gerade? Bloggst du jetzt im Moment?«, fragte Noah aufgeregt von einem Balkon zum anderen.

»Ja«, antwortete Ev und lachte kurz auf. Sie unterhielten sich eine Weile, und Noah lachte ständig und klatschte vor Stolz, dass sie Nachbarn waren, in die Hände.

Damals hatte Noah den Kopf kahl rasiert. Wenn er sein Haar wachsen ließ, stand es meist zottelig und wild ab wie bei einem Surfer, der am Strand lebte; und genau dort war Noah aufgewachsen. Geboren wurde er in Santa Cruz, Nordkalifornien, in einem baufälligen Häuschen mit einer noch baufälligeren Scheune, in dem eine Hippiekommune lebte. Seine Mutter und ihre Mitbewohner hatten in Handarbeit Kerzen und anderen Kleinkram hergestellt, um ihren Lebensunterhalt zu bestreiten.

Sein Vater war kurz nach Noahs Geburt eines Morgens aus dem Haus gegangen, um Milch zu holen, und nie wiedergekommen.

Das Leben in der Kommune währte nicht lange, und schon bald landete Noah bei seinen Großeltern. Einer seiner Verwandten, ein zäher Bergbursche, übernahm die Rolle als Vaterfigur und führte Noah ins Erwachsenenleben ein. Als eines der Pferde auf dem Land seines Großvaters Noahs Bruder gegen das Bein trat, erteilte er ihnen eine denkwürdige Lektion. Um ihnen zu zeigen, wie man mit einer solchen Situation umzugehen habe, schnappte Noahs Verwandter sich ein Stück Rohr und prügelte das Pferd tot. »So stehst du deinen Mann«, erklärte er den Jungen hinterher mit dem vor Blut triefenden Rohrstück in der Hand. Noah war zutiefst schockiert. In seiner sanftmütigen Art war er für solche Härte und Brutalität nicht ausgelegt. Er war eher Künstler als Revolutionär und flüchtete sich lieber in seine lebhafte, kreative Fantasie.

Ev war zwar reservierter und stiller als Noah, fühlte sich aber zu dessen quirliger Art hingezogen, und so wurden die beiden gute Freunde. In früheren Zeiten hätten sie durchaus Stoff für eine Fernsehserie über ein skurriles Paar abgegeben, zwei völlig gegensätzliche Nachbarn, die sich regelmäßig zu einem oder zwei Bier auf ihren benachbarten Balkonen trafen, wobei Noah meist redete und Ev meist zuhörte. Ihre Freundschaft vertiefte sich, führte sie von ihren Balkons in nahegelegene Cafés, zum Mittagessen in Barney's Burger und auf nächtliche Partys, und schon bald verbrachten sie mehr Zeit gemeinsam als getrennt.

Goldman, der sich ebenfalls mit Ev angefreundet hatte, begleitete sie häufig.

Noah schaute immer aus seinem Küchenfenster, um zu sehen, ob sein neuer Freund zu Hause war. Manchmal tauchte er unangemeldet auf, klopfte an die Tür – mehr als einmal, als Ev gerade ein Mädchen bei sich hatte – und stürmte in die Wohnung.

Noah war immer hilfsbereit. Eines Nachmittags mühten Goldman und Ev sich ab, eine Couch die Treppe hinaufzutragen. Als sie auf einem Treppenabsatz kurz Halt machten und sich umdrehten, stand Noah da, schob sie beiseite und schleppte das große Sofa, ohne zu fragen, praktisch allein nach oben.

Ende 2002 zog Blogger aus dem angemieteten Detektivbüro vorübergehend wieder zurück in Evs Wohnung. Morgens nach dem

Aufwachen trank Noah immer seinen Kaffee am Fenster und beobachtete voller Bewunderung die Programmierer in Evs Küche. Er hätte gern dazugehört. Sicher, Blogger war kein herkömmliches Start-up: Es gab keinen Billardtisch, keinen Kühlschrank voller Bier und keine wilden Partys – und manchmal platzten Gehaltsschecks wegen Zahlungsschwierigkeiten –, aber Noah sehnte sich nach Freunden, mit denen er zusammenhocken und versuchen könnte, die Welt durch Computerprogramme zu ändern.

Seit nahezu zwei Jahren arbeitete Noah damals bereits zu Hause an einem Piratensenderprojekt und bastelte an Tools herum, die es jedem ermöglichen sollten, staatliche Vorschriften und Regelungen zu unterlaufen und einen eigenen Sender zu betreiben. Aber da er mit niemandem über seine Ideen reden konnte, fühlte er sich oft einsam. Erin, seine Frau, war viel unterwegs, weil sie sich voll und ganz in ihr Jurastudium stürzte. Noah hatte etwas von einem Einzelkind, das allein in einem riesigen Sandkasten spielte.

Das war in Evs chaotischer Wohnung anders.

Wenn Noah zu ihm hinüberging, hörten sie zusammen Musik und redeten über alle möglichen Ideen. Oft schaute Ev nur lächelnd drein und wiegte den Kopf hin und her wie einen Scheibenwischer, während dieser lebhafte Kerl in seinem Wohnzimmer auf und ab ging und Pläne schmiedete, aus denen vielleicht einmal etwas werden könnte.

Als ihre Freundschaft enger wurde, vertraute Ev Noah an, warum Blogger nun von Evs Küche aus operierte und nicht mehr aus dem Büro, in das die Firma zu Anfang des Jahres gezogen war.

»Du darfst es niemandem erzählen«, mahnte Ev.

»Natürlich nicht, klar«, antwortete Noah strahlend. »Versprochen.«

Ev erklärte ihm, dass Google mit einem Kaufangebot für Blogger an ihn herangetreten war. Damals war Blogger Host für über eine Million Blogs, und Ev musste sich entscheiden: Er konnte entweder Investoren aus dem Silicon Valley hereinnehmen oder »für möglicherweise Millionen Dollar« verkaufen, falls Google mit seinem

Angebot tatsächlich ernst machte. Da der Mietvertrag für das Büro ausgelaufen war, hatten Ev und seine Mitarbeiter beschlossen, wieder in seine Wohnung zu ziehen, bis sie entschieden hätten, wie es weitergehen sollte.

Noah platzte vor Stolz und Aufregung über diese Neuigkeit. Ev, der oft so abgebrannt war, dass er sich kaum etwas zu essen leisten konnte, wäre vielleicht bald so reich, dass er sich nie wieder Sorgen über Lebensmittel machen müsste. In den nächsten Monaten sah Noah zu, wie Ev Papiere unterschrieb – wobei Goldman ihm oft half –, und wartete gespannt, ob das Geschäft zustande käme.

Am 15. Februar 2003 bekam er den Anruf. Evan Williams war auf eine Goldader gestoßen: 10 Millionen Dollar in Einsen und Nullen.

»Die Firmenübernahme bedeutet einen gewaltigen Schub für ein enorm breit gefächertes Genre des Online-Publishings, das die Verhältnisse bei Online-Nachrichten und -Informationen schon jetzt verändert hat«, schrieb ein Reporter der *San Jose Mercury News* in seiner Meldung über den Verkauf. »Teil dieser Vision, die andere Blogpioniere teilen, ist es, die Demokratisierung der Nachrichtenproduktion und Informationsströme voranzutreiben in einer Welt, in der Riesenkonzerne so viel von dem kontrollieren, was die meisten sehen.«

Die Millionen Dollar aus dem Firmenverkauf bekam Ev zwar nicht sofort, aber für den Anfang erhielt er einen kleinen Scheck, der gerade ausreichte, sich einen schicken neuen (natürlich knallgelben) Subaru zu kaufen. Bevor er mit dem Wagen vom Hof des Autohändlers fuhr, klebte er einen orangefarbenen quadratischen Bloggersticker auf die hintere Stoßstange.

Das Blogger-Team zog in den schicken Google-Hauptsitz, wo es in rauen Mengen kostenloses Essen gab, und Ev wurde berühmt – zumindest erlangte er als Computernerd eine gewisse Bekanntheit in den einschlägigen Kreisen in San Francisco. Bei Branchenevents wurde er nun häufiger erkannt, da sich immer mehr Blogs und Nachrichtenartikel mit ihm befassten.

Noah hatte mittlerweile sein Piratensenderprojekt so überarbeitet, dass es sich in Blogger einbinden ließ, und eine Anwendung entwickelt, die AudBlog oder Audio-Blogger hieß und es jedem ermöglichte, über Telefon Sprachbeiträge zu posten. Die Übernahme durch Google brachte auch Noahs Projekt mehr Aufmerksamkeit.

Durch Gespräche mit Freunden kam Noah zu dem Entschluss, aus AudBlog eine Start-up-Firma zu machen, und sobald Ev anfing, seine Google-Anteile zu versilbern, fragte Noah ihn, ob er ein paar tausend Dollar investieren würde, um seiner Idee auf die Sprünge zu helfen.

»Gern«, erklärte Ev ernst, »aber mir liegt wirklich viel an unserer Freundschaft, und ich möchte nicht, dass es unser Verhältnis beeinträchtigt, wenn ich investiere oder wir zusammenarbeiten.« Schließlich hatte Ev das schon einmal erlebt und sämtliche Freunde verloren, als Pyra und Blogger einige Jahre zuvor implodiert waren.

»Ach komm!«, antwortete Noah zuversichtlich. »Wir können doch zusammenarbeiten und trotzdem Freunde sein.«

Schließlich konnte er Ev mürbe machen und ihn überreden, ihm das Geld zu geben, das er für den Firmenstart brauchte. Noah nahm das Projekt in Angriff und stellte ein Stellenangebot ins Netz, in dem er einen freien Mitarbeiter für ein Start-up namens Citizenware suchte. Es tröpfelten einige E-Mails von Programmierern ein, die sich für den Auftrag bewarben; eine darunter stach heraus. Sie kam von einem Hacker, der die brandneue Programmiersprache »Ruby on Rails« beherrschte. Nachdem sie einige Mails ausgetauscht hatten, vereinbarten sie ein Bewerbungsgespräch in einem Café im Mission District.

Der Bewerber stellte sich als Rabble vor, obwohl er eigentlich Evan Henshaw-Plath hieß. Er war groß und hielt Kopf und Schultern leicht nach vorn gebeugt wie ein Betrunkener, der sich an einen Pfahl lehnt, um nicht umzufallen. »Erzähl mir etwas über dich«, forderte Noah ihn mit verschränkten Armen auf. Rabble erklärte, dass er nur für kurze Zeit mit seiner Verlobten Gabba in San Francisco bleiben wollte, um etwas Geld zu verdienen und anschließend zu politischen Demonstrationen und Protesten auf der ganzen Welt zu reisen. Das sei ihr eigentlicher »Vollzeitjob«. Allerdings waren sie keine gewöhnlichen Demonstranten, sondern Hacktivisten, Teil einer aufkommenden Protestbewegung, die statt Plakaten Laptops und statt Megafonen Blogs nutzten und nicht auf der Straße, sondern im Internet demonstrierten. Rabble wollte nur einige Wochen arbeiten und sich dann wieder auf die Suche nach Protestbewegungen machen, denen er sich anschließen könnte, und nach neuen Möglichkeiten suchen, Widerstand gegen »die Bosse« zu leisten. Bis vor kurzem hatte er Protestierern geholfen, die sich im amerikanischen Präsidentschaftswahlkampf 2004 engagiert hatten, und sobald er mit dem neuen Auftrag genügend Geld gespart hätte, wollte er nach Südamerika gehen, um da irgendeine Regierung digital ins Chaos zu stürzen.

Ohne Zeit zu verlieren, erzählte Noah aufgeregt von seinem neuen Audio-Blog-Projekt, einem Musikdienst, über den jeder ganz einfach Podcasts erstellen und ins Netz stellen könnte, die sich auf den relativ neuen Apple iPod herunterladen ließen. Über weite Teile des Bewerbungsgesprächs ließ Noah sich überschwänglich über Ev, dessen Beteiligung und dessen Macherqualitäten aus.

Rabble hatte einen dichten, langen, rötlichen Bart, der genau wie er selbst in alle Richtungen strebte. Während Noah sprach, hörte Rabble zu, strich sich mit der Linken über seinen wirren Schnurrbart – ein charakteristischer Zug von ihm – und ließ seine Finger vom Kinn abwärts wandern wie ein Bäcker, der den letzten Tropfen Zuckerguss aus einem Spritzbeutel presst.

Rabble erzählte noch mehr Protest- und Hackergeschichten aus den vergangenen Jahren: aus Boston, New York, Italien, Seattle; von seiner Unterstützung bei May Day, den antikapitalistischen Unruhen in London, bei denen Protestierer der Polizei ständig mithilfe von Tools für mobile Endgeräte entkommen waren, die Rabble mitentwickelt hatte. Selbstverständlich war er nicht persönlich nach London gefahren, da man ihn nach Demonstrationen in Prag einmal verhaftet hatte. Vielmehr hatte er May Day bequem von einem

Schreibtisch bei Palm, Inc., dem Hersteller des PalmPilot, aus unterstützt, wo er gerade als freier Mitarbeiter beschäftigt war. Dort hatte er (natürlich ohne Wissen seiner Vorgesetzten) die Server und Computer der Firma benutzt, um Verwirrung bei Bankern zu stiften, die PalmPilots benutzten.

Evs Erscheinen unterbrach die Erzählstunde. Er setzte sich still dazu und beobachtete Noah, der befangen den Rücken straffte. Einige Male schaltete Ev sich mit Zwischenfragen zu Rabbles Programmierkenntnissen und Arbeitsgewohnheiten ein. Als er schließlich aufstand, um zu gehen, schürzte er die Lippen und bedeutete Noah mit einem blasierten Kopfnicken seine Zustimmung.

Rabble und Noah unterhielten sich noch eine Weile. Gegen Ende des Gesprächs fragte Rabble, warum die neue Firma Citizenware hieß.

»Ach«, antwortete Noah, stockte kurz, beugte sich dann vor und flüsterte. »Eigentlich heißt das Projekt Odeo; Citizenware ist nur ein Deckname. Ev ist eine ziemlich große Nummer, darum wollen wir nicht, dass jemand weiß, woran wir arbeiten.«

Als Rabble das Café verließ, war er sicher, den Job zu bekommen. Er ging nach Hause, um Gabba davon zu erzählen. Allerdings hatten sie kein »Zuhause« im herkömmlichen Sinne. Das Pärchen wohnte in einem VW-Bus, der auf der Valencia Street geparkt war. Auf der verbeulten, gelben Karosserie breitete sich der Rost täglich weiter aus wie wuchernder Efeu.

In den ersten Wochen konnte von einem offiziellen Odeo-Büro kaum die Rede sein. Dem vagabundierenden Start-up dienten vielmehr Cafés in diversen Teilen der Stadt als provisorischer Arbeitsplatz.

Die Gründung einer Start-up-Firma hat viel Ähnlichkeit mit dem Bau eines Hauses, wie Noah schon bald erfahren sollte, also holte er sich mehr Arbeitskräfte hinzu. Er skizzierte den Businessplan: Damit war er der Architekt des Hauses. Rabble schrieb das Backend-Programm, was den Elektro-, Wasser- und Abwasserleitungen des Hauses entsprach. Gabba, die zur Unterstützung eingestellt wurde, entwarf eine Desktop-Version von Odeo, also im Grunde die Einfahrt und Garage des Hauses. Und schließlich wurde Ray McClure, ein kleiner, leise sprechender Flash-Entwickler, der wie ein Grundschüler aussah, mit den Tools der Webseite betraut, war also sozusagen der Innenarchitekt.

Abends verließen Rabble und Gabba nach einem langen Programmiertag das jeweilige Café und verschwanden. Langsam öffneten sie die quietschende Seitentür ihres VW-Busses, stiegen leise ein und kletterten über eine Trainingsstrecke aus zerrissenen schwarzen Ledersitzen und fleckigen Teppichen. Sie schliefen auf einem improvisierten Bett aus Sperrholz und rostigen Nägeln, bis einige Stunden später bei Sonnenaufgang ein weiterer Tag unermüdlichen Tastaturgehackes anbrach.

Sobald Ev seine gesamten Google-Anteile verkauft hatte, verließ er das Unternehmen mit dem Vorsatz, nie wieder dorthin oder in eine ähnliche Firma zurückzukehren. Das Blogger-Team war in einem fensterlosen Raum untergebracht, der so dicht neben den Toiletten lag, dass er »Drano« genannt wurde. Ev passte nicht zu den Programmierern, die sich in der Mittagspause mit ihren Abschlüssen an renommierten Universitäten brüsteten. Diese Programmierer verstanden nichts vom Bloggen, und Ev erkannte bald, dass man den Kauf von Blogger hauptsächlich betrieben hatte, um neben den Blogs Werbung zu platzieren, und nicht etwa, um einfaches Publizieren im Internet für jedermann weiter voranzutreiben.

Nach der Google-Episode war Ev aber auch nicht bei Odeo zu finden. Vielmehr setzte er sich mit seinen 32 Jahren halbwegs zur Ruhe. Sein Bankkonto wies nun statt der dreistelligen Summen – die oft nicht einmal für die Miete gereicht hatten – zweistellige Millionenbeträge aus. Für Ev war es an der Zeit, das gute Leben zu genießen und sich nicht in einem weiteren Start-up zu engagieren. Er machte Kochkurse für italienisches Essen und besuchte Museen. Er kaufte ein Haus mit Panoramafenstern und Blick auf San Francisco, das eines Millionärs würdig war, und ein schnelles Auto für die Millionärsgarage. Mit seiner neuen Freundin, Sara, die er bei einer Büroparty bei Google kennengelernt hatte, unternahm er teure Urlaubsreisen.

Während Sara und Ev sich in der Kunst des Spaghettikochens übten, schufteten Noah und seine Programmierer in den Cafés der Stadt: Dort saßen sie auf ungeeigneten Stühlen in einer Ecke und schlängelten ihre Computerkabel zwischen Kaffeebechern und aufgerissenen Zuckertütchen. Moderne Beatles, deren Instrumente Laptops und deren Musik Programmiersprachen waren.

In Noahs Kopf arbeitete es oft hektisch. Seine Gedanken rasten mit der Geschwindigkeit eines Glühwürmchens umher, das ganz allein ein dunkles Football-Stadion zu erhellen versuchte. Manche glaubten, er leide an ADD, ADHD, OCD oder einer Buchstabensuppe aus allen dreien. Eigentlich spielte es keine Rolle: So war Noah eben. So war er schon immer gewesen.

Als Heranwachsenden hatte ihn die Polizei einmal in Bakersfield, Kalifornien, aufgegriffen, weil er sich so fahrig benahm. Die Polizisten glaubten, er habe Pilze oder Methamphetamine genommen. Sie legten ihm Handschellen an und verfrachteten ihn in den Streifenwagen. Obwohl er bestritt, mehr als ein paar Tassen Kaffee getrunken zu haben, sperrten sie ihn ein und testeten ihn auf alle erdenklichen Drogen. Die Nacht musste er in einer Gefängniszelle verbringen. Am nächsten Morgen stellte die Polizei fest, dass Noah sich immer noch genauso benahm wie am Vortag. Er hatte keine Drogen genommen, man hatte ihn festgenommen, weil er nun einmal war, wie er war.

Gelegentlich tauchte Ev im Café des Tages auf und stellte Fragen. Noah, der Ev das Geld für die bisherige Finanzierung von Odeo verdankte, blieb nichts anderes übrig, als ihm zu antworten. Es dauerte nicht lange, bis die Befürchtung sich bewahrheitete, dass die Freundschaft durch die geschäftliche Verquickung auf der Strecke bleiben könnte.

Schließlich verlegte das Odeo-Team seinen Arbeitsplatz in Noahs kleine Wohnung. Es bedurfte einiger Überzeugungsarbeit, Noahs Frau Erin zur Zustimmung zu bewegen, aber er versicherte ihr, es sei ja nur vorübergehend. Sie hielt nicht mit ihrem Unmut hinterm

Berg, dass nun eine Ansammlung ungepflegter Programmierer ihr Wohnzimmer belagerte (Rabble programmierte oft mit einer Hand auf der Tastatur und kratzte sich mit der anderen die Hoden).

An manch einem Morgen kochte Erins Ärger über den Geruch, die Hand an den Eiern und den Lärm in brodelnder Wut hoch. »Noah, ins Schlafzimmer«, blaffte sie dann. »Sofort!«

Mit gesenktem Kopf und beklommenem Herzen folgte er ihr wie ein Kind, das Ärger bekam, weil es den Abfall nicht hinausgebracht hatte. Es gab Geschrei von ihr, Entschuldigungen von ihm, bis sie mit hämmernden Absätzen durch den Flur stapfte, aus der Wohnung rauschte und die Tür hinter sich zuschlug. Noah tauchte danach immer im Wohnzimmer auf, als sei nichts passiert, grinste, machte Witze und ermunterte alle, »sich weiter den Arsch aufzureißen«.

Im Laufe des Jahres nahm die Podcasting-Webseite allmählich Gestalt an, aber der Rest des Unternehmens brach rapide weg. Das Geld löste sich in nichts auf. Die Wohnungssituation verschlechterte sich und gefährdete Noahs Ehe, und ehe er es sich versah, stand er vor der Wahl: entweder die Entwicklung von Odeo aufzugeben oder Ev um weiteres Geld zu bitten.

Noah wandte sich erneut an Ev und bat ihn um 200 000 Dollar, um aus der Odeo-Idee ein richtiges Unternehmen zu machen. Ev erklärte sich bereit, das Projekt weiter zu finanzieren und letztlich bei der Beschaffung von Geldern anderer Risikokapitalanleger zu helfen, stellte aber eine Bedingung: Er selbst müsse Firmenchef werden. Es war weniger ein Coup als ein Kompromiss. Für Noah, der in der IT-Branche nach wie vor weitgehend unbekannt war, bedeutete es, dass Ev, der einschlägig bekannt war und in der Fachwelt ein gewisses Vertrauen genoss, nun dauerhaft mit Odeo verbunden wäre. Um Noah das Geschäft zu versüßen, bot Ev an, weiter die Miete für seine frühere Wohnung zu bezahlen und sie Odeo als erstes eigenes Büro zur Verfügung zu stellen.

Ev befand sich in einer paradoxen Situation. Podcasts interessierten ihn nicht sonderlich, aber er hatte mittlerweile Gefallen an dem

Etikett gefunden, das Blogger und Medien ihm angeheftet hatten: Er war einer der neuen aufstrebenden IT-Pioniere, die geholfen hatten, Bloggen populär zu machen. Hier bot sich ihm nun Gelegenheit, dasselbe für Podcasts zu leisten.

Es war für Ev an der Zeit, zu beweisen, dass er kein One-Hit-Wonder war. Und Noah war klar: Wenn er den Rundfunk erfolgreich aufmischen und neu erfinden wollte, musste er dem Farmerjungen aus Nebraska die Führung überlassen.

Da Noah die Hände gebunden waren, blieb ihm nichts anderes übrig, als schweren Herzens einzuwilligen. Und so überließ er Ev den Chefsessel bei Odeo im Tausch gegen eine Investition von 200000 Dollar und die Schlüssel zu der Wohnung, die er auf dem Foto in der Zeitschrift *Forbes* gesehen hatte.

@Jack

Kaum jemand bemerkte den 28-Jährigen, der Tag für Tag im Caffe Centro am Fenster saß. Leute kamen zum Mittagessen herein oder schlenderten draußen am Fenster vorbei, aber nur wenige nahmen ihn wahr oder sprachen mit ihm. Ihm war es recht so. Meist zog er es vor, sich aus seinen Kopfhörern mit leisem Gedudel obskurer Punkmusik berieseln zu lassen, während seine Finger die Computertastatur bearbeiteten.

Häufig schaute er aus dem Fenster, wie er es den größten Teil seines Lebens getan hatte. Für viele war er nichts weiter als eben das: eine klare, durchsichtige Glasscheibe, ein Unsichtbarer. Von Geburt an litt er an einer Sprechstörung. Als Kind hatte er jeweils nicht mehr als eine Silbe herausgebracht. Statt »Hallo« hatte er »Hal« gesagt, »Good-bye« hatte eher wie ein ersticktes »Goo« geklungen, und wenn Leute ihn nach seinem Namen gefragt hatten, hatte er nicht »Jack Dorsey«, sondern »Ja« geantwortet. Durch eine Therapie hatte er zwar seine Sprechprobleme mittlerweile überwunden, aber sie hatten seine Kommunikationsfähigkeit nachhaltig geprägt.

Jacks Sprechprobleme hatten jedoch auch ihre Vorzüge. In St. Louis, wo er aufgewachsen war, war er gern mit dem Linienbus durch die Stadt gefahren, hatte sich das weitläufige Arbeiterviertel, in dem er wohnte, angesehen und bei jeder Kurve und Kreuzung seine Fantasie schweifen lassen. Seine Behinderung hatte ihm auch geholfen, einen Freund zu finden: einen Computer, der ins Haus kam, als er acht Jahre alt war, ein IBM PC Junior. Auf Anhieb verliebte er sich in den Monochrom-Monitor und lernte, sich in Programmiersprache mit ihm zu unterhalten.

An Wochenenden holte seine Mutter Marcia ihn vom Computer weg und schleifte ihn und seine Brüder durch die Straßen von St. Louis auf der Suche nach der ultimativen Handtasche, »der einzig wahren Handtasche«, wie sie es nannte. Während Marcias Shoppingtour saß Jack still in Läden für Damenoberbekleidung. Dort begann er selbst, eine Faszination für Taschen zu entwickeln, allerdings nicht für Handtaschen, sondern für Umhängetaschen.

Jahre später hatte er in San Francisco täglich eine Umhängetasche bei sich: eine helle Filson-Tasche, die in Kontrast zu seiner dunklen Kleidung stand, seinen schwarzen T-Shirts, Sweatshirt-Jacken mit Reißverschluss, Jeans und klobigen Turnschuhen. Wegen seiner stark abfallenden Schultern hingen Jacken an seinem hageren, schlaksigen Körper herum. Manchmal spielte er mit dem silbernen Ring an seinem Nasenflügel.

Er liebte diesen Nasenring. Als er zwei Jahre zuvor als Freelancer ein Software-Programm geschrieben hatte, mit dem Tickets für Besichtigungen des Gefängnisses Alcatraz verkauft werden sollten, hatte sein Arbeitgeber ihm untersagt, ihn bei der Arbeit tragen. Aber statt den Ring herauszunehmen, hatte er ihn unter einem großen beigefarbenen Pflaster versteckt. So hatte er zwar im Büro Schwierigkeiten zu atmen und lief oft mit offenem Mund umher, aber ihm waren die Atemprobleme lieber, als den Nasenring auf Verlangen seines Chefs herauszunehmen.

Als er nun im Caffe Centro saß, hatte er einen Arbeitgeber, der nicht viel besser war. Jack schrieb Low-Level-Programme für einen unbedeutenden Ticketshop, der ihm wie ein Gefängnis vorkam. Wann immer er konnte, flüchtete er mit Laptop oder Skizzenblock aus dem Büro und schlenderte hinüber in das South-Park-Viertel von San Francisco. Dort schob er den Kopfhörer auf sein zotteliges dunkles Haar und suchte Zuflucht in Cafés und Sandwichshops. Allerdings war dieser Teil der Stadt nicht irgendein beliebiges Viertel, sondern das Mekka der Computerfreaks und Nerds.

Jeden Tag verbrachte er dort so viel Zeit wie möglich. An einem trüben Nachmittag beleuchtete sein Laptop-Monitor sein Gesicht wie eine Taschenlampe einen dunklen Keller. Manchmal machte er Skizzen und schaute aus dem Fenster, während Fahrradkuriere und Gründer von Start-up-Firmen vorbeihasteten. Andere Male saß er in dem nur 170 Meter langen Park, einer ovalen Grünfläche, die aussah, als gehöre sie vor einen Londoner Königspalast und nicht in ein Viertel von San Francisco voller Lagerhäuser. Mitten im Park stand eine wackelige alte braune Schaukel.

South Park hatte in den ausgehenden 1990er Jahren viele Start-ups beherbergt, die mit dem Platzen der Dot.com-Blase einen raschen Niedergang erlebt hatten und mittlerweile eingegangen waren. Firmen wie Pets.com hatten gemeinsam Hunderte Millionen Dollar für lächerlich kostspielige Partys, idiotisch hohe Gehälter und teure Fernsehwerbung verschleudert und in South Park ihren frühzeitigen Untergang erlebt.

Das Viertel war keineswegs schon immer das Epizentrum der Hochtechnologie gewesen. Bevor die Start-ups Einzug gehalten hatten, gab es hier Bordelle, Drogendealer, Kellerbars und zwielichtige Hotels. Nach dem Platzen der Blase war das Viertel beinah zu seinen Rotlichtwurzeln zurückgekehrt, aber Mitte 2005 erlebten South Park und das Web ein Comeback. An der Nordseite des Parks mieteten PC World und VideoEgg Büroflächen, an der Südseite zog die Zeitschrift *Wired,* der Gebieter über das, was im IT-Bereich als cool galt, in ein großes Loft. Und ganz in der Nähe, eingekeilt in der durchwachsenen Kulisse aus Sportbars und Obdachlosen, saß eine kleine Podcasting-Firma namens Odeo.

Jack, der immer schon eine Vorliebe für feste Routinen hatte, setzte sich jeden Tag, wenn er ins Caffe Centro kam, an denselben Fensterplatz auf einen wackeligen Holzstuhl, wo er die Welt wie einen Stummfilm vorbeiziehen sehen konnte.

An sonnigen Tagen ging er in den Park und versenkte seinen Computer halb im Gras wie ein Raubtier, während er einen kostenlosen Internetzugang bei einer Firma zu schnorren versuchte, die ihr kabelloses Netzwerk offen ließ. Aber der kälteste Winter, den man erleben kann, ist ein Sommer in San Francisco, wie es heißt, und das bewahrheitete sich an einem tristen Junitag 2005, an dem Jack sich damit begnügen musste, drinnen zu sitzen.

An diesem Nachmittag, an dem er in den kärglichen Park schaute, war er besonders melancholisch. Das Leben, das er in San Francisco führte, gestaltete sich nicht so, wie er es sich vorgestellt hatte. Als er St. Louis vor einigen Jahren verlassen hatte und nach einem kurzen Abstecher nach New York City, wo er als Fahrradkurier gearbeitet hatte, schließlich in San Francisco gelandet war, hatte er inständig gehofft, für ein richtiges Start-up zu arbeiten. Aber er hatte nicht sonderlich viel Glück gehabt.

Als er so dasaß und überlegte, wie er aus seiner beruflichen Sackgasse kommen könnte, sah er einen Bekannten am Fenster vorübergehen. Eigentlich kannte Jack den Mann nicht persönlich, aber er erkannte das kurze schwarze Haar, die spitze Nase, das leicht kantige Kinn mit den Bartstoppeln und die knallbunten Markenturnschuhe. Im Internet kursierten zahlreiche Geschichten über ihn und die Firma, die er für Millionen Dollar verkauft hatte. Der Mann kam an Jacks Fenster vorbei, schlenderte zu Jacks Überraschung ins Café hinein und stellte sich in die Schlange an der Theke, um etwas zu bestellen.

Er merkte nicht, dass Jack ihn anstarrte und jede seiner Bewegungen beobachtete. Hätte er es bemerkt, hätte er seine Blicke vielleicht als aufdringlich empfunden. Jack fasste es als Zeichen auf, öffnete schnell seinen Laptop, und suchte im Internet nach »Evan Williams E-Mail-Adresse«.

Bewerbungsunterlagen im herkömmlichen Sinne besaß Jack nicht. Seinen letzten Lebenslauf hatte er erstellt, als er sich für einen Job bei dem Schuhgeschäft Camper beworben hatte. Stundenlang hatte er an der Textgestaltung in Rot und Schwarz herumgefeilt und sich für den eleganten Schrifttyp Futura entschieden, um sich vorzustellen. Seine Bewerbung gliederte er in drei Teile: Jack. Leben. Liebe. Einen Nachnamen gab er nicht an. Nur Jack.

Camper gab ihm die Stelle nicht. Dennoch öffnete er nun diese Bewerbung auf seinem Computer, löschte sämtliche Hinweise auf Schuhe und schickte sie überarbeitet an Ev mit der Erklärung, er habe ihn gerade im Café gesehen und wolle sich erkundigen, ob er Leute einstelle. Nachdem sie einige E-Mails ausgetauscht hatten, bekam Jack eine Einladung zu einem Vorstellungsgespräch.

Mittlerweile nutzte Odeo nicht mehr Evs frühere Wohnung in Mission, sondern ein größeres Büro einige Häuserblocks vom Park entfernt in der Third Street. Der große, offene Raum trug allerdings nach wie vor die verräterische Handschrift einer zusammengestückelten Ev-und-Noah-Produktion.

Die billigen, wackeligen Schreibtische in dem neuen Büro hatten kunststoffbeschichtete Arbeitsplatten und Metallbeine. (Einen Teil des Mobiliars hatte Ev von einer alten Kirche erstanden, die geschlossen wurde und ihr Inventar am Straßenrand verkauft hatte.) An einem Ende des Raums befand sich zwar ein großes Bogenfenster, das aber nur einen kleinen Teil des Lofts erhellte. Es war, als hätte das Licht Angst, den schmuddeligen Hackern zu nahe zu kommen. Ein kleiner, ausgefranster Orientteppich auf dem Boden sollte das Büro offenbar freundlicher wirken lassen. Das Schlimmste war jedoch die Gemeinschaftstoilette am Gang. Sie stank so grauenhaft, dass die meisten sich schützend ihr T-Shirt vors Gesicht hielten, wenn sie sie benutzen mussten. Auch im Treppenhaus stank es, da einige Obdachlose des Viertels es als provisorische Unterkunft nutzten.

Als Jack aus dem quietschenden alten Aufzug in das Odeo-Büro trat, war es dort gespenstisch still. Einige ungepflegte Computerfreaks tippten auf ihren Tastaturen herum. Weiße Ikea-Vorhänge, die von der Decke hingen, teilten einige Bereiche des großen Raums ab. Jack wurde in den Konferenzraum geführt.

Ev kam herein, setzte sich und begann mit den üblichen banalen Fragen: wo Jack bisher gearbeitet habe, wo er herkäme und was ihn nach San Francisco verschlagen habe. Schon nach kurzer Zeit unterbrach lautes Stapfen auf dem Gang ihr Gespräch. Die Tür schwang auf, knallte gegen die Wand, und ein Hüne von Mann platzte herein. »Hey! Was läuft, Leute?«, fragte er schwungvoll und fügte an Jack gewandt hinzu: »Hi! Ich bin Noah. Noah Glass.«

Noah hatte eine riesige Schüssel mit Salat in der Hand. Als er hereinstürmte, segelten einige Salatblätter zu Boden. Er setzte sich ans andere Ende des Tisches, einige Plätze von Jack und Ev entfernt.

»So, du machst also Logistik?«, fragte er Jack, als ob Ev gar nicht da sei.

Leicht verwirrt über diesen Auftritt schaute Jack zu Ev hinüber, dessen Miene angespannt wirkte. Beide sahen Noah an. »Ja, ich habe mal Programme für das Verteilersystem von Fahrradkurieren geschrieben«, antwortete Jack.

»Cool, cool«, sagte Noah kopfnickend. »Na ja, was wir hier machen ist so was Ähnliches.« Er nahm einen großen Bissen Salat, der ihm wie Fangzähne aus dem Mund hing. »Ja, wir machen Tonbeiträge als Podcast und dann …« Er machte eine Pause, in der sein Gehirn offenbar überlegte, was er als Nächstes sagen sollte. »… dann werden diese Podcasts an User vertrieben!«

Ev brodelte innerlich, während Noah drauflosplapperte. Im Verhältnis der beiden gab es zunehmend Spannungen. Es war nicht klar, wer zu entscheiden hatte, und manchmal stand Ev, der Einsiedler, im Schatten Noahs, dessen Stimme meist am lautesten im Büro zu hören war. Davon wusste Jack natürlich noch nichts.

Nach dem Bewerbungsgespräch wurde Jack Rabble vorgestellt, der ihm einige einschlägige Fragen über seine Programmierkenntnisse stellte, aber vor allem etwas über seine politische Einstellung wissen wollte.

Während Ev und Noah sich stritten, wer das Sagen in der Firma hatte, stellte Rabble die meisten Programmierer für Odeo ein, häufig Freunde von ihm, die eine ähnliche antiautoritäre Hackermentalität hatten wie er. Einen Freund, Blaine Cook, einen schlanken 24-jährigen Kanadier mit langen blonden Haaren, hatte er mit an Bord geholt, um beim Erstellen der Backend-Programmierung zu helfen. Ein anderer ehemaliger Hacktivist, der Proteste gegen die

Regierung unterstützt hatte, arbeitete aus der Ferne beim Aufsetzen der Server mit, die sämtliche Odeo-Podcasts speichern sollten.

Einige von Rabbles Freunden waren so extrem in ihrer Antihaltung gegen das Establishment, dass sie nicht einmal für ihn arbeiten wollten. Als er Moxie Marlinspike anrief, einen schlaksigen Sicherheitsforscher und Hacker mit langen, zotteligen Dreadlocks, verweigerte dieser rundheraus die Mitarbeit: »Ich arbeite nicht für deine verdammten Dot.coms.«

Wenn Rabble vor die Wahl gestellt war, einen Hacker oder einen Mitläufer einzustellen, entschied er sich immer für den Hacker. Einmal hatte sich auf eine Stelle bei Odeo ein Mann beworben, der bei einem großen Unternehmen gearbeitet hatte. Ev hatte ihn einstellen wollen, aber Noah und Rabble hatten befürchtet, dass er eine Menge Meetings einberufen würde. (»Ich will nicht zu Meetings gehen müssen«, hatte Noah eindringlich gebeten.)

Jack, der Tattoos und einen Nasenring hatte und offen erzählte, dass er in St. Louis ständig im Internet in Hackerforen unterwegs gewesen war, passte also perfekt ins Bild.

Zudem hatte Jack eine anarchistische Vergangenheit. Am rechten Oberschenkel trug er ein Tattoo in Form eines rot-schwarzen Sterns, das Symbol einer anarchistischen Gruppe. Im Internet hatte er seit Jahren wortgewaltig seine Abneigung gegen Krieg und Konzerne geäußert. Auf seiner eigenen Internetseite, gu.st, hatte er über diese Themen geschrieben und einige Tiraden über die Gefahren des Kapitalismus, seine Verachtung für Banken und die Erdölgier der Amerikaner gepostet. Zudem besuchte er regelmäßig Foren, die sich für Feminismus einsetzten.

Als Jack das Gebäude verließ und das Vorstellungsgespräch im Geiste noch einmal durchging, war ihm klar, dass er die Stelle bekommen würde. Sein Zusammentreffen mit Ev im Café empfand er als gutes Omen.

Jack besaß eine geradezu unheimliche Fähigkeit, Verknüpfungen zwischen Momenten und Dingen herstellen zu können, auch wenn sie gar nichts miteinander zu tun hatten. Ein hervorragendes Beispiel dafür war eine seiner Tätowierungen: ein S-förmiger schwarzer Tintenfleck, der den größten Teil seines linken Unterarms bedeckte, aber darunter verbarg sich eine Geschichte. Unter dem dunklen, geschwungenen S hatte ursprünglich gestanden: »Odaemon!?«

Dieses Tattoo besaß unendlich viele Bedeutungen. Das Wort »Daemon« bezog sich auf ein Computerprogramm, das im Hintergrund bleibt. Für Jack symbolisierte es ihn, wie er sich selbst sah, als Menschen, der »hinter dem Vorhang« lebte und wenig Einfluss besaß. Das Ausrufezeichen sollte seine Lebensfreude ausdrücken, das Fragezeichen seine Neugier gegenüber der Welt. Zudem hatte er das Wort auf die Unterseite seines Arms tätowieren lassen.

Später hatte er das Tattoo abdecken lassen. Er hatte verschiedene Berufswege ausprobiert und eine Zeit lang als Masseur gearbeitet. Wenn Leute halb nackt auf seiner Massageliege lagen und auf seinen Arm schauten, dachten sie, das Tattoo bedeute »Dämon« und ihr Masseur sei ein Teufelsanbeter. Es bedarf keiner weiteren Erwähnung, dass die meisten sich von ihm nur einmal massieren ließen.

Jack bekam praktisch auf Anhieb eine Stelle als freier Mitarbeiter bei Odeo und fügte sich problemlos in die Firmenkultur ein. Er besaß eine Hackermentalität, keine abgeschlossene Berufsausbildung und liebte das Programmieren. Außerdem hatte er eine solide Arbeitseinstellung und erledigte alle Aufgaben schnell und akkurat.

Das Programmieren hatte er in jungen Jahren gelernt, als er seinem Vater Tim bei beruflichen Projekten geholfen hatte. Schon als Kind hatte er nicht von Spielzeugpistolen oder Spielzeugautos geträumt, sondern sehnsüchtig Elektronikprospekte von RadioShack studiert und Bilder des Rechners, den er sich zu Weihnachten wünschte, in seinem Zimmer aufgehängt. Er hatte sich auch selbst als Hacker versucht und sich einmal in New York City einen Job verschafft, indem er sich in die Internetseite einer Firma gehackt hatte, um zu zeigen, wie anfällig sie war. Wenn Jack nun also die

Odeo-Webseite programmierte, war es, als würde ein erfahrener Automechaniker einen Rasenmäher reparieren.

Seine Arbeit erledigte er systematisch. Sobald sein Kopfhörer eingestöpselt war und ein Programmierbuch aufgeschlagen auf seinem Schreibtisch lag, rieselte der Programmiercode über seinen Monitor. Es dauerte nicht lange, bis er den »Preis für die Erledigung von Drecksarbeiten« – den Getting Shit Done Award – gewann, den Ev für den effizientesten Arbeiter der Woche ausgesetzt hatte. Freitags ging im Büro ein Hut herum, in den jeder einen Zettel mit dem Namen des produktivsten Mitarbeiters der Woche warf. Nachdem Ev und Noah die Stimmzettel ausgezählt hatten, verkündeten sie den Gewinner.

»Der Getting Shit Done Award geht an ...«, sagte Ev und machte eine Pause, um die Spannung zu erhöhen, »... Jack!« Alle klatschten, und Jack stand, strahlend vor Stolz, auf, um den Preis entgegenzunehmen. Manchmal bestand er aus Geld, andere Male aus Kleingeräten.

Die meisten im Büro mochten Jack, scheuten aber nicht davor zurück, ihm zu sagen, dass sie seine Ideen ein bisschen verschroben fanden. Ständig experimentierte er mit seltsamen Plänen herum. Eines Tages erschien er zur Arbeit in einem weißen T-Shirt, auf das in riesigen dunklen Ziffern seine Handynummer appliziert war. Einem Kollegen erklärte er, es handele sich um ein Experiment. Er wolle mit seiner Handynummer auf dem T-Shirt durch San Francisco laufen wie eine menschliche Reklametafel und abwarten, ob ihn jemand anriefe. Die meisten ignorierten zwar die wandelnde Telefonnummer, aber einige beschlossen anzurufen.

»Hallo?«, meldete sich jemand.

»Hallo«, antwortete Jack einsilbig.

»Wer ist da?«

»Hier ist Jack. Wer ist da?«

Die Gespräche mündeten schon bald in einem peinlichen Geplänkel, wie es gewöhnlich Zufallsbegegnungen mit einem oder einer Ex vorbehalten ist. Es versteht sich von selbst, dass die Anrufe bald aufhörten.

Ähnlich abstruse Experimente hatte Jack auch schon gemacht, bevor er zu Odeo kam. Als er 2002 Anfang zwanzig war, hatte er sich für eBay begeistert. Da er damals völlig mittellos war und nichts zu verkaufen hatte, hatte er angeboten, dem Meistbietenden das bekannte Kinderbuch *Goodnight Moon* am Telefon vorzulesen. Es gelang ihm, seinen Vorlesedienst an vier verschiedene Leute zu verkaufen – einer zahlte 100 Dollar, um Jack, einen ihm völlig Fremden, lesen zu hören. »Gute Nacht, Uhren, gute Nacht, Socken«, sagte er ins Telefon. »Gute Nacht, Häuschen, gute Nacht, Maus.« Und er endete: »Gute Nacht, Sterne. Gute Nacht, Luft. Gute Nacht, Geräusche überall.«

Aber trotz seines Hangs zur Absonderlichkeit freundete er sich bald mit einigen seiner neuen Kollegen an. An den meisten Abenden war er mit Noah, Ray und einigen anderen Programmierern von Odeo mit dem Fahrrad oder manchmal auch zu Fuß in der Stadt unterwegs. Sie zogen durch Clubs, Konzerte und Shisha-Bars oder erkundeten aufs Geratewohl Weinlokale, Sakebars und Kunstgalerien der Stadt. Nahezu jeden Morgen hatten sie einen Kater.

Aber fürs Erste hatte Jack gefunden, wonach er sein Leben lang gesucht hatte: einen Job bei jemandem, zu dem er aufschauen konnte, Ev; Kollegen mit Hackergeist, Rabble und Co; und einen neuen Freund, Noah.

@Biz

Anfang Oktober 2005 setzte Biz Stone sich mit seinem Vorgesetzten bei Google in einen kleinen Besprechungsraum. An der Wand hinter ihm prangte das Firmenlogo in leuchtend blauen, gelben, grünen und roten Lettern, als gehöre es in ein Kinderzimmer. Davor standen rote Sitzsäcke. Biz' Strahlen unter seinem wallenden blonden Wuschelhaar wirkte durchaus passend zur festlichen Atmosphäre des Raums.

»Ich kündige!«, erklärte Biz mit breitem Grinsen.

Sein Chef schaute ihn unsicher an, ob Biz, der Firmenclown, Witze machte oder es ernst meinte.

»Nein«, bekräftigte Biz, »ich kündige.

»Liegt Ihnen nichts am Geld?«, fragte sein Chef.

»Doch, mir liegt schon am Geld.«

»Biz, Ihnen ist doch wohl klar, dass Sie Ihre gesamten Aktienoptionen aufgeben, wenn Sie jetzt kündigen?«, fragte sein Chef. Er erinnerte ihn daran, dass er erst seit zwei Jahren bei Google arbeitete und er seine Aktienanteile erst in zwei Jahren erhalten würde.

»Wie viel verliere ich dabei?«, erkundigte sich Biz.

»Über 2 Millionen Dollar«, antwortete sein Chef zuversichtlich, dass eine solche Summe den jungen Angestellten umstimmen würde. Den meisten würde es nicht schwerfallen, sich die finanzielle Differenz zwischen 2 Millionen und 0 Dollar auszurechnen. Das galt auch für Biz. Nur rechnete er etwas anders.

Biz war alles andere als reich. Ihm war es endlich gelungen, die 50 000 Dollar Kreditkartenschulden abzustottern, mit denen er sich jahrelang herumgeschlagen hatte, und nun lebte er mit seiner Frau Livia und ihrer Arche voller geretteter Hunde und Katzen in einer kleinen Mietwohnung in Palo Alto.

Aber keinen Dollar auf dem Konto zu haben, während er bei Google arbeitete – wo selbst der Koch mehrere Millionen Dollar besaß –, war für ihn nichts Neues. Schließlich kannte er es von klein auf, arm unter Reichen zu leben.

Er war in dem wohlhabenden Bostoner Stadtteil Wellesley aufgewachsen, wo das mittlere Familieneinkommen durchschnittlich sechsmal höher war als in den gesamten USA. Biz' Nachbarn waren zwar irrsinnig reich, aber das Leben der Familie Stone sah völlig anders aus.

Biz wurde mit Lebensmittelmarken groß.

Seine Mutter war als Kind von einem netten Schweizer Ehepaar adoptiert worden, das ihr und ihren Kindern ein großes Haus hinterlassen hatte.

Da es schwierig war, als alleinerziehende Mutter mehrere hungrige Mäuler zu stopfen, entwickelte sie einen Plan: Alle paar Jahre verkaufte sie ihr Haus und kaufte ein kleineres Haus in Wellesley. So konnten ihre Kinder die vornehmen Schulen der Gegend besuchen, und sie konnte von den Überschüssen des Hausverkaufs ihre Rechnungen bezahlen. Vier Jahre später ging es wieder von vorn los: Hausverkauf und Umzug in ein kleineres Haus.

Biz wuchs also in immer kleineren Häusern auf, je größer er wurde. Alles war rationiert. Seine Mutter schnitt ihm zu Hause die Haare, indem sie eine Schüssel auf seinen Wuschelkopf setzte und alle Haare abschnippelte, die unter dem Schüsselrand vorlugten.

Als Kind war Biz der reinste Ideengenerator. An Wochenenden durfte er häufig einen Freund der Familie besuchen, der Elektriker war. Stundenlang bastelte er im Keller des Mannes seltsame Gerätschaften. Einmal verband er eine Fußmatte mit einem lauten Summer, der losging, sobald jemand darauf trat. Ein weiteres Projekt, das allerdings scheiterte, war der Versuch, sich aus Colaflaschen und Gummischläuchen eine Tauchausrüstung zu basteln.

Meist war Biz jedoch mit seinem besten Freund aus der dritten Klasse zusammen, Marc Ginsberg, dessen Vater so reich war, dass er einen Computer besaß. Ganze Tage verbrachte Biz bei Marc zu Hause, starrte durch seine flaschendicken Brillengläser auf den Apple-II-Computer der Ginsbergs, spielte Videospiele und zeichnete mit dem Grafikprogramm des Computers.

Als Biz heranwuchs, verschwand sein Vater, ein Bostoner Automechaniker, zunehmend aus seinem Leben, und wenn er sich einmal zu Hause blicken ließ, was selten vorkam, wütete er betrunken gegen Biz' Mutter – die mehr als einmal im Krankenhaus landete. Schließlich warf sie ihn hinaus, und er durfte seine Kinder nur noch an Sonntagen sehen. Kurz nach seinem 16. Geburtstag beschloss Biz, die wöchentlichen Besuche einzustellen.

Eine derart traumatische Kindheit hätte einen Jungen normalerweise zu einem Einzelgänger gemacht, der jahrzehntelang Therapien gebraucht hätte. Bei Christopher »Biz« Stone war das nicht der Fall. Nein, er entwickelte sich durch und durch zu einem Witzbold. Von klein auf machte er Witze, um seine Mutter und seine Schwestern nach einem Wutausbruch des betrunkenen Vaters aufzuheitern. In der High-School war er der Klassenclown. Zweimal musste er sein Studium abbrechen, einmal an der Northeastern University, das andere Mal an der University of Massachusetts; an beiden Colleges brachte er seine Kommilitonen zum Lachen, statt sich auf sein Studium zu konzentrieren. Das Witzereißen setzte sich bei jedem Meeting bei Google fort.

Sein Sinn für Humor half Biz in seiner Karriere und seinem sozialen Umfeld, aber die Witze waren auch ein Mittel, Konflikte um jeden Preis zu vermeiden. Manche nutzten das aus, besonders am Arbeitsplatz. Von 1999 bis 2001 arbeitete Biz bei einem Blogdienst namens Xanga. Seine dortigen Kollegen überfuhren ihn völlig, als sie die Firma in eine Richtung führten, die Biz für unmoralisch hielt: Sie hintergingen Nutzer des Blogdienstes und sammelten private Informationen über sie, um Gewinn daraus zu schlagen. Aber statt aufzustehen und dagegen zu kämpfen, kündigte Biz lieber.

Nachdem er Schulden angehäuft und in der Kellerwohnung seiner Mutter herumgehangen hatte, bewarb er sich schließlich für einen Job bei Blogger. Damals, im Sommer 2003, arbeitete Ev bereits seit einigen Monaten bei Google und versuchte, sich in dem riesigen Konzern einzugliedern. Biz hatte über Ev und seine Philosophie des »Push-button publishing for people« gelesen und wollte sich ebenfalls für die Verbreitung des Bloggens einsetzen.

Mitte 2003 schrieb Biz eine E-Mail an Ev, er, Biz Stone, sei »das fehlende Bandmitglied«. Nach einigen Telefonaten, Scherzen und Grundsatzdiskussionen über die Bedeutung des Bloggens, das es jedem Computerbesitzer ermögliche, Inhalte zu publizieren, beschloss Ev, Biz einzustellen. Aber Google war nicht einverstanden. Biz besaß keinerlei Programmiererfahrung und kein abgeschlossenes Studium. Ev musste einige Überzeugungsarbeit leisten und Verhandlungsgeschick beweisen, bis er Biz schließlich die Stelle anbieten konnte.

Als Biz den Brief mit dem Stellenangebot des Suchmaschinengiganten bekam, wäre die Sache beinahe noch geplatzt. In seiner Kindheit hatte Biz eine ungeheure Flugangst entwickelt. Von Boston nach New York fuhr er lieber stundenlang mit dem Zug oder Fernbus, als den 45-minütigen Flug auf sich zu nehmen. Als ihm klar wurde, dass er nach Mountain View fliegen musste, lehnte er das Stellenangebot ohne triftige Begründung ab. Anfangs hatte Google sich zwar gegen seine Einstellung ausgesprochen, aber das Unternehmen mochte keine Ablehnung hinnehmen und erhöhte das angebotene Gehalt und die Aktienoptionen weiter. Als Biz einem Freund sein Dilemma erklärte, antwortete dieser nur: »Valium!«

»Was ist das?«, fragte Biz.

»Sagen wir mal, es nimmt dir die Flugangst.«

Biz nahm die Stelle an, schluckte eine riesige Pille gegen die Angst und stieg ins Flugzeug. Den Flug verbrachte er halb benommen, halb ekstatisch, dass er seine Flugangst überwunden hatte, und plauderte aufgeregt mit jedem, der ihm zuhörte.

Biz' joviale Art fiel den Führungskräften auf, sobald er seine Stelle bei Google offiziell angetreten hatte. Er kam nicht einfach an und fügte sich in die Unternehmenskultur stiller, in sich gekehrter Programmierer ein. Vielmehr veranstaltete er eine Konfettiparade eigener Art, indem er seinen neuen Job in Form einer fingierten Pressemitteilung im Internet verkündete.

»Google Inc. hat die gesamte Belegschaft und einen Teil des geistigen Eigentums von Genius Labs übernommen, einer Bloggereinheit aus Boston, bestehend aus Biz Stone«, schrieb er am 7. Oktober 2003 in einem Blogpost unter der Überschrift »Google übernimmt Genius Labs« auf seiner persönlichen Internetseite. »Die finanziellen Bedingungen des Geschäfts wurden nicht veröffentlicht.« Zum Schluss seiner Pressemitteilung erlaubte er sich einen Scherz auf Kosten seines neuen Arbeitgebers: »Googles kostenloses Snack- und Kaffeeangebot hat die Branchenelite zu Lobeshymnen veranlasst, und die innovative Suchmaschinentechnik ist ebenfalls ganz nett.«

Bei der Suchmaschine schob man ihn mit schöner Regelmäßigkeit von einem Vorgesetzten zum nächsten. Häufig fühlte Biz sich ebenso wie Ev, Goldman und das restliche Blogger-Team fehl am Platz in diesem Unternehmen mit seiner Mentalität knallharter Geschäftstüchtigkeit. Die Blogger-Außenseiter aßen gemeinsam in der Kantine wie ein Grüppchen unbeliebter Schüler, tranken während der wöchentlichen Freitagsansprachen der Firma in ihrer Ecke Kaffee und rissen Witze auf Kosten der prüden Programmierer.

Ev war anders als die herkömmlichen Vorgesetzten, unter denen Biz bislang gearbeitet hatte. Wenn Ev Mitarbeiter einstellte, wartete er nicht ab, bevor er sie in vertrauliche Informationen einweihte oder mit wichtigen Aufgaben betraute, sondern vertraute ihnen von Anfang an. Es erfüllte Biz mit Stolz und Selbstvertrauen, dass Ev ihn so behandelte, und schon bald entwickelte sich zwischen beiden eine engere Beziehung. Durch ihren gemeinsamen Sinn für Komik wurden Biz, Ev und Goldman bald beste Freunde.

Als Ev Google 2004 verließ, fühlte Biz sich äußerst unwohl unter seinen neuen Vorgesetzten bei Google, die ihm nicht vertrauten und ihn nicht mit Respekt behandelten. Also beschloss er 2005, dass es ihm reichte und er Ev in sein neues Projekt folgen wollte. Bei diesem Schritt gab es allerdings einen heiklen Punkt: Er würde Millionen Dollar auf dem glänzenden Google-Tisch zurücklassen müssen, um eine neue Stelle bei dem schäbigen Podcast-Start-up Odeo anzunehmen und wieder mit Ev und seinem neuen, schrulligen Partner Noah zusammenzuarbeiten.

»Wir sind nicht nach Kalifornien gekommen, damit ich bei Google arbeiten kann«, erklärte Biz Livia, als sie über die Millionen sprachen, auf die sie verzichten würden. »Wir sind hergekommen, damit ich mit Ev zusammenarbeiten kann.«

Angesichts der engen Freundschaft, die sich in den vorangegangenen zwei Jahren entwickelt hatte, fiel die Entscheidung leicht. Am nächsten Tag ging Biz zur Arbeit und tauschte seinen weißen Google-Firmenausweis und das damit einhergehende Geld gegen die Freiheit eines Start-up-Lebens ein.

Als er am 6. September 2005 bei Odeo anfing, merkte er schnell, dass die Veränderung erheblich größer war, als er erwartet hatte. Statt der unbegrenzten kostenlosen Mahlzeiten, Snacks, Busse zur Arbeit und unerschöpflichen sonstigen Vergünstigungen, die es bei Google gab, hatte er nun ein Büro, in dessen Treppenhaus Obdachlose schliefen, einen Weg zur Arbeit, den er nur zu Fuß kostenlos zurücklegen konnte, und höchstens ein kostenloses Bier nach der Arbeit, wenn Ev ihn dazu einlud.

Der Unterschied in der Unternehmenskultur aber ließ sich nicht ermessen. Anstelle der sterilen roboterhaften Kultur bei Google mit den allwissenden Ingenieuren und herrischen Bossen traten nun tätowierte Hacker mit Laisser-faire-Mentalität. Die Odeo-Mitarbeiter waren alle Studienabbrecher von mittelmäßigen Colleges und hatten für die Googlers dieser Welt, die sich ständig mit ihren Standford- und MIT-Abschlüssen brüsteten, nichts als Verachtung übrig.

Bei der Arbeit mit seinem besten Freund und ehemaligen Boss, inmitten von Obdachlosen und Chaos, Schmutz und Dreck fühlte Biz sich voll und ganz zu Hause.

II. #Noah

Unruhige See

Es war Ende 2005. Als das Boot den dichten Nebel hinter sich ließ, bewunderten die Odeo-Mitarbeiter die Aussicht. In der Ferne leuchtete die Golden Gate Bridge orange, und die Segel zerrten im Wind klirrend am Mast.

»Wir segeln in die Tiburon Marina«, sagte Ariel Poler, einer der Odeo-Investoren, und steuerte das Boot durch die salzige Luft über die San Francisco Bay. »Sam's hat offen. Hervorragend«, fügte er hinzu und blinzelte in die Ferne.

Noah filmte hyperaktiv seine Kollegen und interviewte sie für ein weiteres kurzes Video, das er später in sein Blog einstellen würde. Er hielt den Leuten die Kamera vor die Nase wie ein Kind, das freudig einen Lutscher präsentiert. »Erzähl uns davon«, forderte Noah Biz auf, den relativ ereignislosen Bootsausflug zu schildern.

»Es ist schön. Wir haben auf der Fahrt hierher niemanden verloren, aber vielleicht gehen auf der Rückfahrt einer oder zwei Jungs über Bord«, sagte Biz in die Kamera und kauerte sich zusammen, um warm zu bleiben, während der Wind durch seine orangefarbene Jacke fuhr. Rechts neben ihm verbarg Ev seine Augen hinter einer dunklen Sonnenbrille und warf ein: »Wir können es uns leisten, einen zu verlieren.«

Ev meinte es als Scherz, jedenfalls weitgehend. Er würde Noah zwar nicht unbedingt vom Boot schubsen, hätte ihn aber wohl liebend gern bei Odeo hinausgekickt.

Ev und Noah waren in nahezu allen Fragen uneins: welche Farben das Logo bekommen sollte, auf welche Produkte sie sich konzentrieren sollten, wer das Sagen hatte. Sie konnten sich nicht einmal einigen, wann sie Odeo für die Öffentlichkeit freigeben sollten. »Nein. Es ist noch nicht fertig«, hatte Ev an einem Nachmittag in diesem Jahr kopfschüttelnd gesagt, als Noah mit ihm zu verhandeln versuchte. »Ich sage es dir, ich bin der Chef. Ich habe so was schon mal gemacht, und ich will die Seite noch nicht freischalten!«

Rabble und Ray, der junge Flash-Designer, der schon zu Odeo gekommen war, als der Firma noch Cafés als Büro dienten, lehnten sich bequem zurück, um die nächste Diskussion zwischen Noah und Ev zu verfolgen. Ev war noch nicht bereit, der Welt seine Neuentwicklung zu präsentieren. Er hatte schon immer Schwierigkeiten gehabt, Entscheidungen zu treffen und den endgültigen Knopfdruck zu tätigen. Bei Noah, der vor Stolz und Erregung schier platzte, war das anders.

Sie ahnten nicht, dass es keine Rolle mehr spielte, wer diese Debatte gewann. Rabble hatte bereits entschieden. »Sie ist aktiviert«, teilte er ihnen mit verschmitztem Grinsen mit. Sein wildes Haar hatte er zu einem Pferdeschwanz zusammengebunden. Ev und Noah stritten weiter. »Sie ist aktiviert, Jungs«, wiederholte Rabble lauter, um sicherzugehen, dass sie zu reden aufhörten. »Ich habe die Seite gerade online geschaltet.«

Sie hörten auf zu streiten und schauten ihn an. Noah strahlte von einem Ohr zum anderen: »Nein!«. Ev schüttelte lediglich den Kopf.

Von der Internetseite, die sie gerade unbeabsichtigt veröffentlicht hatten, hofften sie, dass sie sich zur Hauptadresse für Podcasts entwickeln würde. Sie ermöglichte es jedem, Audiodateien zu erstellen und sie mit einem auf Adobe Flash basierenden Widget namens Odeo Studio für andere im Internet zugänglich zu machen. Die Nutzung sollte kostenlos sein.

Evs Name hatte Odeo 2005 durchgängig Presseberichte und Aufmerksamkeit verschafft und damit Investoren wie Ariel Poler angelockt, die erwarteten, dass Podcasts dem Rundfunk ebenso Konkurrenz machen würden wie Blogs dem Verlagswesen. Im August 2005 hatte Odeo, ohne ein Geschäftsmodell zu haben, 5 Millionen Dollar von Charles River Ventures und einigen kleineren Investoren erhalten – die auf Podcasts und auf Ev, aber nicht unbedingt auf die Firma und ihre Mitarbeiter setzten.

Noah und Ev hatten nun zwar viel Geld zur Verfügung, um neue Techniker und Programmierer einzustellen und die Firma in diverse Richtungen zu führen, die mit Podcasts zu tun hatten, aber sie hatten sich über nichts einigen können. Nach dem ersten Monat der Geldschwemme hatte Noah sich beim Verwaltungsrat beschwert und George Zachary, den Hauptinvestor bei Odeo, angerufen, um sich über Evs mangelnde Führungsstärke und Entscheidungsfreude zu beklagen. Mehrmals hatte Noah eine Meuterei anzuzetteln versucht und dem Verwaltungsrat vorgeschlagen, Ev als Vorstandschef abzusetzen und Noah zum neuen Firmenchef zu machen. Der konfliktscheue Ev hatte beschlossen, den Streit einfach zu ignorieren. Meist kam er überhaupt nicht ins Büro, um sich Noahs ungestümem Zorn nicht auszusetzen.

»Wen würdet ihr verlieren können? Auf wen könntet ihr am ehesten verzichten?«, fragte Noah nun Biz und Ev, als das Boot durch das kalte Wasser glitt. Er grinste, weil er die Antwort bereits wusste.

»Oh, das ist eine schwierige Entscheidung«, wich Biz aus und schaute Ev an, der keine Antwort gab.

»Auf mich vermutlich«, stellte Noah sarkastisch fest und richtete die Kamera auf sein eigenes Gesicht. Sein breites Grinsen füllte das Bild aus, die Sonnenbrille verlieh seinen Augen etwas Insektenhaftes. »Wahrscheinlich auf mich, wahrscheinlich auf mich«, wiederholte er, leise lachend.

Biz und Ev widersprachen nicht.

Noah sprang weiter über das Boot wie ein unkontrollierbarer Pingpongball, um alle anderen zu filmen.

Jack stand allein in einer Jeansuniform – dunkle Jeans und passende Jeansjacke – am Bug und hing Tagträumen nach, wobei sein wirres dunkles Haar im Wind flatterte. Er segelte gern, und die Tagestour erinnerte ihn an ein Ziel, das er sich früher einmal gesetzt hatte: sich bald ein Boot zu kaufen und allein nach Hawaii zu segeln, eine Fahrt von 2400 Meilen, die nach seinen Recherchen etwa einen Monat dauern würde.

Als Ariels Boot langsam an die Anlegestelle glitt, kletterte die ganze Gruppe auf die groben Holzplanken, streckte die Beine und wirkte wie eine Riesenraupe, die aus einem Nickerchen erwachte.

Für die bunt zusammengewürfelte Odeo-Belegschaft, in der sich für kurze Zeit – zumindest unter manchen – enge Freundschaften entwickelt hatten, war es zwar die erste Bootsfahrt, aber durchaus nicht der erste gemeinsame Ausflug.

Bei solchen Gelegenheiten diente Alkohol meist als Schmiermittel für das Geplauder am Nachmittag. Bald wippten sie auf den weißen Plastikstühlen vor Sam's Anchor Café, wo Möwen sich auf ihr Essen stürzten. Sie tranken Wein, erzählten sich Witze, die nur Computerfreaks verstanden, und lachten übereinander.

Jack saß still dabei und hörte zu. Eigentlich redete er nie viel. Wenn er überhaupt etwas sagte, waren es einsilbige Bemerkungen, als müsse er rationieren, wie viel er an einem Tag laut sprechen dürfe. Es war auch nicht klar, ob ihm jemand zugehört hätte. Schließlich war er der jüngste Mitarbeiter bei Odeo. Der Leichtmatrose an Bord, ein einfacher Soldat in der Truppe, ein freier Mitarbeiter und Programmierer bei einem Start-up. Auch wenn Ev nur selten mit Jack sprach, bezeichnete er ihn doch wegen seiner verrückten Einfälle als »den Mann mit den Ideen«. Manche waren völlig abwegig, wie sein Vorschlag, eine Start-up-Firma zu gründen, die es Programmierern erlauben würde, auf unkonventionelle Weise Teams zu bilden und zusammenzuarbeiten: Während jeweils einer Programme schrieb, sollte der andere ihm oder ihr die Schultern massieren, und anschließend würden sie die Rollen tauschen.

Manchmal erzählte Jack seinen Kollegen von neuen Filmen, Büchern oder Alben, die sie sich anschauen, lesen oder anhören sollten, oder von einer bevorstehenden Kunstausstellung oder Party, die sie alle besuchen könnten, und half damit, Freundschaften zwischen seinen Kollegen zu stiften.

Aber meist saß Jack nur still und gedankenversunken da. Seine Tagträumerei endete jedoch unweigerlich, sobald die Gespräche der Computerfreaks sich bei Bier oder Wein ihrem Hauptthema zuwandten: der Arbeit. Das kam häufig vor. Das gemeinsame Frühstück, Mittagessen, Abendessen, Trinken und Tanzen war oft von Geplauder über die Arbeit durchzogen.

Gerade in diesen Gesprächen – bei denen Noah, Ev, Biz, Rabble, Jack und einige andere Odeo-Leute über Vergangenheit und Zukunft plauderten – braute sich etwas zusammen, was die richtungslose Podcast-Firma in ein Unternehmen verwandeln sollte, das letztlich die Welt und alle verändern würde, die an diesem Tag in Sam's Anchor Café zusammensaßen.

Gelegentlich berichteten Ev und Biz von ihrer Zeit bei Blogger, als Nutzer sich über den Dienst Neuigkeiten mitteilten. Geschichten erzählten. Die Medien aufmischten.

Bei einem dieser gemeinsamen Ausflüge erzählten Rabble und Blaine Anekdoten aus ihren Hackerzeiten, als sie Demonstranten gegen Krieg und Regierung per Handy geholfen hatten, der Polizei zu entgehen. Noah sprach über Piratensender und Jack über seine Zeit als Fahrradkurier.

Andere unterhielten sich über Konkurrenten, unter anderem über Dodgeball, einen ortsbezogenen SMS-Dienst, der in New York einige Zugkraft entwickelte.

Jack hörte zu, verarbeitete die besprochenen Ideen und saß, wie üblich, schweigend da. Doch alles das sollte sich bald ändern: In der folgenden Woche sollte ein neuer Mitarbeiter bei Odeo anfangen.

Ein Mädchen.

»Ach, das ist Crystal«, erfuhr Jack, als er sich nach der Frau im Büro erkundigte. »Da läuft nichts, sie hat einen Freund.« Aber Jack hatte sich auf Anhieb in sie verguckt, was durchaus verständlich war. Crystal hatte glattes schwarzes Haar, dunkle freundliche Augen und ein Lächeln, das den Verkehr zum Erliegen bringen konnte. Durch ihre zierliche Gestalt wirkte sie wie eine Elfe aus einem Märchen.

In Crystals erster Arbeitswoche bei Odeo fand Jack unzählige Vorwände, um mit ihr zu sprechen. Nervös fingerte er mit irgendetwas auf ihrem Schreibtisch herum, starrte sie beim Mittagessen an und spielte verlegen mit seinem Nasenring. Schließlich brachte er sogar den Mut auf, sie zu fragen, welche Musik sie gerade über Kopfhörer hörte. Sehr bald kamen sie ins Gespräch über die Bands, die ihnen beiden gefielen, und Crystal fragte ihn, ob er Lust habe, mit ihr und einigen Freunden ein Konzert zu besuchen.

»Ja, gern«, antwortete Jack aufgeregt und wandte den Blick nervös von ihr ab. »Ich rufe dich später an, dann können wir ausmachen, wo wir uns treffen.«

»Anrufen?«, fragte Crystal verdutzt. »Eigentlich benutze ich das Telefon kaum. Kannst du mir nicht einfach eine SMS schicken?«

»Ähm, was ist eine SMS?«, fragte Jack etwas verlegen.

»Ähm, eine Textnachricht, halloooo? Hast du noch nie eine SMS verschickt?«

Heutzutage mag ein solches Gespräch wirken, als würde man jemanden fragen, ob er noch nie etwas von Internet, Autos oder dem riesigen Feuerball am Himmel namens Sonne gehört habe. Aber 2005 waren Textnachrichten in Amerika noch eine relativ ausgefallene Kommunikationsform, auch wenn sie in anderen Ländern und bei jungen Mädchen in den USA schon recht verbreitet waren.

»Nein«, antwortete Jack ernst. »Davon habe ich noch nie gehört. Was ist das?«

»Komm, ich zeig's dir.« Nervös stand er da, während Crystal ihm vorführte, wie man von einem Handy mit winzigem Schwarz-Weiß-Display eine SMS verschickte, eine Kommunikationsform, die bis dahin völlig an Jack vorbeigegangen war, sich aber ausgebreitet hatte wie eine Epidemie, die nur junge Frauen mit Handys befiel.

Damals war Jack ein stiller Programmierer mit Strubbelkopf und Angst vor persönlichen Gesprächen, der keine Gelegenheit hatte, mit sonderlich vielen Mädchen in Kontakt zu kommen, die über SMS kommunizierten. Bis er Crystal traf.

Obwohl sie ihm sagte, dass sie einen Freund hatte, war Jack völlig besessen von ihr. Als er erfuhr, dass sie gern Obstsaft trank, tauchte er um die Mittagszeit mit einer Flasche Saft auf und stellte sie zu ihrer Verwunderung auf ihren Schreibtisch. Da er darauf keine sonderliche Reaktion erhielt, versuchte er es mit hängendem Kopf mit einer seiner ureigenen Form der Avancen: Er faltete einen perfekten Origami-Kranich.

Diesen langhalsigen, langschwänzigen Vogel hatte er virtuos fertigen gelernt, als er beschlossen hatte, einer Freundin tausend Exemplare zur Hochzeit zu schenken. Sorgfältig hatte er jeden einzelnen aus Papier gefaltet, bis er diese Kunst so perfekt beherrschte, dass er mit geschlossenen Augen aus dem Gedächtnis Kraniche basteln konnte. Ein solches Geschenk fand er nun Crystals würdig.

Eines Morgens kam er schon früh ins Büro und stellte einen Papierkranich auf ihre Tastatur. Schüchtern setzte er sich an seinen Schreibtisch und tat, als ob er arbeitete, als sie mit ihrer Tasse Kaffee hereinkam und ein kleiner Papiervogel sie sehnsüchtig von ihrer Computertastatur aus anschmachtete. Crystal stellte den Kranich lächelnd beiseite und machte sich an ihre Arbeit. Am nächsten Tag bekam sie wieder einen Kranich und ebenso am Tag darauf, bis sie Jacks unermüdliche Annäherungsversuche schließlich leid war, zumal sie einen Freund hatte.

»Du brauchst mir keinen Saft zu holen«, erklärte sie Jack, nachdem sie zu seinem Schreibtisch gestürmt war, um ihn daran zu erinnern, dass sie in einer festen Beziehung war. »Und es ist wirklich süß von dir, dass du die Kraniche auf meine Tastatur stellst, aber jetzt solltest du damit aufhören.«

»Hast du gesehen, auf welche Buchstaben ich sie gestellt habe?«, fragte er aufgeregt, ohne auf ihre Aufforderung zu achten, dass er ihre Grenzen respektieren solle. Ihr war nicht aufgefallen, dass die Kraniche jeweils auf unterschiedlichen Buchstaben gestanden hatten, die letztlich ihren Namen ergeben sollten. »Nein!«, antwortete sie verärgert und machte auf dem Absatz kehrt. Aber er bedrängte sie weiter und war fest überzeugt, dass irgendwann etwas mit Crystal laufen würde.

Bei Freundschaften mit seinen Kollegen hatte er mehr Erfolg.

Bei jedem geselligen Abend bildeten sich Grüppchen wie bei einem seltsamen chemischen Gemisch, dessen Bestandteile sich trennten und wieder verbanden. An einem Ende des Spektrums waren Blaine und Rabble, die an ihrer anarchistischen Rundum-Antihaltung festhielten. Am andere Ende waren Ev und Biz, die Experten für Dinnerpartys, die gern einen ruhigen Abend beim Wein an einem langen Holztisch verbrachten. Mittendrin waren Noah, Jack, Crystal und die Übrigen, die bald unzertrennliche Freunde wurden. Manchmal gingen sie gemeinsam zu Konzerten oder sahen sich im Kino ausländische Filme an. Sie besuchten Weinlokale und Kellerbars, unternahmen lange Spaziergänge und kurze Fahrradtouren. Sie waren beste Freunde, zogen gern zusammen durch die Clubs, tranken Sake aus Pappschachteln und tanzten bis tief in die Nacht zu Musik, die sich anhörte wie ein Faxgerät.

Manchmal gab es zwar Überschneidungen zwischen diesen Grüppchen, wenn etwa Noah zu Evs Partys ging oder Ev mit Noah ein Bier trank, aber meist blieben sie für sich. Sie ahnten noch nicht, dass sie zunehmend in Turbulenzen und Chaos geraten sollten und letztlich die Hälfte der Odeo-Besatzung über Bord gehen würde.

Status

»Ich glaube, ich gehe von Odeo weg«, sagte Jack, als Noah am Rand der Valencia Street hielt. Der Regen prasselte so heftig gegen die Autoscheiben, dass es klang, als prallten eimerweise Murmeln gegen das Glas. Als der Wagen zum Stehen kam, war die Straße menschenleer. Das bläuliche Licht der Stereoanlage erinnerte sie daran, dass es 2:00 Uhr in der Nacht war und sie in einigen Stunden nach zu wenig Schlaf mit dem üblichen schweren Kater aufwachen würden.

Es war Ende Februar 2006, und ein weiterer langer Abend, den sie mit Tanzen, Wodka, Red Bull und ausgedehnten Gesprächen über Liebe, Verlust und Einsamkeit verbracht hatten, neigte sich dem Ende zu.

Noahs Beziehung zu seiner Frau Erin drohte zu zerbrechen. Sie war Anwältin, er Künstler: Sie hatten völlig unterschiedliche Einstellungen zum Leben. Die Grundlagen ihrer Ehe stürzten in sich zusammen, und er hatte Jack erzählt, wie einsam und traurig er war. Jack konnte das nachempfinden. Er hatte zwar Freunde in San Francisco, fühlte sich aber ebenfalls verloren, war teils Punk, teils Rocker, teils Tüftler, träumte vom Segeln und hoffte, dass Crystal sich doch noch in ihn verlieben würde. Oder dass er seine Computerarbeit ganz aufgeben könnte.

»Und was willst du dann machen?«, fragte Noah und schaute auf die leere Straße. Sein Atem stank nach Wodka.

»Ich gebe das Programmieren auf und werde Modedesigner«, sagte Jack. »Außerdem ist Odeo ein einziger Murks.« Keiner der Mitarbeiter benutzte den Dienst, stellte Jack fest.

Noah seufzte, da er dem nichts entgegenhalten konnte. Er hatte seine Leute zu bewegen versucht, Odeo mehr zu nutzen, und hatte Evs altes beigefarbenes Sofa mitten in den Raum gestellt, damit die Mitarbeiter Plattitüden in ein Mikrofon sprachen. Aber die Mikros standen unbeachtet da, Relikte der Vergangenheit in einer Firma, die die Zukunft neu zu erfinden versuchte.

Jacks Feststellung, dass die Firma ein einziger Murks war, reichte weit über die traurige Realität hinaus, dass keiner der Odeo-Mitarbeiter den Dienst nutzte, den sie aufbauten. Es gab noch weitaus größere Probleme.

Zum einen hatten sich die Spannungen zwischen Ev und Noah verschärft. Mehrmals waren die persönlichen Konflikte zwischen den beiden so hochgekocht und im Büro explodiert, dass alle es mitbekommen hatten.

»Ich müsste diese verdammte Firma leiten«, hatte Noah mehr als einmal Ev vor Angestellten angebrüllt. »Ich würde es viel besser machen als du! Du hast doch keine Ahnung, was du tust.« Ev hatte in seiner konfliktscheuen Art nur dagestanden, den Ausbruch über sich ergehen lassen und versucht, seinen aufbrausenden Mitbegründer durch sein Schweigen zu beruhigen, aber häufig hatte Noah nur weiter mit einer seiner Tiraden auf ihn eingedroschen. Auch die Investoren waren verunsichert und wussten nicht recht, wer die Firma eigentlich leitete, der häufig abwesende Ev oder der launische Noah. Sie befürchteten, ihre bei Odeo investierten 5 Millionen Dollar für den Aufbau einer Internetseite, die sich zum Knotenpunkt für Podcasts im Netz hatte entwickeln sollen, würden den Start-up-Bach hinuntergehen.

Das Einzige, worauf Noah und Ev sich in den vergangenen Monaten hatten einigen können, war der Umzug in ein neues, großes Büro im Erdgeschoss des Gebäudes South Park 164, unmittelbar am Park.

Aber die Streitigkeiten der beiden Firmengründer waren nur ein Aspekt des Odeo-Dramas. Ein weiterer war die anarchistische Kultur, die Odeo vom ersten Tag an geprägt hatte, was besonders den für die Programmierung der Webseite eingestellten Hackern zu verdanken war. Rabble und Blaine hießen im Büro nur »die Anarchos«, ein Spitzname, dem sie alle Ehre machten, da sie sich in ihrer Missachtung sämtlicher Regeln nicht bremsen ließen.

Bestrebungen, das Chaos einzudämmen, führten zu nichts.

Ein Mitarbeiter mit konventionellerem beruflichen Hintergrund, Dom Sagolla, war im Oktober 2005 in die Firma gekommen, um neue Podcast-Produkte zu testen. Vorher hatte er bei dem Software-Giganten Adobe gearbeitet, benutzte auch bei Odeo häufig Fachjargon und bemühte sich nach Kräften, eine gewisse Organisation einzuführen. So installierte er an der Wand in der Nähe seines Schreibtischs eine Stecktafel. In der obersten Reihe standen die Namen sämtlicher Mitarbeiter. Darunter waren auf Karteikarten die Aufgaben aufgeführt, die jedem für die Woche zugewiesen waren. Sobald Dom seinen Schreibtisch verließ, schlichen Kollegen sich heran, taten, als ob sie sich die Schnürsenkel bänden oder etwas vom Boden aufhöben, und tauschten die Karteikarten aus, um unbeliebte Aufgaben einem anderen zuzuschieben.

Tim Roberts, ein leitender Manager von Odeo, setzte jeden Morgen ein »Steh-Meeting« an. Aber zwei Mitarbeiter blieben immer sitzen: Rabble und Blaine. »Ich stehe nicht für deine blöden Meetings auf«, maulte Rabble, als er aufgefordert wurde, sich wie alle anderen von seinem Stuhl zu erheben.

»Die Anarchos« widersetzten sich jeglichen Anweisungen. Eines Morgens beschloss Tim, sie auszutricksen, und verkündete, von nun an würden die Steh-Meetings »Sitz-Meetings« und alle sollten Platz nehmen. Während ein Dutzend Mitarbeiter sich für die morgendliche Besprechung hinsetzten, standen Blaine und Rabble prompt auf und blieben stolz stehen. Alle anderen, die nun saßen, starrten sie kichernd an.

Schlimmer jedoch als die interne Anarchie war der vernichtende Schlag, den Apple ihrer Firma kürzlich versetzt hatte.

Einige Monate zuvor hatten sich die Odeo-Mitarbeiter an einem Dienstagmorgen vor ihren Computern versammelt, um sich anzusehen, wie Apple-Chef Steve Jobs den neuesten iPod vorstellte.

Es herrschte allerdings betretenes Schweigen, als Jobs bekannt-
gab, dass Apple iTunes um Podcasts erweitern würde. Nach der
Bekanntgabe schickte der IT-Gigant an die Nachrichtenkanäle
eine kurze Pressemitteilung mit der ominösen Überschrift: »Apple
macht Podcasts allgemein zugänglich.« Schlagartig war das Erstellen und Verbreiten von Podcasts, auf dem Odeos gesamte Geschäftsidee beruhte, zu einem schlichten Apple-Add-on geworden.
Ev erkannte auf Anhieb, dass es ein tödlicher Schlag für Odeo
war. Wie sollten sie Apple, dem mit iTunes das größte Musikver-
waltungsprogramm der Welt gehörte, bei Podcasts schlagen? Gar
nicht. Das wäre, als würde man mit einem Dreirad gegen einen For-
mel-1-Rennwagen antreten.

Nichts von alledem brauchten sie an jenem Abend zu bespre-
chen, als der Regen auf das Auto prasselte, das von schalem Al-
koholdunst erfüllt war. Noah redete weiter über die vergangenen
Monate, während Jack schweigend auf die trostlose Straße starrte.
So lief es meistens zwischen ihnen ab: Noah redete enthusiastisch,
Jack antwortete einsilbig. »Also, was findest du spannend?«, fragte
Noah noch einmal. »Was willst du wirklich machen?«

»Ich möchte in die Modebranche gehen«, sagte Jack leise. »Ich
will Jeans machen.«

»Okay, toll, das bringt uns schon mal weiter. Sag mir, was dich
sonst noch interessiert«, forderte Noah ihn auf. »Was möchtest du
noch machen?«

Jack und die anderen wussten nicht, dass Ev bereits mit Noah
darüber gesprochen hatte, das Handtuch zu werfen und Odeo zu
schließen. Ev war es leid und sah keinen Ausweg für die Firma.
Aber Noah versuchte verzweifelt, seinen Mitarbeitern Ideen zu ent-
locken, die das Unternehmen retten könnten. Oder zumindest die
Beschäftigten.

Jack listete einige Dinge auf, die er mochte: Musik, Segeln und
Programmieren. Dann erwähnte er sein »Status«-Konzept.

Einige Monate zuvor hatte Jack die Idee schon einmal Crystal
und Noah bei einer ihrer Sauftouren dargelegt. Ursprünglich war

sie ihm Anfang 2000 gekommen, als er in der sogenannten Biscuit Factory, einem heruntergekommenen Gebäude in einem zwielichtigen Viertel von Oakland, gewohnt hatte.

Damals hatte Jack einen Blogdienst namens LiveJournal benutzt, einen Konkurrenten von Blogger. Er bot ein Merkmal an, mit dem Nutzer in kleinen Statusmeldungen in ihren Blogs mitteilen konnten, was sie gerade taten. Die meisten Blogger verwendeten es, um in Kurzform Aktuelles über sich weiterzugeben.

Die Idee, auf einem Computer eine Statusmeldung anzuzeigen, erblickte 1997 das Licht der Öffentlichkeit, als AOL seinen Instant-Messenger-Service einführte. Das Unternehmen war damals auf ein großes Problem bei der Kommunikation zwischen Nutzern gestoßen: Wie konnte man anderen, die einen nicht sahen, mitteilen, dass man gerade nicht am Computer saß? Die Lösung bestand in einem Merkmal, das AOL die »Abwesenheitsnotiz« nannte. In einem kleinen Textfeld konnten Nutzer angeben, ob sie erreichbar, in einem Meeting oder gerade beschäftigt waren, sodass ihre Freunde wussten, ob sie ansprechbar waren. Jugendliche verwendeten diese »Abwesenheitsnotiz« jedoch ganz anders und schilderten darin ihre jeweilige Stimmung oder die Musik, die sie gerade auf ihrem Computer hörten. Schon bald taten es Nerds wie Jack, Crystal und Noah den Jugendlichen nach und nutzten ihre Abwesenheitsnotizen ebenfalls, um die Musik zu posten, die sie gerade hörten.

In einer schlaflosen Nacht in der Biscuit Factory hatte Jack überlegt, ob sich die Statusmeldungen, die sich schnell weiterentwickelten und die er mittlerweile in seinem LiveJournal-Blog nutzte, zu einer eigenständigen Internetseite ausbauen ließen. Er war aufgestanden und hatte sich Notizen über diesen Plan gemacht und sogar einen groben Prototyp entwickelt.

Als er nun, sechs Jahre später, mit Noah im Auto saß, kam er wieder auf den Plan einer einmaligen Internetseite zurück, auf der Nutzer über ihren aktuellen Zustand berichten könnten. »Du könntest schildern, welche Musik du gerade hörst, oder den Leuten mitteilen, dass du auf der Arbeit bist«, sagte Jack.

Noah hatte schon immer gefunden, dass Jacks Idee sich ziemlich nüchtern anhörte. Die Echtzeitmitteilungen klangen in Noahs Ohren genau wie Jacks Äußerungen: allzu knapp und einsilbig. Zudem hatte das Konzept zu viel Ähnlichkeit mit Dodgeball, einem im Jahr 2000 gestarteten Netzwerk, über das Nutzer ihren Freunden per SMS ihren Aufenthaltsort mitteilen konnten. Mittlerweile gab es außerdem das Netzwerk Facebook, das an Universitäten die Runde machte.

Noah starrte grübelnd aus dem Fenster. Die Wirkung des Alkohols ließ allmählich nach. Er dachte an Erin und ihre gescheiterte Ehe. An Crystal, von der er wünschte, sie säße jetzt mit ihm und Jack im Auto. Ein Teil von ihm hätte auch Ev gern dabei gehabt; er vermisste die verlorene Freundschaft sehr. Er wünschte, sie alle könnten zusammen in diesem Auto im Regen an der menschenleeren Straße sitzen und melancholisch über Verlust und Fehlschläge reden, und plötzlich kam ihm die Idee. »Ich hab's!, rief er.

Dieses Statusding könnte Leuten helfen, Verbindung zu anderen zu halten, die nicht da waren. Es ging nicht nur darum, ihnen mitzuteilen, welche Musik man gerade hörte oder wo man sich gerade aufhielt; es ging vielmehr darum, in Kontakt mit anderen zu bleiben und sich weniger einsam zu fühlen. Es könnte eine Technologie werden, die Abhilfe gegen ein Gefühl schaffte, das eine ganze Generation vor dem Computer befiel. Ein Gefühl, mit dem Noah, Jack, Biz und Ev aufgewachsen waren, als sie Trost am Monitor gesucht hatten. Ein Gefühl, das Noah Abend für Abend verspürte, während seine Ehe und seine Firma den Bach hinuntergingen: Einsamkeit.

Eben dieses Gefühl hatte Ev so leidenschaftlich Blogger betreiben lassen, als er allein und ohne Freunde in seiner Wohnung saß und endlich über seine Tastatur Verbindung zur Welt aufnehmen konnte. Es hatte auch Biz Jahre zuvor bewogen, in der Kellerwohnung seiner Mutter das Bloggen anzufangen. Und aus demselben Grund hatte Jack sich in St. Louis bei LiveJournal angemeldet, stundenlang allein in Cafés gesessen und mit Leuten gechattet, die sich alle in Computerforen herumtrieben und Anschluss suchten. Diese Statusidee könnte ein Gegenmittel gegen das alles bieten, ein Mittel gegen Einsamkeit, überlegte Noah.

»Was wäre, wenn es Audio hätte!«, sagte Noah aufgeregt. »Oder was wäre, wenn ...«, er stockte »wenn es statt über E-Mail über SMS funktionieren würde?« Ideen tauchten von allen Seiten auf. »Was wäre, wenn ... was wäre, wenn ...?«

Auch Jack begeisterte sich zunehmend für die Vorschläge und regte an, die Idee in Odeo zu integrieren: stimmbasierte Statusmeldungen. »Vielleicht würde es funktionieren, wenn man eine Audiodatei anhängen könnte«, sagte Jack. Es folgten weitere »Was wäre, wenn«.

»Lass uns morgen mit Ev und den anderen darüber reden«, schlug Noah vor, als Jack aus dem Wagen stieg, um nach Hause zu wanken. Als er durch die regennasse Nacht stiefelte, schwirrte sein Kopf vor Zukunftsvisionen.

Am Montag, dem 27. Februar 2006, kamen beide nach einer kurzen Nacht mit schwerem Kopf zur Arbeit. Unverzüglich zerrte Noah Ev und Biz in einen Konferenzraum, um ihnen von seinem berauschten nächtlichen Gespräch mit Jack zu erzählen. Jack hörte zu, während Noah Ev und Biz das »Statusding« erklärte.

»Es schließt an die anderen Dinge an, über die wir gesprochen haben«, behauptete Noah.

Ihnen war bereits seit Januar klar, dass Odeo nicht laufen würde. Einige Leute hatten sich zwar auf der Internetseite registriert, waren aber nur selten wiedergekommen. Evs und Noahs Gezänk hatte die Entwicklung neuer Produkte verhindert und für fortwährenden Stillstand gesorgt. Schließlich hatte Apples Ankündigung eines eigenen Podcast-Angebots hundert Sargnägel für Odeo bedeutet. Dennoch war Ev und Noah klar, dass sie etwas unternehmen mussten, also hatten sie mehrere Besprechungen mit Cheftechniker Jeremy LaTrasse und Tim Roberts abgehalten, um eine neue Ausrichtung für die untergehende Firma zu suchen – oder sie sogar zu schließen und ganz neu anzufangen.

Bei einem Start-up lässt sich der Schwerpunkt der Tätigkeit einfacher ändern als bei herkömmlichen Unternehmen – deutlich schwieriger ist es, aus einem Laden für teure Oberbekleidung ein Bauunternehmen zu machen. Es ähnelt eher dem Versuch, das Speisenangebot eines Restaurants umzustellen. Die angebotenen Gerichte ändern sich vielleicht drastisch, aber Köche und Kellner können bleiben. In Odeos Fall könnten Programmierer, Designer und Manager bleiben.

Besprechungen fanden häufig in Evs Wohnung statt, wo Jeremy, Tim, Noah und Ev am Küchentisch saßen, Bier tranken und endlos Vorschläge verwarfen, was sie als Nächstes tun sollten.

Evs schlimmste Befürchtungen drohten einzutreffen: Odeo würde scheitern, und das hieß, dass Ev, das Bloggerphänomen, tatsächlich ein One-Hit-Wonder wäre. Sollte ihm aber eine Kehrtwende bei Odeo gelingen, könnte er seinen Ruf im Silicon Valley retten, überlegte er.

»Wie wäre es, wenn wir den Audioteil von Odeo kippen«, hatte er vor einigen Wochen vorgeschlagen. »Oder was wäre, wenn wir eine Messaging-Plattform daraus machen, auf der du für eine Gruppe von Freunden eine Nachricht hinterlegen kannst, die sie abhören können?« Das Gespräch über eine Neuausrichtung von Odeo hatte sich auf das Konzept konzentriert, dass Freunde über eine Mitteilungsplattform Kontakt halten konnten. Die große Frage, die Ev, Noah, Jeremy und Tim damals nicht beantworten konnten, war, was diese Gruppen sich eigentlich mitteilen wollten. An dieser Stelle fügte sich Jacks Statusidee perfekt ein.

Als Biz von dem Konzept hörte, erinnerte es ihn an eine Idee, von der er bei Google geradezu besessen gewesen war. Damals hatte er ein Kleingerät namens Treo besessen, das ein einfaches Schwarz-Weiß-Display besaß und halb PalmPilot, halb Handy war. Seinen damaligen Kollegen hatte er vorgeschlagen, Google solle ein eigenes »Phoneternet« aufbauen.

»Was zum Teufel ist ein Phoneternet?«, hatten sie gefragt.

»Das ist ein Internet, aber fürs Telefon!«, hatte Biz jedem erklärt,

der es hören wollte. »Kapiert? Telefon plus Internet. Phoneternet?«
Die Leute hatten nur die Augen verdreht.

Aber als Biz nun von Jacks Statuskonzept hörte – kombiniert mit
Handys, Freundesgruppen und Noahs menschlicher Erklärung der
ganzen Sache –, war er ebenso hingerissen wie Ev.

Als Noah am Ende der Besprechung ans Telefon gerufen wurde,
gab Ev Jack und Biz schnell noch Anweisungen. »Hört zu«, flüsterte er seinen Angestellten zu und beugte sich über den Tisch. »Mir
gefällt die Idee, aber ich will nicht, dass Noah sich ablenken lässt.«
Leise fuhr er fort: »Ich möchte, dass ihr beiden anfangt, in aller
Stille an Entwürfen für dieses Statusding zu arbeiten. Aber sagt niemandem etwas davon.« Als Jack und Biz sich enthusiastisch über
ihren neuen Auftrag unterhielten, fügte Ev hinzu: »Passt auf, dass
Noah sich nicht allzu stark reinhängt.«

Aber es war schon zu spät. Die Idee hatte sich bei Noah festgesetzt. Sie hatte sich bei ihnen allen festgesetzt. Und gemeinsam
sollten sie etwas aufbauen, was ihr Leben für immer verändern
würde.

Twitter

Leise flappte eine Buchseite nach der anderen um, während Noah weiterblätterte. Seit Stunden fasste er nun schon jede Seite mit der Sorgfalt eines Herzchirurgen an und studierte jedes Wort.

Wenn er auf einen Eintrag stieß, der infrage kommen könnte, murmelte er das Wort vor sich hin, um zu prüfen, wie es klang. »Worship«, Kult. »Quickly«, schnell. »Tremble«, zittern. Kopfschüttelnd blätterte er weiter im Wörterbuch.

Am späten Nachmittag ging er nach Hause und suchte weiter nach einem Namen für das neue Nebenprojekt. Schließlich stockte er, starrte wie gebannt auf ein Wort und wusste auf Anhieb, dass es das Richtige sein könnte. Er überflog die Definition, las sie noch einmal und schrieb umgehend eine E-Mail an die Odeo-Gruppe.

Evs Bestrebungen, Noah aus dem Statusprojekt herauszuhalten, hatten sich nur etwa zwanzig Minuten gehalten. Wie in Odeos Anfangszeiten machte Noah genau das Gegenteil von dem, was Ev sagte.

In dieser Woche machte Ev sich zudem Sorgen um andere Probleme: Er stellte Unterlagen für die nächste Verwaltungsratssitzung zusammen, auf der er vorschlagen wollte, Odeo an den Meistbietenden zu verkaufen. Oder an denjenigen, der überhaupt ein Angebot machte.

Alle, die nicht mit dem Statusprojekt beschäftigt waren, arbeiteten widerstrebend an dem, was von Odeo übrig war. Das Grüppchen, das völlig in dem neuen Projekt aufging, warf seit zwei Tagen mit Namensvorschlägen nur so um sich, konnte sich aber auf nichts

Griffiges einigen. Jack schlug »Status« vor, was den anderen »zu technisch« klang. Biz war für »Smssy«. »Süß, aber nein.« Ev hatte »Friendstalker« vorgeschlagen, was die anderen umgehend als sicheres Mittel ablehnten, jeden zu vergraulen, der nicht gerade 18 Jahre alt, männlich und sehr allein war.

Der Rest der Gruppe machte sich aber nicht ganz so viele Gedanken über den Namen wie Noah, der seit seinem berauschten Gespräch mit Jack im Auto völlig davon besessen war. Den ganzen Sonntag, Montag, Dienstag und Mittwoch hindurch suchte er nun schon nach einem treffenden Wort. In dieser Woche hatte er nicht mit seinen Kollegen zu Mittag gegessen, sondern sich hinten im Büro verkrochen.

Als er am Mittwochabend nach Hause kam, setzte er sich wieder hin und blätterte das Wörterbuch durch. Immer wieder wurde er in seinen Gedanken von Textnachrichten gestört, die mit einem lauten Klingelton auf seinem Handys eintrafen. Verärgert über die Störung schaltete er den Klingelton aus, worauf sein Handy leicht auf der Tischplatte vibrierte. Noah unterbrach seine Suche, starrte das Handy an, nahm es wieder in die Hand, schaltete es ein und aus und sah es lautlos beben. »Vibrate«, vibrieren, dachte er und schaute das Wort sofort im Wörterbuch nach. »Wackeln, zittern oder pochen; schnell hin und her bewegen.« Er war wie gebannt.

Alle waren zwar von dem Status-Updater fasziniert, aber für Noah besaß er zudem eine persönliche Bedeutung. Wie er Jack bereits erklärt hatte, als sie im Regen in seinem Auto gesessen hatte, könnte Status dafür sorgen, dass Nutzer sich »weniger einsam« fühlten. Noahs Liebesleben, seine Firma und nun auch seine Freundschaften, die alle mit Odeo verknüpft waren, drohten zu zerbrechen. Diese Neuentwicklung würde sie alle wieder zusammenschweißen, und er fand, das Projekt brauchte einen Namen, der diese Vorstellung vermitteln könnte.

Sein vibrierendes Handy weckte in ihm die Assoziation an Hirnimpulse, die einen Muskel zucken lassen: »Twitch!« *Nein, das würde nicht ziehen*, überlegte er. Also blätterte er weiter im Wörterbuch unter Stichworten, die mit »tw« anfingen: Twister. Twist tie. Twit. Twitch. Twitcher. Twitchy. Twite. Und dann kam es.

»Das leise Zirpen bestimmter Vögel.« Als Noah weiterlas, bekam er Herzklopfen: »Auch ein zirpendes Geräusch, vor allem leises, bebendes Sprechen oder Lachen.« Das ist es, dachte er. »Aufregung oder Erregung; Zittern.«

Ein Verb: Twitter. Zwitschern.

Twitter. Twittered. Twittering. Twitters.

Als die Sonne unterging und es in Noahs Wohnung dämmrig wurde, schrieb er Ev eine kurze E-Mail: »Was hältst du von dem Domainnamen Twitter?« Und als möglichen Untertitel fügte er hinzu: »Eine ganz neue Verbindungsebene. Oder etwas in der Art.«

Als die Gruppe von dem Namen erfuhr, bedurfte es einiger Überzeugungsarbeit, da jeder insgeheim seinen eigenen Namensvorschlag für den besten hielt. Aber letztlich einigten sie sich alle auf Twitter, und Biz begann, Logos zu entwerfen.

Da der neue Internetdienst Nutzern aktuelle Mitteilungen über SMS ermöglichen sollte, schlug Jack vor, die Vokale aus dem Namen zu streichen, wie es damals dank des Internetportals Flickr im Silicon Valley Mode war. So könnte Twitter oder Twttr in den USA eine spezielle fünfstellige Kurzwahlnummer verwenden, um SMS zu schicken. Der Domainname war ebenfalls verfügbar.

Bevor sie mit der Entwicklung von Twitter loslegen konnten, stellte Tim Roberts, der immer noch Produktmanager bei Odeo war, ein riesiges rotes Stoppschild auf. In einer Besprechung mit Ev, wie man Twitter erklären sollte, äußerte Tim Bedenken, die er anschließend auch in einer E-Mail darlegte: »Erstens brauchen wir eine Menge Leute, damit die Sache richtig funktioniert«. Treffend warnte er zudem, es dürfe äußerst schwierig werden, »zu erklären, was es eigentlich ist«.

Widerstrebend gab Ev ihm Recht und entschied nach einer eingehenden Diskussion, im Büro auch noch andere Ideen auszuloten, bevor sie sich ausschließlich auf Twitter konzentrierten. Während Jack, Biz und Noah weiter über die Statusidee redeten, beschloss Ev, einen letzten »Hack Day« zu veranstalten.

Den ersten Hack Day oder Hackathon hatten sie Anfang Februar eingelegt, als mit Odeo alles schiefging. Ev hatte die Idee am 6. Februar 2006 in einer E-Mail an alle Mitarbeiter folgendermaßen dargelegt:

»Meine Damen und Herren, es ist mir ein Vergnügen, Odeos ersten Hackathon anzukündigen. Ein Hackathon ist ein eintägiges Event, bei dem jeder an etwas arbeitet, was für die Firma wertvoll ist, nur nicht an den ›vorgegebenen‹ Aufgaben.«

Die Grundregeln lauteten: Sie sollten ab 9:30 Uhr arbeiten, bis Ev um 18:30 Uhr eine Glocke läutete. Anschließend würden alle bei einem Imbiss und Bier ihre Projekte vorstellen. Zusammenarbeit war erwünscht, aber es galten bestimmte Einschränkungen, vor allem, dass gewisse Leute (wie die Störenfriede der Firma) sich bemühen sollten, eine Zusammenarbeit zu vermeiden. »Woran solltet ihr arbeiten? Mehr oder weniger, woran ihr wollt«, schrieb Ev. »Das heißt, es sollte in erkennbarem Zusammenhang zu Odeo stehen – also etwas sein, was wir in unser Angebot aufnehmen könnten. Aber das lässt ziemlich viel Spielraum zu.«

Am ersten Hack Day Anfang Februar hatte Jack nicht teilnehmen können, weil er in dieser Woche im Büro gefehlt hatte. Es waren weitere Hackathons gefolgt, und nun sollte der letzte stattfinden. Als die Mitarbeiter am nächsten Tag auf der Suche nach möglichen Teams von einem Schreibtisch zum anderen gingen, schwirrte das Büro wie eine Grundschulklasse, deren Schüler sich einen Partner und ein Malbuch aussuchen sollten.

Zu Beginn des Hackathon zogen sich Grüppchen übersprudelnd vor Ideen in eigene Ecken zurück. Die Hacker versuchten alle, die grundlegende Frage zu beantworten, die Ev gestellt hatte: Was würdet ihr entwickeln, wenn ihr heute eine neue Firma gründen oder Odeo neu erfinden solltet?

Florian Weber, ein junger deutscher Programmierer, den Odeo als Aushilfe eingestellt hatte, ging mit Jack und Dom im Mexico Au Parc am Ende des South Park Burritos holen. Dann setzten sie sich auf die wackelige alte Schaukel, aßen und tauschten Ideen aus.

Jack zog gegen die Kälte seine schwarze Mütze fester über die Ohren und erzählte Dom und Florian von seinem Status-Updater, vom dem sie bislang noch nichts gehört hatten.

»Warum willst du nicht einfach normal Anrufe benutzen?«, fragte Dom.

»Na ja, das ginge schon«, antwortete Jack, erklärte dann aber, dass Nutzer per SMS ihre Mitteilung auch aus einem lauten Club senden könnten, in dem ein Telefonat praktisch unmöglich wäre.

Florian, der ebenso wie Jack häufig die ganze Nacht auf Raves verbrachte, nickte begeistert: »Dann würden wir erfahren, wenn es Partys gibt.«

»Welche anderen Nutzungsbeispiele gibt's noch?«, fragte Dom.

»Meine Mutter könnte es auch benutzen«, sagte Jack, so könne sie verfolgen, was er so treibe.

Schließlich gingen alle wieder an ihren Schreibtisch, um ihre jeweiligen Ideen zu skizzieren. Mäuse huschten über den Tisch. Tastaturen klapperten. Als der abendliche Dunst den Himmel über San Francisco färbte, durchbrach das Bimmeln einer lauten Glocke die Stille und zeigte an, dass es 18:30 Uhr war. Alle begaben sich in den vorderen Raum, Bierdosen wurden knackend geöffnet, Flaschenverschlüsse landeten auf dem Boden, und alle stellten nacheinander ihre Konzepte vor.

Sämtliche Projekte des letzten Hackathons ähnelten sich: Außer Twitter wurden Off the Chains, Ketchup, ShoutOut und einige andere Ideen präsentiert, die ähnliche Aspekte enthielten: Freunde, SMS und gemeinsam einsehbare Mitteilungen. Nach Abschluss der Präsentationen sagte Ev, er werde über die Projekte nachdenken, und alle gingen nach Hause.

Einige Tage vergingen. Schließlich schickte Ev eine E-Mail an Noah und zwei weitere Führungskräfte von Odeo. Jack stand in der Firmenhierarchie so weit unten, dass er die Mail nicht bekam.

»Was unsere neuen Projekte angeht, habe ich bei Twitter (oder Twttr) das beste Gefühl. Wir könnten noch viel darüber diskutieren, und es kann sein, dass ich meine Meinung ändere, aber ich denke, ich muss an dieser Stelle einfach einen Schlusspunkt setzen, und mein Bauchgefühl spricht für Twitter«, schrieb Ev in der E-Mail. »Jack scharrt mit den Hufen, das Ding zu entwickeln.«

Ev gab grünes Licht, mit der Entwicklung anzufangen.

(»Das leise Zirpen bestimmter Vögel.«)

Sie vereinbarten, dass Jack und Biz innerhalb von zwei Wochen einen Prototyp entwickeln sollten. Florian wurde ihnen als Chefprogrammierer zugeteilt. Noah sollte die Gesamtentwicklung leiten. Jeremy konnte im Bedarfsfall bei Twitter helfen. Alle anderen, darunter Rabble, Dom, Crystal und Blaine, sollten sich weiter auf Odeo konzentrieren und einen Käufer für die Podcast-Firma suchen.

(»Ein zirpendes Geräusch, vor allem leises, bebendes Sprechen oder Lachen.«)

Tim Roberts war noch immer nicht überzeugt von der Idee. »Ich habe den Eindruck, dass ich hier ein Quertreiber bin, was unangenehm ist«, schrieb er in einer E-Mail. »Aber ich habe nach wie vor einige ganz grundlegende Fragen zu Twitter und seinen Erfolgsaussichten.«

(»Aufregung oder Erregung; Zittern.«)

Aber es war zu spät für Meinungsverschiedenheiten oder Fragen nach Erfolgsaussichten. Ev, Noah, Biz und Jack hatten eine neue Leidenschaft: Genau das wollten sie entwickeln.

(Twitter.)

Just setting up my Twttr

Jack sprang auf, breitete die Arme aus wie Superman, der zum Flug ansetzte, und schrie: »Jaaaaa!«

Rabble und Blaine, die in der Nähe saßen, schauten Jack an, als habe er den Verstand verloren. Der stille Jack brüllte nie und sprang nie plötzlich auf, aber irgendetwas hatte ihn von seinem Stuhl katapultiert, als ob er einen Stromschlag bekommen hätte. Jack erwiderte ihren Blick mit breitem Grinsen, setzte sich schnell wieder auf seinen Stuhl und programmierte weiter.

»Was ist los?«, fragte Rabble ihn genervt. Damals saß er meist herum, wartete auf seine Kündigung – die kurz bevorstand – und schrieb Programme für sein nächstes Hacktivistenprojekt.

»Ich habe die Seite so geschaltet, dass sie einen Status updated«, antwortete Jack und spielte mit seinem Computer herum. Ein weiteres lautes »Jaaaa!« aus dem Hinterzimmer unterbrach ihr Gespräch. Noah war ebenfalls aufgesprungen und hatte die Arme in die Luft gereckt. »Ich habe das Update gesehen! Ich habe das Update gesehen!«

Eigentlich war es nicht das erste Status-Update. Bereits vor dem Hack Day hatte Ev beschlossen, aus einem alten Blogger-Programm und seinem persönlichen EvHead-Blog eine eigene krude Twitterversion zu entwickeln. Er nannte das Experiment »Twitlog«, und obwohl es nur eine rudimentäre Fassung des Konzepts war, vermittelte sie ihm einen ersten Eindruck von der Twitter-Erfahrung. Als ersten Update schrieb er: »setting up my Twitlog« (richte mein Twitlog ein); ein paar Minuten später fügte er hinzu: »hmm ... ob

es funktioniert?« In den nächsten Tagen schickte er knappe Twitlogs von seinem Handy aus. »Esse vegane Erdnussbutterkekse.
Mmmm.« »Wünschte, Sara wäre hier.« »Gehe zur Arbeit.« »Esse
einen veganen Burger am Flughafen Salt Lake.«

Während Odeo-Mitarbeiter Evs Twitlog-Experiment verfolgten,
um zu sehen, ob diese Kurzmitteilungen interessant waren, stürzten sich Jack und Biz kopfüber in die Entwicklung von Twitter.
Florian arbeitete am Backend des Dienstes, Jack am Frontend, und
Biz entwarf Erscheinungsbild und Handhabung. Noah leitete die
Entwicklung eines Twttr-Logos, das nach tagelangen belanglosen
Versuchen letztlich aussah wie ein scheußlicher grüner Schleim-
klecks. Jeremy, Blaine und Tim halfen, wenn nötig, bei Program-
mierproblemen.

Um den Dienst einfach und übersichtlich zu halten, hatte Jacks
Konzept ursprünglich vorgesehen, dass die Nutzer wie beim Instant
Messaging jeweils nur eine Statusmeldung sehen konnten. Wenn
ein Nutzer seinen Status aktualisierte, sollte die vorherige Meldung
für immer verschwinden und durch die neue Twitter-Meldung ersetzt werden. Aber Ev hatte dagegengehalten, die Statusaktualisie-
rungen sollten wie Blogs ein Stream-Format haben und in chronolo-
gischer Reihenfolge erscheinen. Nachdem Noah Evs Twitlogs über
einige Tage hinweg verfolgt hatte, schlug er vor, jeden Beitrag mit
einer Zeitangabe zu versehen, damit Nutzer wüssten, wann er geschickt worden war.

Mehrere Tage lang arbeiteten Noah, Biz, Jack und Florian vor
sich hin. Es gab Bugs. Probleme. Hindernisse. Sie bastelten manches digital zusammen und verknüpften es provisorisch mit Pro-
grammschnipseln. Nach zwei Wochen schickte Jack endlich den
ersten offiziellen Twitter-Beitrag. Am 21. März 2006 um 11:50 Uhr
twitterte Jack:»Just setting up my twttr« (Richte gerade mein Twttr
ein) – ganz ähnlich, wie Ev in seiner ersten Twitlog-Nachricht einige
Tage zuvor geschrieben hatte.

In enger Zusammenarbeit fügte sich allmählich eins zum anderen: Jacks Konzept, dass Nutzer ihre Statusmeldungen teilen;

Evs und Biz' Vorschlag, Beiträge ähnlich wie bei Blogger in einem Stream darzustellen; Noahs Idee, Zeitangaben einzufügen, sein Namensvorschlag und seine Ausführungen, wie man Statusmeldungen persönlich gestalten und Menschen »verbinden« könnte; und schließlich der Vorschlag, der aus Odeo und allen dort Beschäftigten hervorgegangen war: Freunde zu verbinden und Dinge mit einer Gruppe zu teilen.

Biz arbeitete an diesem Tag zu Hause in Berkeley. Aber er hatte seinen Instant Messenger eingeschaltet und sah auf seinem Handy die Nachricht auftauchen: »Richte gerade mein Twttr ein.« Umgehend schickte er Jack eine Nachricht: »Bekomme gerade deine Statusmeldung auf mein Handy.« Und als Anspielung auf Alexander Graham Bells Äußerung, als er 1876 erstmals das Telefon praktisch vorführte, fügte er hinzu: »Watson, kommen Sie bitte herein!«

Sie tauschten sich weiter über Instant Messenger aus:

Jack: Schön! Aktualisiere deins. Ich folge.

Biz: Hey, da fällt mir ein guter Slogan für Twitter ein: »Do you follow me?« (Folgst du mir?)

Biz meldete sich an und schickte seinen ersten Tweet: »Just setting up my twttr.«

»Hab's bekommen!«, antwortete Jack. Neun Minuten später war Noah an der Reihe: »Just setting up my twttr.« Dreißig Sekunden später folgten Crystal und Jeremy, dann Tony Stubblebine, ein weiterer leitender Software-Entwickler bei Odeo, Florian und Ev. Die übrigen Mitarbeiter schlossen sich ihnen an.

Jack twitterte: »Einladung an Kollegen.« Biz: »Hol gerade meine Odeo-Leute mit ins Boot.« Dom machte mit. Rabble. Alle starrten auf ihre Handys und Computer und überlegten, was sie schreiben sollten. Aufgeregt twitterte Dom: »Ooooo«. Jeremy tat es ihm nach: »Scheiße, ich habe gerade getwittert.«

Auf jedes Update folgte ein Chor vibrierender Handys, da alle die Mitteilungen gleichzeitig erhielten. Tim Roberts gesellte sich dazu. »Das macht süchtig«, schrieb Dom. »Wünsche, ich hätte noch ein tolles Sandwich«, schrieb Biz. »Mittag«, tippte Jack. »Probier twttr aus«, teilte Ev mit. »O Mann, dieses Twitter ist prickelnd«, sagte Jeremy.

Genau das war es. Ein Lebensfunke. Tweets.

»Twttr.com nutzen«, schrieb Biz, als er die Seite weiter testete. Die erste Version des Dienstes war primitiv und simpel. Oben auf der Seite stand: »What's your status?« (Wie ist dein Status?) Darunter befand sich ein rechteckiger Kasten und eine »Update«-Schaltfläche, über die Nutzer ihre Mitteilung verschicken konnten. Darunter folgte wie bei Blogger ein Stream fortlaufender Beiträge.

Jack verließ das Büro an diesem Abend, um zu seinem Zeichenkurs zu gehen. Begeistert, dass Twitter funktionierte, verkündete er: »Zeichne nackte Leute.« In den nächsten Stunden ähnelten sie: Kindern, die gemeinsam übernachten und sich gegenseitig eine gute Nacht wünschen. Obwohl jeder für sich war, tauschten sie sich alle gemeinsam freundschaftlich aus, wie sie den Abend verbracht hatten, sie unterhielten sich. Twitterten.

Adam: »Stemme Gewichte.«

Noah: »Mist, ich glaube, ich kriege ne Erkältung.«

Jeremy: »Stelle mir gerade vor, wie Jack nackte Leute zeichnet ... mmmmm ... Nackte.«

Dom: »Ich geh nach Hause.«

Jack: »Schlafe.«

Ev: »Frag mich, ob Updates funktionieren.«

Ev: »Bin froh, dass sie's tun.«

Biz: »Trinke gerade Kaffee.«

Tony: »Denke über polyphasischen Schlaf nach.«

Noah: »Die Arbeit lässt mich nicht los.«

Crystal: »Aerobics Supah Star.«

Jack: »im bett lesen, texten.«

Biz: »Bin über Treo-Webbrowser bei Twttr.«

Jack: »Schlafen.«

Noah: »Lange im Büro. Lost verpasst :-(«

Crystal: »Bad geputzt, Salat gegessen, geh bald ins Bett!«

Noah: »Zeit für mich, ins Bett zu gehen. Gute Nacht.«

Der Cowboy beim Rodeo

Am späten Abend riss Noah die Tür zu den Odeo-Büros auf und torkelte betrunken herein.

»Jack!«, brüllte er und stürmte mit der Begeisterung eines Kindes, das gerade von der Schule nach Hause kommt, aber mit ausgeprägter Alkoholfahne auf ihn zu. Jack nahm seine Kopfhörer ab und schaute müde auf. »Hey, Noah.«

»Ich hab's vielleicht gerade versaut«, sagte Noah, klatschte in die Hände und ließ sich auf einen Stuhl neben Jack fallen. »Könnte sein, dass ihr sauer auf mich seid.«

»Was hast du denn gemacht?«, fragte Jack unsicher, was Noah nun wieder ausgeheckt haben mochte.

»Ich glaube, ich habe gerade den Medien Twitter präsentiert«, sagte Noah und schwafelte ausgiebig über die tolle Party, Om Malik, Zigaretten, kostenlose Getränke und einen mechanischen Stier.

Es war Mitte Juli 2006, und Silicon Valley wirkte wie ein gerade wiedereröffneter Vergnügungspark. Anstelle von Tierfutter-Webseiten und anderen langweiligen Ideen der ausgehenden 1990er Jahre entstanden völlig neuartige und spannende soziale Attraktionen. Und mittlerweile war der Eintritt frei. Man bezahlte einfach mit seiner Privatsphäre, indem man für den Zugang seine persönlichen Daten preisgab.

Das neue Silicon Valley hatte auch einen Namen: Web 2.0! Neu und besser: das soziale Netz. MySpace und Friendster war bei Jugendlichen in aller Munde, und dieses aufkommende Dings namens Facebook breitete sich mit der Geschwindigkeit einer Erkältungswelle in den Studentenwohnheimen aus. Yahoo! hatte kürzlich Flickr, das soziale Netzwerk für den Austausch von Fotos, für annähernd 40 Millionen Dollar gekauft, damals eine kleine Goldgrube.

Außenstehende bestaunten das Silicon Valley wieder einmal fasziniert wie Kinder eine Schneekugel und fragten sich, wie sie Teil dieses Wunderlands werden und in den Besitz einer Schneekugel kommen konnten, die nicht Schnee, sondern Geld in ihre Hände rieseln lassen würde, wenn man sie schüttelte.

Inmitten des grenzenlosen Reichtums, der durch Silicon Valley wirbelte, gab es aber auch eine Menge bankrotter Start-ups wie Odeo, die den Betrieb einstellten. Und so kam es, dass Noah betrunken auf einer Party landete und sich brüstete, einer der Entwickler von Twitter zu sein.

Zwei ortsansässige Unternehmer mit originellem Humor für die Achterbahnmentalität der IT-Szene hatten beschlossen, Kapital aus dem Niedergang solcher Start-ups zu schlagen, und einen Club namens »Valleyschwag« gegründet: Die Mitglieder zahlten 20 Dollar im Monat und bekamen dafür einmal im Monat eine Tasche voller bunt zusammengewürfelter Werbegeschenke. Der monatliche braune Jutebeutel enthielt Überraschungsgeschenke wie T-Shirts, Sticker, Kugelschreiber und Mousepads von Firmen, die bald in einem selbst inszenierten raffinierten Zaubertrick von der Bildfläche verschwinden würden.

Zur Erinnerung an diese sterbenden Firmen gab es eine Party, den sogenannten »Valleyschwag Hoedown«. Vor der Feier sammelten die Valleyschwag-Organisatoren weitere Werbegeschenke ein, um sie bei der Party zu verteilen. Es war kein Geheimnis, dass sich Odeo im Niedergang befand. Daher schaute einer der Organisatoren im Büro herein, und Ev führte ihn in eine Abstellkammer voller grauer T-Shirts mit pinkfarbenem Odeo-Logo. »Kann ich einige für die Party haben?«, fragte der Organisator.

»Klar«, antwortete Ev bekümmert. »Nehmen Sie so viele, wie Sie wollen.«

Als die Party in einem Raum, der in einer Ecke mit Heuballen de-
koriert war, in Schwung kam, tauchte Noah auf, in Hochstimmung
wegen Twitter – einem Produkt, von dem bis zu diesem Abend noch
kaum jemand etwas wusste. Er trank mit Prominenten der IT-Szene
einige Gläser Wodka, aß ein Stück trockenen Kuchen, tanzte mit
Mädchen mit Cowboyhüten und ritt auf dem gemieteten mechanischen Stier, dem man einen Pferdekopf aus Pappe angeklebt hatte.
Schließlich stand er draußen, trank und rauchte eine Zigarette mit
Om Malik, einem Blogger, der über die IT-Szene schrieb. Sie lehnten sich an einen großen gelben Schulbus, Lola genannt, den man
für die Party hergeschafft hatte.

Noah konnte sich nicht zurückhalten, zog mehrmals heftig an
seiner Zigarette und erzählte Om aufgeregt von dem neuen Internetdienst. »Er ist entstanden, als wir eines Nachts nach zu viel Wodka in meinem Wagen zwischen der Valencia und der Fourteenth im
Wagen saßen und quatschten«, nuschelte er. »Gib mal dein Handy.
Ich melde dich an!« Noahs Zigarette hing in seinem Mundwinkel
wie bei James Dean. Er drückte ein paar Tasten, gab das Handy zurück und erklärte, wie Twitter funktionierte.

»Looking4food«, twitterte Om, inhalierte einen letzten Zug und
steckte das Handy wieder ein.

Nachdem Noah die Katze am Schwanz aus dem Sack gezogen
hatte, hielt er es für das Beste, auch andere bei Twitter anzumelden, und spielte auf der Party den Handelsreisenden. »Gib mir dein
Handy! Ich melde dich an!«, brüllte er Leute gegen die plärrende
Countrymusik an. Ehe er es sich versah, stand er betrunken, mit
einem kleinen Alkoholsee in seinem Plastikbecher auf der Party,
umwirbelt von Leuten mit Cowboyhüten. Bald wurde ihm klar, dass
er Jack und den anderen im Büro von seiner improvisierten Medien-
konferenz erzählen musste.

Schon seit Wochen war Noahs Aufregung über Twitter deutlich
spürbar gewesen. Einige Tage zuvor war der Verwaltungsrat von
Odeo zur vierteljährlichen Sitzung in den Büros zusammengetreten und hatte sich auf den neuesten Stand über einen möglichen

Verkauf des Podcast-Dienstes bringen lassen. Vor der Sitzung wollten Noah und Ev den Investoren Twitter demonstrieren. Jack kam zur Präsentation in den Konferenzraum – er nahm zum ersten Mal an einer Verwaltungsratssitzung teil – und saß stumm dabei, als Noah leidenschaftlich Twitter vorführte.

»Was halten Sie davon«, fragte Noah George Zachary, Odeos Hauptinvestor, nach der Demonstration. »Das ist doch erstaunlich, oder? Damit können Sie mit Ihren Freunden Kontakt aufnehmen!«

George starrte Noah verständnislos an und fragte sich im Stillen, wieso jemand mit »seinen Freunden Kontakt aufnehmen« sollte, wenn diese Freunde doch anwesend waren. Er hatte den Verdacht, die Programmierer hätten vor der Sitzung etwas geraucht, und sah sich unsicher um. Aber Noah führte weiter praktische Beispiele vor, wie Twitter Menschen verbinden könne.

Als Noah einige Tage später von der Party hereintorkelte und erklärte, er habe gerade die Bloggerszene eingeweiht, erklärte Jack, das sei nicht so wild, tat die Geschichte ab und machte sich wieder an die Arbeit. Er war ebenso konfliktscheu wie Ev, zumindest wenn es um Auseinandersetzungen in seinem unmittelbaren Umfeld ging.

Aber im Stillen war Jack wütend.

Seine Freundschaft mit Noah hatte sich vor kurzem nach einer Diskussion über Crystal merklich abgekühlt.

In den vergangenen Jahren war zwischen Noah, Jack und Crystal eine enge Freundschaft entstanden, mehrmals wöchentlich gingen sie gemeinsam zum Frühstück, Mittagessen oder Abendessen, unternahmen abends Sauftouren und tanzten am Wochenende bis in die frühen Morgenstunden. Im April waren sie gemeinsam mit Bekannten zu dem großen Musikfestival Coachella gefahren, das sieben Fahrstunden südlich von San Francisco stattfand. Dort hatten sie zur Musik von Chemical Brothers, Girl Talk und Imogen Heap getanzt und nebeneinander in der Wüste übernachtet. Aber Noah war aufgefallen, dass Jack sich immer mehr in seine Vernarrtheit in Crystal hineinsteigerte und er ihr während des Konzerts wie ein Bodyguard folgte.

Eines Abends nahm Noah Jack beiseite und sagte ihm, seine Besessenheit von Crystal sei ungesund und er solle ein bisschen »chillen«. Jack fühlte sich in die Defensive gedrängt und warf Noah vor, er wolle ihn nur aus dem Weg haben, um selbst bei Crystal zu landen. »Hä? Ich mag Crystal, aber ich will nichts von ihr«, protestierte Noah völlig verdutzt. Aber für Jack stand die Sache fest.

Als Noah nun betrunken im Büro saß und erzählte, dass er Leute bei Twitter angemeldet und das streng geheime Projekt enthüllt hatte, ärgerte Jack sich, dass Noah sich wieder einmal eingemischt hatte. Zuerst Crystal und jetzt Twitter. Jacks Gefühle für Noah schlugen von Zuneigung in Groll um.

Und damit stand er nicht allein.

Als die Mitarbeiter von Odeo und Twitter am nächsten Morgen zur Arbeit kamen, stellten sie fest, dass einige Blogposts diese seltsame Neuentwicklung namens Twitter diskutierten.

Mike Arrington, der das im Silicon Valley populäre IT-Blog *TechCrunch* betrieb, schrieb, Twitter sei offiziell gestartet und »einige auserwählte Insider spielten gestern Abend bei der Valleyschwag-Party in San Francisco mit dem Dienst«. Aber Arrington schien nicht sonderlich davon beeindruckt. Er hatte Datenschutzbedenken und fragte mit einem unverhohlenen Seitenhieb gegen Ev, wieso eine Podcast-Firma wie Odeo Zeit auf Nebenprojekte verschwende.

Om Maliks Blog war wohlwollender und zeigte Interesse an dem neuen Twitter-Angebot, aber er schrieb das Verdienst ausschließlich einem gewissen betrunkenen Mitbegründer zu, mit dem er am Abend zuvor Wodka getrunken und Zigaretten geraucht hatte. »Eine neue Handy-App für ein soziales Netzwerk, entwickelt von Noah Glass (und seinem Team)«, schrieb Om.

Ev versuchte hinterher, die Darstellung in der Presse richtigzustellen, aber es war zu spät. Damals ahnte Noah es zwar noch nicht, aber seine Medienpräsentation im Alkoholrausch sollte schwerwiegende Folgen haben.

Die grünen Parkbänke

Der South Park war im Dunkeln gespenstisch still. Auf den Schaukeln spielten keine Kinder. Die grünen Bänke waren leer. In den schuhkartonförmigen Häusern rund um den Park brannten keine Lichter, Cafés, Restaurants und Büros hatten längst geschlossen. Die einzige Ausnahme war Haus Nummer 164, wo gedämpftes gelbliches Licht durch die quadratischen Fenster auf die Straße drang.

Drinnen tickten die Wanduhren leise über Mitternacht hinaus. Im hinteren Teil des Gebäudes, jenseits der leeren Schreibtische mit den dunklen Computermonitoren, saß Noah allein, wie es inzwischen an den meisten Abenden der Fall war.

Es hatte sich zu einer abendlichen Routine entwickelt. An manchen Abenden weinte er, während er große, kunstvolle Wandgemälde schuf. Andere Male machte er Musik, ließ seine Finger über die scheppernden Gitarrensaiten gleiten und sang melancholische Lieder. Oft sang er Liebeslieder in seine Webcam, wobei ein Hut mit dunkler Krempe seine feuchten Augen verdeckte.

Seine Ehe war im Grunde am Ende; sein Start-up, Odeo, war ein verwesender Leichnam. Seine Beziehung zu seinen engsten Freunden, die zugleich seine Kollegen waren, lag ebenfalls in Scherben.

Also tat Noah, was er am besten konnte. Er suchte Trost im magischen Internet. Er sprach in seine Webcam. Er schrieb in sein Blog und natürlich auf Twitter.

Noah nutzte Twitter genau für den Zweck, den er erhofft hatte: als Mittel gegen Einsamkeit. Er hatte das Konzept lange vor jedem anderen begriffen: »Es kann alles sein, was du willst«, hatte er einige Tage zuvor in seinem Blog geschrieben. »Die Tatsache, dass ich erfahren konnte, was meine Freunde in jedem Augenblick des Tages taten, gab mir das Gefühl, ihnen näher verbunden und, ganz ehrlich, weniger einsam zu sein.« Leider hatte sich aber seine Hypothese als falsch erwiesen, und Freunde, die weit weg waren, linderten seine Traurigkeit nicht. Deshalb verkroch er sich Abend für Abend allein und unerwünscht hinten im Büro.

Seine gegenwärtige Lage hatte er sich weitgehend selbst zuzuschreiben.

Seit Anfang Juni unterstützte Crystal Twitter in der Kundenbetreuung, da sie darin Erfahrung hatte, und beantwortete Fragen früher Nutzer. Damals war der Dienst noch geheim, aber Mitarbeiter durften engen Freunden und Verwandten Zugang als Gast verschaffen.

Am 5. Juli um die Mittagszeit fragte Dennis Crowley, ein bekannter Unternehmer und Chef des Internetportals Dodgeball, das Google kürzlich übernommen hatte, in einer E-Mail an, ob er sich bei Twitter anmelden könne. Crystal, die keine Ahnung hatte, wer Crowley war, schickte ihm unbekümmert einen Zugangscode, der sein Nutzerkonto aktivierte. Als Noah kurz darauf Dennis' Namen und den üblichen ersten Tweet, »just setting up my twttr«, auf seinem Computermonitor sah, stürmte er wütend aus seinem Büro wie ein Wrestler in den Ring.

»Was zum Teufel geht hier vor«, brüllte er, worauf sämtliche Köpfe sich ihm aufgeschreckt zuwandten. »Wieso haben wir Dennis Crowley einen Zugang gegeben?«

»Ich weiß nicht, wer er ist ...«, sagte Crystal und schaute Noah erschrocken und eingeschüchtert an.

Noah steigerte sich in einen Wutanfall hinein. »Du hast ja keine Ahnung, was du da gemacht hast«, brüllte er und rannte hin und her. Crystal brach in Tränen aus.

»Beruhige dich, Noah«, redeten Kollegen auf ihn ein. »Reg dich nicht so auf. Das ist doch nicht so schlimm.«

»Das bedeutet Krieg!«, schrie Noah, als Jack vergeblich versuchte, ihn zu besänftigen. »Das bedeutet Krieg, verdammt! Er ist unser Feind. Wir brauchen einen Schlachtplan. Sie werden uns angreifen; wir müssen sie vernichten.«

Alle bemühten sich, Noah zu beschwichtigen, aber er tobte panisch weiter und stürmte schließlich in sein Büro.

Ein paar Tage später hatte er wieder einen Wutanfall und schickte eine fast schon verzweifelte E-Mail an George Zachary: »Ich würde gern mit Ihnen über twttr reden. Ich muss Sie unbedingt so bald wie möglich sprechen.« Noah hatte vorgeschlagen, Twitter als eigenes Unternehmen auszugliedern und ihn zum Vorstandschef zu machen. Die Entscheidung, was mit Twitter geschah, lag praktisch bei den Investoren, die ursprünglich Odeo finanziert hatten, da sie nun unbeabsichtigt die Entwicklung dieses Experiments bezahlten.

Anfangs hatte Ev nichts gegen diese Idee einzuwenden. Er wusste, dass Noah alles für das neue Projekt gegeben hatte. Zwei Monate zuvor, im Mai 2006, hatte Ev sich sogar in einer E-Mail an den Odeo-Verwaltungsrat enthusiastisch dafür eingesetzt: »Warum gliedern wir Twttr Inc. nicht in eine eigenständige Firma aus – vielleicht nicht als hundertprozentige Tochter, sondern mit gespiegelten Besitzanteilen, statten sie vielleicht mit 500 000 Dollar aus und sehen, was Noah daraus machen kann.« Aber der Verwaltungsrat war nicht an Twitter interessiert. Wenn Ev und Noah Odeo nicht weiterführen wollten, hatten die Investoren vor, die Firma an den Meistbietenden zu verkaufen und ihr Geld zurückzubekommen. Sie sahen in dem Nebenprojekt lediglich ein weiteres Ablenkungsmanöver von Ev.

»Ev, wir werden bald in eine Katastrophe schlittern, wenn wir den Verkauf der Firma hinauszögern«, hatte George Zachary geantwortet. »Meine Geduld wird hier wirklich strapaziert und ist so gut wie am Ende.«

Als nun erneut die Diskussion aufkam, Twitter auszugliedern, hatte Noah mit seinem unberechenbaren, launischen Verhalten mittlerweile seine Aussichten, die Firma – oder auch Odeo – zu leiten, kontinuierlich verringert.

Gegenüber Ev entwickelte Noah eine zunehmend paranoide Haltung. Mehr als einmal zog er Jack gewichtig beiseite und vertraute ihm seine Befürchtungen an. »Ev versucht, mich aus der Firma zu drängen. Das spüre ich. Wir sollten hier aussteigen und unser eigenes Ding aufziehen«, raunte er Jack dann zu. »Wir sollten abhauen und unser eigenes Twitter aufmachen.«

Aber Jack war klar, was als Nächstes passieren würde, und er riet Noah, zu bleiben und zu sehen, wie die Dinge sich entwickelten, bevor er etwas unternähme. »Warte ab. Unternimm noch nichts. Lass uns einfach abwarten.«

»Aber Ev versucht, mich aus der Firma zu werfen«, erwiderte Noah.

Noahs Ahnung traf nur teilweise zu. Nicht nur Ev wollte ihn aus dem Unternehmen drängen. Alle anderen wollten es ebenfalls.

Twitter war kaum geboren, als es schon Streit gab, wer dieses Baby gehätschelt und wer andere in seine Nähe gelassen hatte. Eine Zeit lang hatte der Dienst nur auf Noahs IBM-Laptop existiert. Dann hatte Jack den technischen Teil von Twitter übernommen und Florian, der mittlerweile von Deutschland aus arbeitete, jeden Morgen Programmieraufgaben zugewiesen. Aber wenn Noah mitten in der Nacht allein in seinem Büro saß und Ideen ausbrütete, die ihm in Anflügen von Leidenschaft in seinem ansonsten deprimierten Zustand kamen, sagte er Florian ebenfalls, woran er arbeiten sollte. Am nächsten Morgen kam Jack dann ins Büro und fand eine Reihe erledigter Arbeiten vor, die aber nicht seiner Liste entstammten, sondern der von Noah.

Ev war noch im Zwiespalt, was er wegen Noahs Wutausbrüchen und eigenmächtigen Medieninitiativen unternehmen sollte, als Jack ihm bei der Entscheidung half. Eines Nachmittags bat er Ev um ein vertrauliches Gespräch. »Du darfst Noah nichts davon sagen«, drängte er. Schließlich seien sie immer noch »Freunde«. Aber Noah behindere Twitter, er, Jack, könne nicht mehr mit ihm arbeiten und denke daran, zu kündigen. Als Ev fragte, was er dann machen wolle, erklärte Jack, er würde nur zu gern in die Modebranche gehen. Schließlich warf Jack den Fehdehandschuh: »Wenn Noah bleibt, gehe ich. Ich kann nicht mehr mit ihm arbeiten.«

Die Antwort war für Ev einfach. Er wusste zwar, dass Noahs Leben völlig aus den Fugen geraten war, aber er sah auch, dass er sich im Fallen an allem Greifbaren festklammerte und die untergehende Firma Odeo und die Neuentwicklung Twitter mit sich zu reißen drohte.

Nachdem er sich mit dem Verwaltungsrat beraten hatte, ging er am Mittwoch, dem 26. Juli, gegen 18:00 Uhr mit Noah hinaus zu den Parkbänken. Noah wusste genau, was als Nächstes passieren würde. Die Parkbänke waren ein schlechtes Omen.

Auch wenn Evs Bauchgefühl ihm sagte, dass aus Twitter etwas werden könnte, war es damals nur ein Nebenprojekt. Dagegen war Odeo eine Totgeburt. Folglich hatte Ev in den vergangenen Monaten angefangen, Leute zu entlassen.

Die Entlassungen erfolgten immer nach demselben Schema. Mittlerweile beherrschte Ev es aus dem Effeff: Er ging zu einem Mitarbeiter, tippte ihm auf die Schulter und sagte leise: »Lass uns spazieren gehen.« Das hatte er nacheinander schon zu Rabble, Dom und einigen anderen gesagt. Oft schob er dabei die Hände halb in die Taschen und winkelte die Ellbogen leicht an. Dabei deutete er mit dem Kopf langsam leicht nach hinten rechts auf die Tür.

Gemeinsam verließen sie das Gebäude, bogen nach links ab und gingen die wenigen Schritte bis in den South Park. Dort setzten sie sich auf eine der grünen Parkbänke, und Ev hielt seine Grabrede.

»In letzter Zeit ist die Lage bei Odeo schwierig«, sagte er etwa. Es war ein Bruch nach dem Motto: »Es liegt nicht an dir, es liegt an mir.« Manche weinten, andere waren erleichtert. (Rabble freute sich, als der Boss ihn gehen ließ.) Aber einer war wütend.

»Ich gehe nicht, verdammt noch mal«, brüllte Noah Ev an, als sie auf der Bank saßen. Dann schimpfte er ungehalten über Odeo und Ev, der sich kaum in der Firma blicken ließ, und brüstete sich, dass schließlich er, Noah, Twitter geleitet, gehätschelt, aufgepäppelt und gemeinsam mit allen anderen geholfen habe, die Ideen umzusetzen.

»Ich sehe auf dem weiteren Weg keine Rolle für dich«, erklärte Ev. »Wenn wir Odeo nicht verkaufen, werden wir uns hauptsächlich auf Twitter konzentrieren, und ich habe nicht den Eindruck, dass wir gut daran zusammenarbeiten können.«

Noah verlegte sich aufs Bitten, dass er Twitter leiten wolle, aber Ev war klar, dass es unmöglich war. Alle hatten genug von ihm. Sie hatten schon lange ihre Grenzen erreicht. Und Jack, der wichtigste Entwickler des Twitter-Teams, würde kündigen, falls Noah blieb. Ev hatte sich bereits entschieden, und nur seine Entscheidung zählte. Als Noah eingewilligt hatte, Ev als Gegenleistung für die Anfangsfinanzierung der Podcasting-Firma zum Vorstandschef zu machen, hatte er ihm die volle Entscheidungsgewalt übertragen. Damals hatte er nicht geahnt, dass sein Freund und Nachbar die Macht, die er ihm gab, nutzen würde, um ihn, den Gründer von Odeo, aus der Firma zu werfen.

Ev stellte Noah ein Ultimatum: Entweder er akzeptierte eine Abfindung in Höhe von sechs Monatsgehältern und eine sechsmonatige Sperrfrist auf seine Odeo-Anteile oder er würde gefeuert, was in der Öffentlichkeit keinen guten Eindruck machen würde. Von Jacks Ultimatum sagte er nichts, er erwähnte nicht einmal Jacks Namen. »Überlege dir bis zum Ende dieser Woche, was du machen willst«, sagte Ev.

Noah verließ das Büro an diesem Abend traurig, gekränkt, wütend, niedergeschlagen und mit der festen Überzeugung, Ev werfe ihn aus der Firma, um die Kontrolle über Twitter zu behalten. Seinen Kummer musste er in Alkohol ertränken. Er traf sich mit Jack und einem weiteren Freund in einer nahen Bar, wo sie bis in die Nacht tranken und tanzten.

Als sie an der Theke standen und Getränke bestellten, erzählte Noah Jack, was passiert war. Jack wirkte völlig verblüfft über den Rauswurf seines Freundes. Mit keinem Wort erwähnte er, dass er selbst Ev die Waffe in die Hand gegeben hatte, mit der der endgültige Schuss abgefeuert worden war. Als der Abend sich dem Ende zuneigte, umarmte Noah Jack zum Abschied und ging allein nach Hause.

In den nächsten Tagen radelte Noah durch San Francisco und versuchte zu überlegen, was er tun sollte. Er fuhr die Embarcadero entlang und betrachtete die Boote, die auf der Bucht schaukelten. Er lag im Dolores Park und schrieb in sein Tagebuch, während im Hintergrund der Film *Jäger des verlorenen Schatzes* lief. Er saß am Rand der Welt, während Leute mit riesigen Windvögeln spielten. »Beobachte, wie bunte Fallschirme die Form der Unendlichkeit nachzeichnen, während sie zur Erde fallen«, twitterte er.

Ev hatte erwartet, dass Noah um die Macht und Kontrolle über Twitter kämpfen würde. Aber so sehr Noah sich auch wünschte, ein Kämpfer zu sein, war er es einfach nicht. Er kämpfte nicht, weil er gar nicht wusste, wie er es hätte anstellen sollen. Wenn ein Pferd ihn trat, ging er einfach fort.

Noah kämpfte nicht, weil ihm klar war, dass es ihm nicht um Macht gegangen war, als er Odeo gegründet hatte. Mehr als Ruhm und Geld hatte er sich einfach Freunde gewünscht.

Zwei Wochen später kündigte Noah, da er keine andere Wahl hatte und niemand auf seiner Seite stand. An einem Samstagnachmittag kam er in das menschenleere Büro, packte sein Leben in Pappkartons und ließ die beigefarbene Tür hinter sich zufallen. Er war kein Mitarbeiter der beiden Unternehmen mehr, die er mitbegründet hatte.

III. #Jack

Ein Riesenschlamassel

Hellrotes Blut floss über Jacks Wange, vorbei an dem trunkenen Grinsen in seinem Gesicht, rann über das Halsbündchen seines T-Shirts und sammelte sich schließlich in kleinen roten Flecken auf dem weißen Laken des Krankenhausbettes. Säuerlicher Alkoholgeruch hing in der Luft.

Der Raum schaukelte leicht hin und her wie ein Boot auf See, schwamm in den unzähligen Wodkas und Red Bulls, die Jack im Laufe des Abends getrunken hatte.

Eigentlich hatte die großartige öffentliche Präsentation von Twitter nicht so enden sollen, dass Jack gegen 2 Uhr nachts blutüberströmt im Krankenhaus landete und Noah, Ray und einige andere einige Häuserblocks entfernt bei einem Rave tanzten. Rückblickend war es allerdings so absehbar wie das Hereinbrechen der Nacht, dass das öffentliche Debüt dieses winzigen Start-ups so enden musste.

Alles hatte begonnen, bevor Noah bei Twitter hinausgeflogen war. An einem Abend hatten Jack und Noah getrunken, getanzt und einem mit Crystal befreundeten DJ Twitter zu erklären versucht. »Es lässt sich in Clubs nutzen, um zu erfahren, was deine Freunde vorhaben oder welche Musik sie gerade hören. Beim Coachella-Festival hat es sich super bewährt«, sagten sie beim Sake in einer finsteren Bar in San Francisco.

»Ihr solltet es unbedingt bei der Loveparade im September vorstellen«, schlug der Freund vor und war begeistert von seiner eigenen Eingebung. »Ich gebe da eine Party, bei der ihr einen Stand aufbauen könnt.«

Noah und Jack hatten zwar ohnehin vorgehabt, an der Loveparade teilzunehmen, dem Techno-Festival, das bald zum dritten Mal in San Francisco stattfinden sollte, aber Jack stand der Idee skeptisch gegenüber, weil er bezweifelte, dass der Rave der geeignete Ort war, eine breite Öffentlichkeit jenseits der IT-Szene für Twitter zu interessieren.

»Dafür haben wir das Ding doch entwickelt«, gab Noah Jack zu bedenken, bevor die Firma ihm den Laufpass gab. »Für Konzerte und Musikveranstaltungen!« Und was eignete sich besser für die Markteinführung als der größte Rave in San Francisco?

Damals, im Sommer 2006, war Twitter kaum mehr als ein Staubkorn, eine winzige Gemeinde in einer Megastadt größerer Start-ups. Kaum 4 500 Nutzer hatten sich registrieren lassen, seit Noah den Dienst einige Monate zuvor bei der Valleyschwag-Party bekannt gemacht hatte – und nur ein kleiner Teil davon twitterte täglich. Der Betrieb lief zudem auf Minimalbasis als kümmerlicher Rest von Odeo, das auf ein halbes Dutzend Beschäftigte geschrumpft war.

Obwohl Twitter offiziell noch keine eigenständige Firma war, war der Dienst im Laufe des Sommers allmählich gewachsen und hatte eine Reihe von »Premieren« erlebt. Es gab den ersten Tweet über einen Autounfall (keine Sorge, es gab keine Verletzten). Ein Blogger gab bekannt, dass er seine Arbeit verloren hatte (er fand schon bald eine neue Stelle). Im August twitterte Ev, dass er Sara einen Heiratsantrag gemacht habe (sie sagte ja). Und es gab viel egozentrisches Geplapper unter den Twitterern. Leute schilderten ihr Frühstück, Mittagessen und Abendessen. Cappuccinos, Sake und Wein. Erste anstößige Tweets über Sex, Masturbation, Badezimmergewohnheiten, Rauscherkenntnisse und andere Themen drangen übers Handy ans Licht der Öffentlichkeit.

Aber dieser Austausch reichte noch nicht über die Computerfreaks hinaus. Also schloss Jack sich Noahs Vorschlag an und befand die Loveparade als perfekten Rahmen, eine breite musikbegeisterte Öffentlichkeit auf Twitter aufmerksam zu machen.

Umgehend machte die Gruppe sich an die Arbeit.

Ray, der junge Designer von Odeo, der der Kündigungswelle entgangen war, entwarf einen Handzettel mit einer Anleitung, wie man sich bei Twitter anmelden konnte. Diesen Flyer würden sie an die Raver verteilen. Jeremy und Blaine bereiteten die Server darauf vor, die Flut neuer Anmeldungen zu bewältigen. Am Tag der Loveparade, die in diesem Jahr in Love Fest umbenannt wurde, besorgte Jack einen großen Klapptisch und stellte ihn am Eingang des Bill Graham Civic Auditorium auf, wo die Hauptparty stattfinden sollte. Gegen Abend verband Ray, der für diesen Anlass einen schwarzen Zylinder zu seinem weißen T-Shirt trug, seinen Laptop mit einem erbärmlich schwachen Projektor, um anhand einer Zeichentrickfigur namens Celly Tweets der Nutzer zu zeigen. Jack lief immer wieder zu einem Spirituosenladen um die Ecke und holte billigen Wodka und Plastikbecher.

Noah arbeitete zwar nicht mehr für Twitter oder die Überreste von Odeo, war aber nach wie vor mit einigen ehemaligen Kollegen befreundet und half ihnen gern, wo er nur konnte. Aber an diesem Abend war er weniger wegen Twitter als wegen des Rave gekommen und entsprechend gekleidet: Er sah aus, als käme er geradewegs aus einem Geisterhaus, trug pinkfarbene Bänder um Handgelenke und Hals und hatte sich schwarze Streifen über die Lippen gemalt.

Als alles so gut wie fertig war, zog Jack sein Handy aus der Tasche und twitterte: »Bin auf der Loveparade After Party und baue den Twitter-Stand auf.«

Ihr Plan sah vor, kostenlos Getränke auszugeben und Twitter-Handzettel zu verteilen, um Leute zur Anmeldung zu bewegen. Die ersten Tweets verkündeten, dass Massive Attack, Junkie XL und DJ Shadow gerade spielten. Genau das, wofür Twitter ursprünglich entwickelt worden war. Aber schon bald nahm die Sache eine katastrophale Wende.

Seltsam gekleidete oder halb nackte Raver, viele auf diversen Drogen – Pilzen, Ecstasy, Acid –, wirbelten am Twitter-Stand vorbei, nahmen die kostenlosen alkoholischen Getränke, die Jack mischte, und ließen sich dafür einen Twitter-Flyer in die Hand drücken. Das war aber auch schon alles. Die Wenigen, die genügend bekleidet waren, um den Handzettel einzustecken, verloren ihn wahrscheinlich im Laufe der Nacht. Andere trugen nur Unterwäsche und Schuhe mit hohen Plateausohlen, die sie 30 Zentimeter größer machten, und warfen ihre Handzettel so zerknüllt weg, dass sie wie kleine Meteore auf dem Boden landeten.

Jedes Mal, wenn Jack auf dem Computer nachschaute, wie viele neue Nutzer twitterten, sah er nur spärliche Neuanmeldungen. Der Abend lief nicht wie geplant. Dennoch mixte er weiter Getränke, verteilte Handzettel und schaute prüfend auf den Monitor.

Während Jack den Barkeeper spielte, tanzte ein Raver an Rays Computer heran, sah sich die Twitter-Animation auf dem Projektor an, stieß versehentlich an den Tisch und warf einen vollen Cocktail um, der sich über den Rechner ergoss. Alles wurde schwarz. Der Computer war tot. Ray war außer sich, und nachdem Freunde ihn zu trösten versucht hatten, ging er hinaus, um sich zu beruhigen, musste aber feststellen, dass jemand sein brandneues Fahrrad gestohlen hatte.

Danach wurde alles nur noch schlimmer. Jack war den ganzen Tag herumgerannt, um die große Twitter-Präsentation zu organisieren, und da er alles hatte allein machen müssen, war er erschöpft und aufgeregt gewesen. Um seine Nerven zu beruhigen, hatte er einen Red-Bull-Wodka nach dem anderen gekippt. Als Jeremy am späteren Abend kam, um beim Verteilen der Handzettel zu helfen, war Jack bereits so betrunken, dass er schwankte.

Sobald sie die letzten Handzettel verteilt hatten und die Wodkaflaschen nur noch Tropfen hergaben, gingen Jack und sein fröhliches Ravergrüppchen in den Saal. Nach getaner Arbeit tanzten sie zu den monotonen Techno-Beats und reckten die Arme in die Luft nach den Laserlichtern, die über ihnen wie Sterne dahinschossen. Noch mehr Wodka, mehr Red Bull, wobei die elektronische Musik den Rhythmus für jeden Drink vorgab. Jack war noch betrunkener als zuvor. Betrunkener als je zuvor in seinem Leben.

Beim Tanzen kam ein Mädchen, aufgeputscht und betrunken, näher und schlang ihren Arm um Jack. Orientierungslos legte er ebenfalls den Arm um sie. Und so taumelten sie beide zu Boden, und Jack knallte bei seiner schwankenden Verbeugung mit dem Kopf auf den Beton.

Als er sich schließlich wieder aufrappelte, blutete er an der Stirn. Er lachte, als alle ihn mit offenem Mund anstarrten. Seine Kollegen hatten noch nie erlebt, dass Jack sich derart »gehen ließ«. Er strahlte, als Ray einen Schnappschuss von ihm mit blutüberströmten Wangen machte.

Noah, der ebenfalls schon sinnlos betrunken war, kam sofort herbeigelaufen. »Leg dich hin! Du musst dich hinlegen«, brüllte er Jack leicht panisch an. »Deinem Kopf könnte was passiert sein.« Er lief los, um einen Sanitäter zu holen. Innerhalb von Minuten lag Jack mit einer Halskrause auf einer Trage, wurde aus dem Saal in einen Rettungswagen und dann ins Krankenhaus gebracht. Rotlichter blinkten auf den Fensterscheiben wie kurz zuvor noch die Laser auf den Wänden beim Rave.

Vielleicht wäre alles anders abgelaufen, wenn ein erfahrenerer Manager die große Markteinführung von Twitter geleitet hätte. Aber es waren nur Jack, Ray und zwei unerfahrene junge Mitarbeiter.

Biz war kein Fan von Technomusik und hatte es vorgezogen, mit Livy und ihren geretteten Haustieren zu Hause in Berkeley zu bleiben. Zudem waren sie pleite, da sich ihre Kreditkartenschulden mal wieder angehäuft hatten. Deshalb hatten sie schon ihr Kaffeedosen-Sparschwein plündern müssen, in dem sie Kleingeld sammelten. Florian war in Deutschland, weil es Verzögerungen bei seinem Arbeitsvisum gab. Crystal war als Brautjungfer mit Blumen in der Hand bei einer Hochzeit. Die meisten anderen Mitarbeiter, die Odeo angestellt hatte, waren mittlerweile entlassen.

Ev hatte sich endlich einige Zeit von der Arbeit freigenommen und war mit Sara in den Urlaub gefahren. Twitter war kein Thema, das ihn vorrangig beschäftigte. Er bemühte sich gerade, seine restlichen Google-Anteile loszuwerden, um den Odeo-Investoren ihre

Beteiligungen abkaufen zu können. Die Aussicht, Odeo an zwei Interessenten – MySpace oder RealNetworks – zu verkaufen, hatte in eine Sackgasse geführt. Letzten Endes beschloss Ev, die Investoren seiner Start-up-Firma auszubezahlen und dafür Millionen Dollar aus dem Verkauf von Blogger aufzuwenden – vor allem getragen von der Hoffnung, seinen Ruf zu retten.

In diesem Monat hatte er bei einer Webkonferenz öffentlich zugegeben, Odeo sei ein furchtbarer Fehler gewesen und er habe sich von äußeren Kräften in die Podcast-Firma locken lassen, um sein Selbstwertgefühl zu steigern. Zu diesen Kräften habe unter anderem ein Angebot gehört, bei der weltweit ersten IT-Konferenz TED eine Rede zu halten, und die verlockende Aussicht, in einem Wirtschaftsartikel auf der Titelseite der *New York Times* erwähnt zu werden. »Ich bin aus verschiedenen Gründen da hineingeraten, unter anderem wegen meines Egos«, hatte Ev in einem Blogpost geschrieben.

Aber er hielt auch fest, dass er Odeo nicht zurückkaufen wollte, um Twitter auszugliedern. Vielmehr habe er vor, ein Gründerzentrum für Start-ups zu schaffen, Obvious Corporation mit Namen, das als Ideenschmiede für einen Menschen mit zu vielen Ideen dienen sollte. Kapital von Investoren wolle er nicht, weil sie in einem solchen Rahmen, wo er mit unausgereiften Ideen nur so um sich werfe, nur hinderlich wären.

»Vielleicht ist es dumm. Vielleicht ist es naiv. Vielleicht ist es selbstsüchtig und undiszipliniert. Und vielleicht funktioniert es, offen gestanden, nicht«, schrieb Ev in seinem Blog. »Ich weiß nur, dass mich die Arbeit mehr begeistert, als es seit langem der Fall war. Und oft entsteht aus Begeisterung und gewagten Schritten Großes.«

Aber diese »Begeisterung« lenkte ihn von etwas ab, was bereits auf dem Weg zu Großem war, und er überließ die Verantwortung für Twitter dem jungen Jack Dorsey, der keinerlei Managementerfahrung oder Führungsstärke besaß. Eben dieser Jack Dorsey lag nun auf einer Behandlungsliege im Krankenhaus und musste mit fünf Stichen an der Stirn genäht werden, während das Blut über sein Gesicht auf die weißen Krankenhauslaken floss.

Gegen 2 Uhr morgens trat Jack mit schmerzendem Kopf aus der Notaufnahme des Krankenhauses auf die nächtlich stillen Straßen von San Francisco. Die Wirkung des Alkohols ließ zwar allmählich nach, nicht aber die des Koffeins im Red Bull, und so war er hellwach, und sein Herz raste. Benommen ging er wieder zurück ins Bill Graham Civic Auditorium, vorbei an dem improvisierten Twitter-Stand, den er am Nachmittag aufgebaut hatte.

Mittlerweile war Crystal bei der Party aufgetaucht, nachdem sie das Brautjungfernkleid gegen ein freizügiges Raver-Outfit getauscht hatte. »Was ist denn mit dir passiert?«, fragte sie Jack, als alle herbeieilten, um ihn zu umarmen. Jack schilderte die Geschichte aus seiner Sicht, bis Noah sich mit seiner Version der Ereignisse einschaltete. Es dauerte nicht lange, bis sie in Streit gerieten, wo, wie und warum Jack hingefallen war.

»Jungs! Jungs! Es reicht!«, unterbrach Crystal die beiden. »Ihr streitet euch doch über dieselben Kleinigkeiten.«

Schließlich packten alle geschlagen, zerschunden, mitgenommen und immer noch betrunken ihre Sachen zusammen und gingen nach Hause. Die großartige Markteinführung von Twitter hatte sich als Flop erwiesen.

Am Montagmorgen hatte Jack noch immer Kopfschmerzen vom Wochenende, als alle im Büro saßen und über den katastrophalen Abend sprachen. »Und wie viele neue Nutzer haben wir bekommen?«, fragte Biz, nachdem er erfahren hatte, dass Rays Computer ruiniert war, der Getränkeausschank misslungen war und Jacks Kopfwunde hatte genäht werden müssen.

»Lass mich mal nachsehen«, antwortete Jack, wirbelte mit seinem Stuhl herum, loggte sich in die Server ein und ließ die Finger über die Tastatur huschen.

Nach einer Weile drehte er sich wieder zu Ray, Jeremy und Biz um, die lächelnd dastanden.

»Unter hundert«, erklärte er mit niedergeschlagener Miene. »Unter hundert neue Nutzer.«

Wieder Chaos

Ein Feuer knisterte vor dem Zelt, in dem Biz und Jason Goldman, der sein Astrophysikstudium abgebrochen und 2005 eine Stelle bei Blogger angetreten hatte, in ihren Schlafsäcken lagen und kicherten wie Teenager. Seit Stunden plauderten sie und erzählten sich Witze, während alle anderen schon in den Zelten nebenan schliefen. Plötzlich unterbrach Goldman Biz und stellte ihm eine Frage, die ihn seit Wochen beschäftigte: »Was ist mit Twitter? Ich würde wirklich gern da arbeiten.«

Biz schwieg eine Weile.

Es war Samstagabend, und Ev und Sara hatten einen Campingausflug nach Big Sur in den Mammutbaumwäldern an der kalifornischen Küste organisiert.

Genau wie Biz brannte Goldman darauf, wieder mit Ev zusammenzuarbeiten. Sie waren nicht nur gern mit ihrem Freund zusammen, sondern schätzten vor allem, dass Ev als Vorgesetzter völlig anders war als andere Chefs und seinen Leuten immer die kreative Freiheit ließ, Ideen auszuprobieren. Bei Google, wo sie beide gearbeitet hatten, presste man Ideen in Tabellen und zermalmte sie mit Zahlen, um zu sehen, ob es wirklich lohnte, sie zu verfolgen.

Goldman bekundete nicht zum ersten Mal sein Interesse, bei Twitter zu arbeiten. Schon im Mai hatte er bei einem Last-Minute-Trip nach Las Vegas mit Ev und einigen Freunden, bei dem sie lange genug gefeiert hatten, um den Sonnenaufgang über der Wüste Nevadas zu bewundern, diesen Wunsch geäußert. Noch zwei Mal hatte er Ev und Biz bei geselligen Abenden in San Francisco darauf angesprochen. Und nun versuchte er es im Zelt erneut.

»Twitter ist im Augenblick mehr oder weniger Jacks Sache«, antwortete Biz. »Aber du solltest morgen mal mit Ev reden und ihn fragen.«

Nachdem sie am nächsten Tag spät aufgewacht waren, standen Ev und Goldman am Campingkocher und rührten im kleingeschnittenen Tofu rum (Ev war strikter Veganer). Biz lag auf einem grellbunten Sitzsack, den sie aus der Google-Verwaltung geklaut hatten. Goldman brachte wieder seine Frage an. Aber Evs Antwort war nicht das, was er hören wollte: »Komm mal rein und verbring einige Zeit mit Jack, dann sehen wir weiter.«

Genau das tat Goldman, er kam ins Twitter-Büro und umwarb Jack, um sich durch Überredung einen Weg in die Firma zu sichern. Aber Jack erklärte, er könne niemanden einstellen. »Das liegt bei Ev. Da musst du schon mit ihm reden.«

Goldman musste bald erfahren, dass es typisch für Twitter war, von Pontius zu Pilatus geschickt zu werden. Wenn ein Software-Entwickler eine Frage stellte, wenn ein Vertrag zu unterschreiben war oder jemand wie Goldman sich um eine Stelle bewarb, gestaltete sich der Entscheidungsprozess wie der reinste Narrentanz.

Nachdem Noah die Firma endgültig offiziell verlassen hatte, hatte sich das Machtvakuum nicht aufgelöst, wie Ev gehofft hatte, sondern eine neue Dimension erreicht: Es war niemand da, der Entscheidungen traf. Niemand, der die wenigen getroffenen Fehlentscheidungen revidierte.

Sobald Ev den Odeo-Investoren ihre 5 Millionen Dollar aus seinen Google-Erträgen ausbezahlt hatte, hatte er anderes im Kopf, konzentrierte sich auf Obvious Corporation und siebte seine Ideen durch. Nach wie vor war er allerdings bei Twitter als einziger Investor engagiert und hatte 1 Million Dollar seines Geldes in den Aufbau der Firma gesteckt, versuchte aber, die Leitung Jack und Biz zu überlassen. Es war jedoch noch kein nennenswertes Unternehmen. Der Dienst wuchs nur langsam und hatte bislang erst einige

Tausend registrierte Nutzer. Goldman war von der Idee fasziniert gewesen, sobald er davon gehört hatte, und wollte unbedingt dort arbeiten.

Nach monatelangen Verhandlungen willigte Ev schließlich ein, Goldman einzustellen, allerdings mit einer Einschränkung: Er sollte ohne klar umrissenes Aufgabengebiet zur Hälfte bei Obvious und zur Hälfte bei Twitter arbeiten.

In einer ähnlichen Position hatte Goldman sich schon fünf Jahre zuvor befunden, als Ev ihn 2002, noch bevor er den Dienst an Google verkaufte, als Teilzeitkraft bei Blogger eingestellt hatte.

Bei Blogger hatte Goldman ein buntes Aufgabengemisch erledigt: Er hatte in der Kundenbetreuung Beschwerde-E-Mails über haarsträubende Bloginhalte beantwortet, tropfende Wasserhähne repariert, neue Büroräume gesucht, die Bücher geführt und Ev beim Papierkram für den Verkauf an Google geholfen.

Als er nun fünf Jahre später, im Februar 2007, bei Twitter anfing, war vom ersten Tag an klar, dass sein Aufgabenbereich ganz ähnlich aussehen würde: ein bisschen von allem, und wieder sehr viel Durcheinander.

Jack hatte zwar bei Twitter eine führende Rolle übernommen, aber es war klar, dass eigentlich niemand das Sagen hatte. Häufig nehmen Firmen die Eigenschaften ihrer Gründer und ersten Mitarbeiter an, und so gestaltete sich der Betrieb bei Twitter, das als Ableger von Odeo Noahs chaotischem Hirn entsprungen war, immer noch wie bei einem anarchistischen Hackerkollektiv ohne Regeln.

Viele der Mitarbeiter machten, was sie wollten und wo sie wollten – das heißt, wenn sie überhaupt etwas machen wollten, was mit ihrer Routinearbeit zu tun hatte. Statt die Server in Ordnung zu bringen, entwickelten sie lieber ihre eigenen Programme und Apps zur Erweiterung von Twitter. Jack hatte kein Glück bei dem Versuch, sie zu bändigen. Zudem herrschten erhebliche Rivalitäten zwischen ihm und seinen Kollegen, da er noch einige Monate zuvor, als Odeo noch existierte, in der Firmenhierarchie unter ihnen gestanden hatte.

Goldman geriet auf Anhieb in das Machtvakuum, das der Situation in *Herr der Fliegen* ähnelte. Praktisch unterstand er bei Twitter Jack, aber bei Obvious Ev, und da Twitter Obvious gehörte, war er möglicherweise zugleich Jacks Vorgesetzter.

Dennoch stürzte Goldman sich wie schon bei Blogger in seine neue, bunt gemischte Arbeit und versuchte, so etwas wie Ordnung in das Chaos zu bringen.

Zu seinen ersten Aufgaben gehörte es, gemeinsam mit Jack Twitter für Neulinge leichter verständlich zu machen. Der Dienst ermöglichte es Nutzern, über Textnachrichten verschiedene Aktionen auszuführen, so konnten sie etwa anderen »folgen« oder diese »entfolgen«. Er enthielt jedoch noch weitere Begriffe, die für Nutzer verwirrend waren und aussortiert werden mussten. Also begannen sie zu streichen: »Worship« stellte sicher, dass ein Nutzer jeden Beitrag eines anderen, dem er folgte, erhielt. (Weg damit.) »Sleep« ermöglichte es, die Verfolgung der erhaltenen Mitteilungen zu unterbrechen. (Zu unklar.) Eine lange Liste weiterer Optionen wurde entfernt.

Selbstverständlich gab es erheblich größere Probleme als die Frage, welche Begriffe Twitter verwenden sollte. Da der Dienst innerhalb von zwei Wochen als Prototyp entstanden war und eine relativ neue Programmiersprache namens Ruby on Rails verwendete, steckte er voller Verknüpfungs- und Programmierprobleme. Es war, als hätte jemand in aller Eile einen Wolkenkratzer gebaut und aus Zeitmangel statt Nägeln, Holz und Beton Pappe, Leim und Klebeband benutzt. Und nun zogen schon Bewohner ein, bevor die Bauarbeiter die provisorischen Materialien durch stabilere ersetzen konnten.

Das größte Problem war jedoch, den Leuten zu erklären, was Twitter eigentlich war. Jeder hatte darauf eine andere Antwort: »Es ist ein soziales Netzwerk.« »Es ersetzt SMS.« »Es ist die neue E-Mail.« »Es ist Mikrobloggen.« »Es dient dazu, seinen Status zu aktualisieren.«

Die meisten neuen Nutzer wussten daher nicht, was sie machen sollten, wenn sie zum ersten Mal auf die Seite kamen. Sie melde-

ten sich an und schickten ihren ersten Tweet, der häufig so aussah:
»Wie benutze ich das hier?« »Was zum Teufel ist das eigentlich?«
»Twitter ist blöd.« »Das ist doof.«

Die Verwirrung führte dazu, dass Jack und Ev zum ersten Mal
unterschiedlicher Ansicht waren: Jack sah Twitter als Ort, um mitzuteilen, »was ich gerade mache«. Ev verstand es eher als Mikro-
blog. Für beide enthielt die Art, wie Leute den Dienst bei einem
kleinen Erdbeben im vorangegangen Sommer genutzt hatten, Hinweise, was Twitter leisten könnte.

An einem Abend gegen Ende August 2006 vibrierte kurz nach
20 Uhr Jacks Handy auf seinem Schreibtisch im Büro. Er nahm
es und las die Twitter-Nachricht von Ev: »Hat jemand gerade das
Erdb...«. Bevor er das Ende der Nachricht erreicht hatte, spürte er,
wie sein Stuhl leicht wackelte. Er schaute vom Handy auf und sah,
dass die Topfpflanze auf seinem Schreibtisch ihm mit ihren Blät-
tern zuwinkte, als riefe sie einen Freund.

»Wow«, sagte Jack, als sein Schreibtisch kurz bebte wie Wackel-
pudding. »Habt ihr das gespürt?« Er drehte sich zu den wenigen
Kollegen im Büro um.

Noch bevor sie antworten konnten, vibrierte sein Handy erneut.
Er las Evs ursprüngliche Nachricht zu Ende: »Hat jemand gerade
das Erdbeben gespürt?« Der nächste Tweet eines anderen Nutzers
lautete: »Frage mich, ob ich gerade ein Erdbeben gespürt habe.«

Mit dem einsetzenden Adrenalinstoß tippte Jack schnell: »Habe
gerade das Erdbeben gespürt. Sonst hat hier keiner was gemerkt.«
Als er auf »senden« drückte, strömten weitere Mitteilungen auf
sein Handy wie Briefe, die durch einen Briefschlitz auf den Boden
flatterten. »Argh Erdbeben«, schrieb ein Freund, ein anderer: »Ja.
Hab das Beben gespürt.« Es folgten eine Hand voll weiterer Erdbeben-Tweets. »Ich habe das Erdbeben gespürt, aber Livy hat mir
nicht geglaubt, bis die Twitters reinkamen«, schrieb Biz. Schließlich verkündete jemand, es sei ein »Beben der Stärk 4,72« gewesen.

Das Beben verursachte keine Schäden bis auf einige angespann-
te Nerven und ein paar Bilder, die nun schief an der Wand hingen.

Aber das Grüppchen, das dieses Ereignis auf Twitter verfolgt hatte, erlebte es völlig anders.

Am Tag dieses leichten Erdbebens nutzten nur einige Hundert Menschen den Dienst. Von den 15000 Tweets, die bis dahin über das Netzwerk gegangen waren, hatten sich nahezu alle auf das ursprüngliche Konzept konzentriert: »Wie ist dein Status?«, eine Frage, die häufig zu einer narzisstischen Antwort einlud.

In dem Twitter-Austausch über das Erdbeben ging es um den Zustand von etwas Größerem als nur der eigenen Befindlichkeit. Obwohl die beteiligten Nutzer sich alle an völlig unterschiedlichen Orten befanden, verdichteten sich vorübergehend Zeit und Raum. Es war, als hätte jemand am losen Faden eines Pullovers gezupft und das Gewebe enger zusammengezogen. Wie Noah es ursprünglich lange vor allen anderen vorausgesehen hatte, diente Twitter dazu, dass »Leute sich weniger allein fühlten«.

Ev sah darin einen weiteren Beleg seiner Theorie, dass Twitter eine Möglichkeit biete, nicht nur etwas über das persönliche Befinden mitzuteilen, sondern auch Nachrichten zu verbreiten: Twitter nicht nur als soziales Netzwerk, sondern als Kommunikationsnetz. Er sprach mit Jack über das Konzept, Twitter als Nachrichtennetzwerk zu nutzen, aber Jack sah die Erdbeben-Tweets lediglich als Beleg für Twitters Geschwindigkeit. Er konzentrierte sich darauf, dass sein Handy bereits einige Sekunden, bevor sein Schreibtisch sich wie eine Marionette ohne Puppenspieler gebärdete, vibriert hatte.

Für Jack blieb Twitter weiterhin ein Weg, mitzuteilen, was ihm selbst passierte. Ev begann dagegen, den Dienst als Ausblick auf das zu begreifen, was in der Welt passierte.

Während diese kleinen Tagesereignisse von der Öffentlichkeit weitgehend unbemerkt blieben, entwickelten Jack und Ev unterschiedliche Ansichten, was Twitter sein könnte. Und welches Potenzial darin steckte.

And the Winner is ...

Am Sonntag, dem 11. März 2007, schaute der Schauspieler und Comedian Ze Frank am frühen Abend auf ein Meer von Köpfen, die sich über sanft leuchtende Handys beugten. Er redete weiter und raste dabei über die Bühne. Sein jungenhafter blonder Haarschopf wippte bei jedem Schritt im Takt zu den orangefarbenen Ballons im Hintergrund. Um die Spannung zu erhöhen, präsentierte er noch einmal sämtliche Kandidaten auf den Preis für den besten Start-up in der Kategorie Blogs bei der jährlichen Tagung für interaktive Medien auf dem Festival South by Southwest in Austin, Texas – eine Auszeichnung, die für Computerfreaks dem Oscar nahekommt.

»SuperfluousBanter«, nannte er in einer Liste weiterer Finalisten und fügte nach einer Pause hinzu: »Und Twitter!« Das Publikum im voll besetzten Saal pfiff und applaudierte – eine völlig andere Reaktion, als Twitter sie noch vor fünf Monaten bei der öffentlichen Präsentation auf der Love Parade erfahren hatte.

Jack drehte sich beinah ungläubig zu den Leuten um, die hinter ihm saßen, und grinste, als alle jubelten. Auch Ev schaute sich im Saal um, trank einen Schluck Rotwein aus dem kleinen Plastikbecher in seiner Hand, dann beugte er sich zu Jack hinüber und raunte ihm zu, falls Twitter gewänne, solle er die Dankesrede halten. Jack fühlte sich geschmeichelt, aber da er als Kind kaum gesprochen hatte, fehlte ihm das Selbstvertrauen, vor einer großen Menschenmenge zu reden. Er wandte sich Biz zu, um ihm die gute – oder schlechte – Nachricht mitzuteilen, und fragte: »Was soll ich denn sagen?«

Biz starrte einen Weile ins Leere und antwortete dann: »Ich hab's.« Er nahm ein Stück Papier und einen Stift und schrieb eine kurze Rede, die er Jack reichte.

Noah, der von Twitter Verstoßene, saß mit einer Videokamera neben der Gruppe, um die Ereignisse aufzuzeichnen. Als das Wort »Twitter« durch den Saal hallte, johlte und pfiff auch er.

Noah war zum South by Southwest gekommen, um Start-up-Ideen auszuloten, die er allein entwickeln könnte, dabei war er seinen ehemaligen Kollegen und Freuden vor der Halle über den Weg gelaufen. Nachdem sie über Allerweltsthemen und über die ungewöhnliche Menge von Neuanmeldungen geplaudert hatten, die Twitter bei dieser Veranstaltung gewonnen hatte, hatte Ev ein Friedensangebot gemacht.

»Hey, Noah, willst du dich nicht zu uns setzen?«, hatte Ev gefragt.

Die vorangegangenen Monate waren schwierig für Noah gewesen. In einem sehr persönlichen Blogeintrag hatte er geschrieben, 2006 sei für ihn das »schwerste Jahr« seines Lebens gewesen. »Ich habe mehr verloren, als ich je für möglich gehalten hätte. Ich habe meine beiden besten Freunde verloren. Mein Selbstverständnis geändert. Ich habe meine Firma verlassen und alles, was ich jahrelang geschaffen habe. Ich habe viel über Stress gelernt. Über Vertrauen. Über Trauer ... und ich habe mehr geweint als je zuvor.«

Nun kam er gerade wieder auf die Beine, und Ev reichte ihm die Hand. »Klar, das wäre toll«, hatte Noah geantwortet. »Gern.«

Als sie nun zusammen im Saal saßen und Ze Frank lauschten, waren die Twitter-Leute alle aufgeregt, aber auch völlig erschöpft von den vergangenen Tagen.

Ev hatte schon mehrmals das South by Southwest besucht und wusste, dass sich die Besucher zwischen den Veranstaltungen auf den Fluren drängten und mit Bekannten plauderten. Einige Monate zuvor hatte er eine Idee vorgebracht. In einer E-Mail hatte er Jack und Biz Wochen vor der IT-Tagung vorgeschlagen, »im Hauptfoyer, wo sich Leute aufhalten, einen Flachbildschirm mit einer coolen

Twitter-Darstellung aufzustellen«. »Darauf zeigen wir Tweets von Leuten, die beim Festival sind (und natürlich eine Anleitung zur Anmeldung).« Seiner Ansicht nach wäre es »ungemein spannend, alle diese Tweets mit Bildern von Leuten zu sehen, die um dich herum sind.«

Biz und Jack hatten die Idee sofort aufgegriffen und ihre Leute mobilisiert. Das Twitter-Team war damals immer noch sehr klein – es bestand nur aus einer Hand voll Software-Entwicklern und Designern –, aber Blaine und Jeremy hatten bereits mit der Arbeit an den Servern begonnen. Ray hatte wie schon bei der katastrophalen Twitter-Präsentation beim Love Fest eine Flash-Animation entwickelt, die sich für einen 51-Zoll-Plasmabildschirm eignete. Einige Tage vor Beginn des Festivals waren Biz und Jack nach Austin geflogen, um die Bildschirme überall in den Hallen aufzustellen. Hinter jedem hing ein großes beigefarbenes Twitter-Logo in der Luft, umgeben von Anleitungen, wie Nutzer twittern konnten, was sie gerade machten.

Den Besuchern gefiel es, ihre Namen, Gesichter und Kommentare als Stream auf dem Bildschirm wiederzufinden, wo alle sie sehen konnten. Schon bald verwandelten sich die Plasmabildschirme in digitale Reklametafeln, um die sich Menschen drängten, um anhand der ständig weiterrollenden knappen Tweets zu sehen, welche Vorträge oder Diskussionsveranstaltungen sie besuchen sollten.

Das Apple iPhone sollte erst drei Monate später auf den Markt kommen. Daher gehörte es selbst auf einer IT-Konferenz noch nicht zu den üblichen Gepflogenheiten, stundenlang auf ein Handy zu starren. Die meisten besaßen wie Jack ein Motorola Razr, ein flaches Klapphandy, das umfangreiche Funktionen anbot: Man konnte SMS verschicken oder telefonieren.

Da Twitter auf Textnachrichten beruhte, ließ sich der Dienst mit Handys aller Art nutzen und breitete sich schon bald unter den Tagungsteilnehmern aus.

Bei Podiumsdiskussionen schauten die Zuhörer nicht mehr auf die Redner, sondern sehnsüchtig auf ihre Handys und warteten geduldig auf ein Update in der Hoffnung, einen Informationsschnipsel zu finden, der wichtiger wäre als das reale Leben.

Als der Dienst immer mehr Nutzer fand, wurden auch Investoren, die auf der Tagung nach dem nächsten großen Ding suchten, auf Twitter aufmerksam. Ein junger Investor, Charlie O'Donnell, ein kleinerer Mann mit Meister-Proper-Glatze, sagte am Freitagnachmittag in einem Aufzug zu einem Freund, dass er kaum fassen konnte, was er erlebte.

»Das ist völlig verrückt«, sagte Charlie, nachdem er durch die Tagungsstätten geschlendert war und um sich herum überall Leute gesehen hatte, die an ihren Handys klebten und ständig nach neuen Tweets schauten. »Hier sind alle auf Twitter«, stellte er fest.

»Das muss ich Fred erzählen«, fügte er hinzu und holte sein Handy heraus, um eine E-Mail an seinen ehemaligen Chef zu schicken: Fred Wilson war Teilhaber der Union Square Ventures, einer bekannten Investmentfirma in New York City.

»Twittern Sie?«, fragte er Fred in der E-Mail. »Wenn nicht, sollten Sie es ausprobieren ... Anfangs habe ich es nicht begriffen, aber jetzt kapiere ich, seit ich eine ganze Gruppe beim SXSW erlebe«, schrieb Charlie. »Ich würde niemals allen Leuten SMS schicken, die ich jetzt mit Textnachrichten erreiche ... es ist wirklich eine einfache Möglichkeit, Gruppen und Einzelnen gleichzeitig zu simsen.«

Fred war nicht überzeugt und antwortete Charlie, so ein Dienst könnte niemals funktionieren, andere Firmen hätten ähnliche Produkte zu entwickeln versucht und seien alle gescheitert.

Aber bis zum Montagmorgen erlangte Twitter bei der Tagung eine so große Popularität und erregte so viel Aufmerksamkeit auf IT-Blogs, dass Fred umschwenkte. Am frühen Morgen saß er mit noch zerzaustem dunklem Haar da, trank Kaffee, ging auf Twitter.com und meldete sich an. »Probiere Twitter«, schrieb er und schickte damit seinen ersten Tweet.

Fred war damals 45 Jahre alt und bereits eine Legende in Investorenkreisen, weil er 1999 GeoCities für Aktienanteile im Wert von 3,57 Milliarden Dollar an Yahoo! verkauft hatte. Zudem stand er in dem Ruf, versierte Vorhersagen über neue Internetdienste und -themen machen zu können. Nun saß er da und sah zu, wie ein Stream an Tweets auf seinem Bildschirm erschien. In einigen Kurznachrichten ging es um die Tagung, in anderen um Austin, und natürlich klagten Leute über ihren Kater vom Vorabend.

Eine der beliebtesten Beschäftigungen beim South by Southwest ist die Jagd nach kostenlosen alkoholischen Getränken. Nach einigen Tagen entwickelte Twitter sich für diese Schatzsuche zum Gegenstück des Dekodierrings in einer Cornflakes-Packung. Wenn Jack, Biz, Ev und Goldman in einer voll besetzten Bar saßen, Bier tranken und sich vom Trubel des Tages erholten, erlebten sie mehrmals, dass um sie herum plötzlich Handys klingelten und neue Textnachrichten anzeigten. Wie Klone schauten alle Menschen auf ihre winzigen Displays, lasen einen Tweet über eine neue Party, nahmen nacheinander ihre Jacken und verschwanden aus der Bar zum nächsten alkoholgetränkten Treffpunkt, zu dem Twitter ihnen den Weg wies.

Schon bald bezeichneten Blogger bei der Tagung diesen Massenexodus von einem Ort zum anderen als »Flocking« (Schwärmen).

In San Francisco verbrachten Jeremy, Blaine, Ray und die anderen Techniker das Wochenende im Büro damit, an der Optimierung der Server zu basteln und sicherzustellen, dass der Dienst während der kritischen Tage der Konferenz erreichbar blieb. Als es zu erheblichen Belastungsspitzen kam, hofften sie mit angespannt pochenden Herzen, dass die Webseite den Zustrom der Tweets überstehen würde.

Seit der Präsentation beim Love Fest – die mittlerweile nur noch eine ferne Erinnerung war, über die sie kaum sprachen – war Twitter mit gesundem Tempo gewachsen. Teils lag es daran, dass über den Dienst geredet wurde, vor allem aber war es der Tatsache zu verdanken, dass er mit Evs bekanntem Namen in Verbindung stand. Aber neben den Mengen an Neuanmeldungen in dieser Woche in Austin wirkten die vergangenen Monate, als sei Twitter bisher in Zeitlupe gewachsen.

Als Ze Frank sich nun auf der Bühne anschickte, das beste neue Start-up zu verkünden, standen die Server vor einem erneuten Ansturm.

»And the winner is ...«, sagte Ze Frank ins Mikrofon und schaute auf einen Zettel. Im Publikum wurde es vorübergehend still, während er sich vorbereitete, ihnen mitzuteilen, was sie ohnehin schon wussten.

»Twitter!«

Noah pfiff und klatschte bei der Bekanntgabe. Aber sein Glück erfuhr sofort einen Dämpfer, als Jack, Biz, Goldman und Ev aufstanden, sich an Noah vorbeiquetschten, als sei er ein x-beliebiger Tagungsteilnehmer, und durch ein Meer von Applaus auf die Bühne gingen. Jacks braune Cowboystiefel waren deutlich zu hören, als er ans Mikrofon eilte. Biz stellte sich rechts neben ihn und hielt verlegen den Preis in Händen. Ev und Goldman blieben im Hintergrund und überließen das Rampenlicht Jack, während er die kurze Dankesrede hielt, die Biz geschrieben hatte.

»Ich möchte allen in höchstens 140 Zeichen danken«, sagte Jack an die Menge gewandt und beugte sich vor zum Mikrofon, »und das habe ich hiermit getan.« Er winkte, sagte »Danke«, und die Gruppe verließ unter donnerndem Beifall die Bühne.

Als sie wieder an ihre Plätze kamen, war Noah verschwunden.

Nach der Preisverleihung waren Jack, Biz, Goldman und Ev bester Laune. Sie schlenderten durch die Gänge, hielten den rechteckigen Glaspreis, den sie erhalten hatten, hoch, posierten für Fotos und schüttelten auf dem Weg zu einer Aftershowparty Leuten die Hände.

Jack trug einen blauen Schal, der über sein langärmeliges schwarzes T-Shirt wallte. Als er zu der Party kam, strahlte er freudig erregt wie eine Ballkönigin mit Krönchen auf dem Kopf. Ständig kamen Leute und gratulierten ihm. Vor zwei Tagen war er als Niemand hergekommen. Nun war er eine Miniberühmtheit.

Noah wanderte nach der Preisverleihung eine Weile verstimmt durch die Gänge, beschloss aber bald, sich nicht länger darüber zu ärgern, dass seine ehemaligen Kollegen ihn nicht mit auf die Bühne gebeten hatten, sondern sich lieber über den Erfolg seiner Freunde zu freuen. Also ging er zur Aftershowparty und entdeckte aus einer Ecke des Saals auch bald die Twitter-Crew.

Noah ging mit ausgestreckter Hand auf Jack zu und öffnete schon den Mund, um ihm zu gratulieren. Aber als er nur noch ein paar Schritte von seinem Freund entfernt war, schoss Biz dazwischen, legte den Arm um Jack und zog ihn in eine andere Richtung, um für ein Foto zu posieren. Noah stand mit ausgestrecktem Arm inmitten des vollen Saales, als schüttele er einem Unsichtbaren die Hand. Jack, Biz und Ev verschwanden in einen Nebenraum, weil noch mehr Leute sie fotografieren wollten. Zutiefst getroffen von dem Vorfall verließ Noah die Party.

Als das Fest seinem Ende entgegenging, twitterte Jack, das Gründergrüppchen mache sich auf den Weg in ein Restaurant, um sich zu entspannen. Als sie im Magnolia Café mit seiner im Regen funkelnden Neonleuchtschrift saßen, Pommes frites mit Salsa aßen und Bier und Wasser aus hohen Gläsern tranken, waren sie noch völlig aufgedreht über ihren Sieg. »Klatschnass im Magnolia«, twitterte Ev. Kurze Zeit später fügte Biz hinzu: »Haue mit den Jungs im Magnolia rein.«

Aber es waren nicht alle Jungs dabei.

Nur einige Häuserblocks entfernt ging Noah allein durch den Regen, während seine früheren Freunde und Mitbegründer auf den Preis tranken, den sie gerade ohne ihn entgegengenommen hatten.

Der erste Twitter-Chef

Mit Kopfhörern auf dem Kopf starrten Software-Entwickler auf ihre Monitore, als Jack, Ev, Biz und Goldman in das Hinterzimmer gingen, das früher Noah als Büro gedient hatte.

Keiner achtete auf sie. Es wirkte wie eine Besprechung unter vielen, als sie den Raum betraten und sich jeder auf einen der zusammengewürfelten Schreibtischsessel mit Rollen setzten. Goldman schloss die Glastür hinter sich und vergewisserte sich mit einem zusätzlichen Ruck, dass niemand ihr bevorstehendes Gespräch mithören konnte.

In den wenigen Monaten seit dem South by Southwest hatte Twitter bald die Marke von 100 000 registrierten Nutzern überschritten. Noch immer flossen keine Einnahmen, und von einem Geschäftsmodell konnte ebenfalls keine Rede sein, aber um diese Aufgaben sollte sich der Firmenchef kümmern.

Nach wochenlangen internen Diskussionen – teils bei Kaffee oder Bier, teils per E-Mail – wollten sie endlich entscheiden, wer Twitter leiten, wer welchen Posten bekleiden sollte und wie sie die Firmenanteile aufteilten wollten. Bislang war Ev Alleininhaber der Firma, die er mit seinem Geld finanzierte, seit er Noah und die früheren Investoren vor nahezu sechs Monate ausbezahlt hatte.

Die vergangenen Wochen waren für die Führungsriege von Twitter stressig und chaotisch verlaufen. Über ihren Finanzanteil machten sie sich weniger Gedanken, aber ihre Stellung innerhalb der Firma und damit ihr Ego waren ihnen überaus wichtig.

In den Anfangszeiten der Start-ups wurden Posten gewöhnlich ohne sonderliche Überlegungen oder Auswirkungen vergeben. Wer die Stellung eines Vorstands, Technologiechefs oder Chefs für X, Y oder Z bekam, wurde häufig in einer Scheinwelt diskutiert. In Anbetracht der Tatsache, dass 90 Prozent dieser Start-ups nicht über die Kinderschuhe hinauskamen, spielten solche Entscheidungen langfristig nur selten eine Rolle. Bei Twitter war es nicht anders.

Obwohl Biz taktische Spielchen eigentlich nicht lagen, hatte er seit Monaten auf einen gewichtigeren Posten bei Twitter gedrängt in der Hoffnung, dem Schicksal zu entgehen, das er bei seinen früheren Jobs erlitten hatte. Als er zu Blogger kam, hatte Google die Firma bereits gekauft – da gab es für ihn keinen klangvollen Titel mehr. Als er bei Odeo landete, waren auch da die wichtigen Posten bereits vergeben. Während seiner bisherigen Karriere war er immer zur falschen Zeit am rechten Ort gewesen. Um sicherzustellen, dass er bei Twitter nicht wieder in diese Falle tappte, hatte er vor einigen Wochen eine Kampagne in eigener Sache gestartet und Ev und Jack eine E-Mail geschickt.

»Es ist vielleicht unpassend, aber wenn ich nicht frage, werde ich es nie erfahren«, schrieb Biz, nachdem er ein Wochenende lang überlegt hatte, wie er es formulieren sollte. »Wie stellt ihr euch meine Position vor? Besteht die Chance, dass ich als Mitbegründer bezeichnet werde?« Ihm war klar, dass die Stellung als Mitbegründer ihm intern und extern mehr Respekt verschaffen würde, wenn die Firma wachsen sollte. Anders als die Posten des Vorstandschefs, des leitenden Geschäftsführers oder des Finanzchefs, die mit klar umrissenen Aufgaben einhergingen, bedeutete die Stellung des Mitbegründers, dass Biz machen konnte, was er wollte, und in der Firma viel Macht besäße, ohne allzu viel Verantwortung übernehmen zu müssen.

Damals waren alle davon ausgegangen, dass Ev Twitters Vorstandschef und Jack President oder Technologiechef werden würde. Aber Biz' Rolle war durchweg unklar geblieben.

»Ich weiß die Antwort darauf noch nicht. Die Bitte ist nicht unbegründet«, hatte Ev Biz auf seine Mail geantwortet, aber auch angemerkt, dass er von der Idee nicht angetan war: »Aber aus verschiedenen Gründen wäre es vielleicht nicht gut.« (Zum einen fürchtete er, wenn er Biz zum Mitbegründer erklärte, könnten Blaine, Ray oder Jeremy denselben grandiosen Titel für sich beanspruchen).

Einige Mitarbeiter hatten dem hinteren Büro mittlerweile den Spitznamen »Purse Factory«, Taschenfabrik, gegeben, weil Sara, Evs Verlobte, vor einigen Monaten dort mit dem Vorhaben eingezogen war, Damenhandtaschen zu produzieren. Einige Bahnen Stoff lagen herum. Eine Schneiderschere. Es gab eine Nähmaschine. Der Raum wurde allerdings nur selten benutzt, um Handtaschen herzustellen, und diente weit eher als provisorisches Büro für wichtige Besprechungen.

»Ich habe beschlossen, den Vorstandsvorsitz nicht zu übernehmen«, teilte Ev nun Jack, Biz und Goldman mit und lehnte sich in seinem Stuhl zurück. Er erklärte, er werde sich zwar weiter bei Twitter engagieren und das Produkt mit seiner Erfahrung und Vision begleiten, aber er wolle sich auf Obvious Corporation konzentrieren und weiter aus seiner Ideenschmiede neue Web-Start-ups aufbauen.

Das war nicht das, was Goldman hören wollte. Er hatte gehofft, Ev würde Twitter leiten und Jack wäre ihm unterstellt, statt Firmenchef zu werden. Einige Tage zuvor hatte er bei einem gemeinsamen Mittagessen mit Biz Ev davon abzubringen versucht, Jack den Posten zu übertragen, und ihm erklärt, dass er »ihn nicht für fähig hielt, die Firma zu leiten«. Ev hatte ihm zwar zugestimmt, war aber überzeugt, man könne Jack ändern.

»Und wer wird nun Vorstandschef?«, fragte Biz.

Alle schauten auf Jack. Es stand außer Frage, dass Jack die Leitung von Twitter übernommen hatte, nachdem Ev Noah hinausgedrängt hatte, allerdings war fraglich, ob er es schaffen würde, ein richtiges Unternehmen aufzubauen. Zudem ein Unternehmen, das so schnell wuchs wie Bakterien in einer Petrischale.

Jack hatte bereits gezeigt, dass er kluge Entscheidungen treffen konnte, unter anderem mit einer E-Mail, die er Ende Januar geschrieben hatte: »Wir haben 4 und nur 4 Prioritäten: Performance,

Benutzerfreundlichkeit, Leistungsfähigkeit und Kosten.« Dann hatte er einen Plan vorgeschlagen, wie sie Twitter von einer mangelhaften Internetseite zu einem reibungslosen Dienst entwickeln könnten, und ausgeführt, die Firma müsse die Server ausbauen, die Webseite von verwirrenden Designelementen befreien und neue technische Mitarbeiter einstellen.

Zudem hatte Jack eine der bislang wichtigsten Entscheidungen für Twitter getroffen: Er hatte die Länge der Tweets begrenzt. »Im Moment hängt die Menge der erlaubten Zeichen für ein Update von der Länge deines Namens ab«, hatte er seinen Kollegen geschrieben. »Wir werden sie auf 140 Zeichen standardisieren. Jeder bekommt den gleichen Platz auf Twitter eingeräumt, dann gibt es keine Unklarheiten und kein Raten mehr, während man schreibt.« Bis dahin waren Kurznachrichten auf 160 Zeichen begrenzt, was der Maximallänge der SMS entsprach, die man per Handy verschicken konnte. Die Reduktion auf 140 Zeichen ermöglichte es Twitter, den Benutzernamen mit in die Nachricht aufzunehmen.

Als nächste Maßnahme hatte Jack veranlasst, dass sie auf der Internetseite durchgängig die Benutzernamen verwenden würden. In seiner E-Mail schrieb er: »Wenn dein Benutzername bob2342 ist, erhalten deine Freunde die Nachricht: ›bob2342: gehe mit dem Hund spazieren‹. Das dürfte erhebliche Unklarheiten beseitigen und Beschwerden vermeiden.« Gerade solche Maßnahmen befürchtete Goldman von Jack. Benutzernamen zu verwenden, war eine typische Ingenieursentscheidung. Im wahren Leben nannten Menschen sich nicht bob2342, sondern hießen einfach nur Bob.

Aber Jacks Führungsstärke hatte Ev beeindruckt. »Hervorragender Plan, Jack. Ich bin mit allem vollauf einverstanden«, hatte er geantwortet.

Nun schaute Ev Jack in der Purse Factory an und fragte ihn, ob er sich die Leitung von Twitter zutraue. »Wir können einen Außenstehenden als Vorstandschef suchen, der Erfahrung mit der Führung eines Unternehmens hat«, sagte Ev. »Dann wärst du so etwas wie der Technologiechef.«

»Nein, ich kann es machen«, erwiderte Jack. »Ich will es machen.«

Goldman schaute skeptisch drein. Biz wippte mit seinem Stuhl. Ein Weilchen saßen sie schweigend da und dachten darüber nach. Jack schaute sie nacheinander sehnsüchtig an.

»Okay. Abgemacht«, sagte Ev und legte wieder eine Pause ein. Dann entschied er, dass Jack Vorstandschef werden sollte. Biz, Jack und Ev sollten als Firmengründer gelten, Goldman Chef der Produktentwicklung sein.

Biz und Jack waren sofort euphorisch.

Da Ev bislang Twitter aus eigenen Mitteln finanziert hatte, teilte er der Gruppe mit, dass er einen Anteil von 70 Prozent an der Firma behalten würde. Jack sollte als Firmenchef 20 Prozent bekommen, Biz und Goldman jeweils etwa 3 Prozent, und der Rest würde unter den gegenwärtigen Mitarbeitern und neu einzustellenden Beschäftigten aufgeteilt.

Abschließend erklärte Ev, dass Twitter früher oder später Beteiligungskapital von Investoren brauche, was ihre Anteile etwas verwässern würde, aber da die Firma bislang nur aus einer Hand voll Software-Entwicklern bestand, konnte dieses Thema warten.

Nach der Besprechung öffneten sie die Glastür, und Jack verließ das Büro als offizieller Firmenchef. Er strahlte vor Stolz und Erregung: Twitters erster Vorstandschef.

Zumindest vorerst.

Das 100-Millionen-Dollar-Angebot

Blaine schaute vom Schreibtisch auf, wobei ihm sein langes, glattes Haar auf die Schultern fiel, und lehnte sich zurück, als Ev mit schnellen Schritten an ihm vorbei zur Ausgangstür ging. »Hey, Ev«, rief Blaine, »nimm nicht weniger als 100 Millionen Dollar!« Ev grinste, nickte scheinbar zustimmend und schloss die Tür zu den Büroräumen im Gebäude South Park 164 hinter sich.

Es war Mitte Juni 2007. Jack, Biz und Goldman standen bereits draußen auf dem Bürgersteig, als Ev herauskam. Kleine Nebelschwaden hingen über dem Gras, als sie zu Fuß rechts in die Third Street einbogen. Ihr Ziel lag nur 100 Meter entfernt. Während ihre Sneakers leicht auf die Betonplatten des Gehwegs tappten, durchbrach Goldman das Schweigen. »Wenn schon sonst nichts rauskommt, wird es zumindest interessant, zu sehen, welchen Wert wir haben«, sagte er. »Wir haben doch gar keine richtige Vorstellung, was wir eigentlich wert sind.«

Biz und Ev stimmten zu. Jack ging schweigend und gedankenversunken weiter und war aufgeregt über seine erste Kaufverhandlung.

Sie hörten die Autoreifen über die Roste der Schnellstraße holpern, als sie sich dem großen grauen Gebäude an der Ecke Third und Bryant Street näherten: dem Büro von Yahoo! Die Hauptverwaltung befand sich zwar 65 Kilometer südlich von San Francisco in Sunnyvale, aber das Unternehmen hatte kürzlich diese Zweigniederlassung, das sogenannte Brickhouse, eröffnet, das als Ideenschmiede für Yahoo!-Mitarbeiter mit Unternehmergeist völlig neue

Start-ups entwickeln sollte. Die Twitter-Leute hatten alle schon häufig dort die beliebten Web-2.0-Partys besucht. Diese meist etwas langweiligen Veranstaltungen – Bier, Wein, Käse, Cracker und viel Networking – feierten die Wiederauferstehung des Internets nach dem kalten Winter, der nach dem Platzen der Dot.com-Blase nach der Jahrtausendwende geherrscht hatte. Es lief immer gleich ab. Leute schlenderten ziellos herum, schauten ständig verstohlen auf Namensschildchen, die jeder am Hemd trug, und suchten nach einem risikobereiten Kapitalgeber, einem Blogger oder einer der legendären »Berühmtheiten«, die ihre Start-ups bereits verkauft hatten (wie Ev).

Aber das Treffen heute Morgen war anders. Es würde keinen Käse, kein Bier und keine Namensschildchen geben. Vielmehr wollte Yahoo! Twitter kaufen. »Sie wollen über eine Übernahme reden«, hatte Ev in einer E-Mail an Jack und Goldman geschrieben. »Sie sagen, auch wenn unser Preis nicht Hunderte Millionen, sondern zig Millionen, ›sogar einige zig Millionen‹ ist, sieht [Yahoo!] wahrscheinlich kein Problem.« Obwohl Twitter damals keine Einnahmen und kein projektiertes Geschäftsmodell hatte, zog Yahoo! dieses neue Start-up als mögliche Erweiterung seines Mobilfunkangebots in Betracht.

Seit Twitter vor über einem Jahr als Experiment begonnen hatte, besaß der Dienst mittlerweile annähernd 250 000 aktive Nutzer. Die internen Debatten über die Zuständigkeiten waren – zumindest vorerst – zwar geklärt, aber Außenstehende wandten sich immer noch überwiegend an Ev, den sie von Blogger kannten und schätzten. Es ärgerte Jack als offiziellen Firmenchef, dass jemand die Firma über Ev kaufen wollte, aber das ließ er sich nicht anmerken.

Als die Bitte um ein Gespräch von Yahoo! eintraf, hatte Ev gerade Treffen mit fünf möglichen Investoren vereinbart und war bereit, Twitter mit 500 000 Dollar aus eigener Tasche weiter zu finanzieren, bis die Firma über eine Kapitalaufstockung entschieden hätte. Zudem hatte er mit Angel-Investoren gesprochen, die viele Verbindungen hatten und zu Twitters Wachstum beitragen konnten. Zu

ihnen gehörte der legendäre Ron Conway, ein versierter Geschäfte-
macher, der eine Menge Kontakte im Silicon Valley und im Bedarfsfall ein Team von Privatinvestoren an der Hand hatte.

Es hatten zwar viele Investoren, darunter große Namen wie Fred
Wilson, Interesse bekundet, Millionen Dollar in die Firma zu stecken, aber einige hatten sich sofort wieder zurückgezogen und Ev
erklärt, sie sähen kein Geschäftsmodell in Kurzmitteilungen von
140 Zeichen über irgendjemandes Mittagessen. Alle diese Gespräche hatten sie vorerst auf Eis gelegt, als Yahoo! angerufen hatte.

Das Büro im Brickhouse hatte etwas von einem höhlenhaften
Loft. Die ganze Etage war von weißen Säulen unterteilt, die herum-
standen wie gigantische Linebackers auf einem Football-Feld. An
einer Seite gaben Fensterwände den Blick auf die Stadt frei. Die
gegenüberliegende Wand war mit Tausenden fluoreszierenden No-
tizzetteln bedeckt, die das Bild einer gepixelten Riesenhand erga-
ben. Software-Entwickler hingen mit ihren Laptops auf Sitzsäcken
herum und programmierten. Es war ein Nerdparadies.

Als das Twitter-Team hereinkam, begrüßten sie Bradley Horo-
witz, der Leiter von Brickhouse, und ein weiterer Yahoo!-Manager.
»He, Mann!«, sagte Bradley, klopfte Ev auf den Rücken und schüttelte ihm die Hand. »Schön, Sie zu sehen.«

Bradley trug seine typische dunkle Sonnenbrille, deren Ränder
so dick waren wie seine Augenbrauen. Seine gefurchten Wangen
verliehen ihm eher etwas von einem General als von einem Software-Entwickler. Er führte sie nach rechts in einen Konferenzraum,
wo sich jeder selbst einen Platz aussuchte. Nachdem alle sich vorgestellt und hingesetzt hatten, ergriff Ev das Wort. Er hatte gelernt,
wie Verkaufsgespräche für Start-ups funktionierten, als er Blogger
an Google verkauft hatte. Sie ähnelten eher den Verhandlungen mit
einer Edelprostituierten als dem Verkauf einer Firma. Am Ende lief
es fast immer auf den höchsten Preis hinaus.

Ev ging die Zahlen durch und erklärte, dass Twitter Ende Februar, kurz bevor sie nach Austin aufgebrochen waren, etwa 200 000
neue Besucher pro Monat gehabt hatte. Nachdem Twitter den Preis

von South by Southwest gewonnen hatte, hatte sich die Zahl der Besucher auf der Internetseite bis Ende März vervierfacht und Anfang April die Millionengrenze überschritten. Bislang habe Twitter keine Einnahmen, aber das käme später, erklärte er, »wahrscheinlich durch Werbung oder ein neuartiges Geschäftsmodell«. Vorerst bestreite Ev die Kosten für den laufenden Betrieb.

Jack faltete die Hände auf dem Tisch und sagte kaum etwas. Er war nervös, bemühte sich aber, Selbstbewusstsein auszustrahlen, was allerdings bei den anderen im Raum nicht ankam. Er schaute lediglich zu, während Ev Bradley durch den Twitter-Garten führte. Das Gespräch wandte sich schließlich der Frage zu, was Twitter eigentlich sei.

»Es ist also ein soziales Netzwerk«, fragte Bradley.

Es wurde still im Raum.

Obwohl der Dienst nun schon seit nahezu einem Jahr existierte, gab es keine schlüssige Antwort auf diese Frage. Selbst nach South by Southwest im März hatte Twitter weiter ein Eigenleben entwickelt und wurde nicht nur für persönliche Mitteilungen, sondern auch zur Verbreitung von Nachrichten genutzt. Computerfreaks waren geradezu besessen von dem Dienst, nutzten ihn aber vorwiegend, um über sich selbst zu schreiben. Andere Nutzer und Firmen verwendeten ihn anders. Große Nachrichtenmedien – darunter die *New York Times*, der Dow Jones und das Blognetzwerk Defamer – hatten sich bei Twitter angemeldet und verbreiteten Neuigkeiten, Lokalnachrichten und Klatsch. Mittlerweile gab es einen falschen Bill Clinton, einen Homer Simpson und einen Darth Vader, die witzige Tweets schickten. Einige »echte« Celebritys hatten sich ebenfalls angemeldet. Die Schauspielerin Janina Gavankar, die in der Fernsehserie *The L Word – Wenn Frauen Frauen lieben* mitgewirkt hatte, war die erste Prominente, die twitterte – allerdings hatte Biz einige Stunden lang versucht herauszubekommen, ob die Anmeldung tatsächlich von ihr oder von einer Schwindlerin stammte. Der amerikanische Präsidentschaftskandidat John Edwards schickte Tweets zu seiner Wahlkampagne. Unter den Twitter-Nutzern gab es auch »Dinge«: Feuerwehrwachen, Polizeifunk, Baseballspiele, Lebensmittellaster. Aber selbst bei dieser Flut unterschiedlicher Nutzer und Nutzungen begriff offenbar niemand bei den Medien, was Twitter eigentlich war. Manche sprachen von »Hipster-Narzissmus«, »Selbstbespiegelung«, »Nabelschau« oder »Egoismus«, und nicht wenige, die Twitter ausprobiert hatten, bezeichneten es als »totale, verdammte Zeitverschwendung«.

Aber die Frage brachte Jack erstmals dazu, sich am Gespräch zu beteiligen. Er führte einen Blogpost an, den Fred Wilson Ende April geschickt hatte. »Welche Rolle wird Twitter genau spielen?«, hatte Fred darin zum Platz des Dienstes im zukünftigen Internet gefragt. »Es wird der Status-Rundfunk des Internets sein.« Und so erklärte Jack nun: »Ich sehe Twitter als Grundversorger. Als Rundfunksystem für das Internet.« Er legte seine Vision für Twitter dar und beschrieb den Dienst als etwas »wie Elektrizität«. Das alles verwirrte Bradley, der sich verblüfft über die Vorstellung, eine Social-Media-Firma als Grundversorger zu sehen, im Raum umschaute.

Gegen Ende der Besprechung schüttelten sich alle die Hand, und Bradley begleitete sie hinaus. Er dankte ihnen, dass sie gekommen waren, schaute Ev an und sagte: »Wir hören bald voneinander.«

Auf dem Rückweg in ihr Büro am South Park 164 fragte Ev: »Wie war euer Eindruck, Jungs?« Es herrschte eine gewisse Erregung über das Meeting.

»Mir gefällt Brickhouse«, sagte Biz. »Es sieht aus, als ob es Spaß machen würde, da zu arbeiten.«

»Das finde ich auch«, bestätigte Goldman und fragte: »Und was ist der Minimalpreis, zu dem wir verkaufen?«

»100 Millionen«, wagte Ev sich vor. Wenn sie zu diesem Preis verkaufen würden, bekämen Biz und Goldman jeder etwa 2 bis 3 Millionen Dollar. Für den größten Teil der Weltbevölkerung wäre eine solche Summe wie ein Hauptgewinn im Lotto, aber im Silicon Valley wirkten eine 1 Dollar eher wie eine Vierteldollarmünze, die man zwischen den Sofakissen fand. Für Ev bedeutete eine solche Summe, dass er mehr Geld und Möglichkeiten hätte, Fremdkapital aufzunehmen, um weiterhin mit Obvious Corporation Start-ups auf den Weg zu bringen.

Aber in Anbetracht des Wachstums und der Aufmerksamkeit, die Twitter erlebte, dachte Ev daran, seine Ideenschmiede auf Eis zu legen und sich auf den 140-Zeichen-Dienst zu konzentrieren. Vor dem Yahoo!-Meeting hatte er in einer E-Mail an Goldman und Biz erklärt, er sei bereit, sein »Engagement bei Twitter zu verdoppeln« und Obvious Corporation beiseitezuschieben. Aber es stellte sich immer noch die Frage, was sie als Nächstes tun sollten: sich Geld von einem außenstehenden Investor verschaffen oder versuchen, Twitter an Yahoo! oder einen anderen Interessenten zu verkaufen. Da Jack für eine solche Entscheidung weder das Selbstvertrauen noch die entsprechende Macht innerhalb der Firma besaß, schaute er ratsuchend zu Ev.

Jack hatte bei einem Verkauf am meisten zu gewinnen. Er verdiente zwar mittlerweile 70 000 Dollar im Jahr, war aber immer noch knapp bei Kasse und lebte von einem Gehaltsscheck zum nächsten, da er Kreditkartenschulden und Studienkredite aus seinem abgebrochenen Studium an der New York University abstottern musste. Ein Verkauf für 100 Millionen Dollar brächte ihm 20 Millionen ein, eine unvorstellbar große Summe, die sein Leben für immer verändern könnte.

»Vielleicht würden wir auch 80 Millionen akzeptieren«, fragte Jack. (Das wären 16 Millionen Dollar für ihn.)

»80 Millionen ist aber das absolute Minimum«, erklärte Goldman, als sie die Tür aufzogen und ins Büro gingen.

Sie brauchten nicht lange zu warten, bis sie die tatsächliche Höhe des Angebots erfuhren. Am späten Nachmittag erhielt Ev einen Anruf von Bradley. Sie telefonierten eine Weile, dann legte Ev auf.

Ev trat an Jacks Schreibtisch und sagte: »Lass uns draußen reden.« Goldman folgte ihnen.

»Und?«, fragte Goldman, sobald sie auf dem Bürgersteig standen. »Wie viel?«

»Zwölf«, antwortete Ev unumwunden, verschränkte die Arme und strich mit der Turnschuhspitze an der Bordsteinkante entlang.

»Wie, zwölf?««, fragte Goldman verdutzt. Jack fing an zu kichern.

»Sie haben uns zwölf angeboten«, wiederholte Ev in leicht ungläubigem Ton.

»12 Millionen Dollar?«, hakte Goldman nach und riss die Augen auf, als er die Zahl laut aussprach.

»Ja«, bestätigte Ev. »12 Millionen Dollar.«

Das Angebot brachte sie nicht aus der Fassung, da Investoren geradezu darum bettelten, die Firma zu finanzieren, aber sie fanden es schon seltsam, dass Yahoo! eine so geringe Summe bot.

»Wir sollten das Angebot wirklich annehmen«, sagte Jack sarkastisch, worauf alle lachten.

Mit den Witzen war es vorbei, als Ev ihnen erzählte, was Bradley am Telefon gesagt hatte: Er glaubte, Yahoo! könne ohne weiteres selbst die Technologie entwickeln, auf der Twitter beruhte, es sei schließlich »einfach nur ein Messaging-Dienst«, und »ein paar Ingenieure könnten dasselbe in einer Woche aufziehen«. Zum Abschluss hatte er erklärt, wenn Twitter nicht verkaufe, plane Yahoo! einen Konkurrenzdienst aufzubauen.

Diese Verquickung war typisch für Angebote im Silicon Valley: Entweder ihr haut uns in die Pfanne, oder wir hauen euch in die Pfanne.

Aber es war auch eine Erleichterung, ein solches Angebot und die damit verbundene Drohung zu hören, dass ein so großes Unternehmen wie Yahoo! sie aus Angst angreifen würde. Da nun klar war, dass sie Twitter nicht verkaufen würden, stand ihre Marschrichtung fest. Sie konnten nach vorn schauen und ihre erste Runde echtes Risikokapital auftreiben, das sie sofort brauchten, um die Server auszubauen und Mitarbeiter einzustellen, die bei der Erweiterung der Firma halfen. Bereits vor dem Yahoo!-Meeting hatten sie sich geeinigt, dass Fred Wilson unter den Investoren ihre erste Wahl war. Zum einen waren Ev und Jack überzeugt, dass Fred begriff, was aus Twitter werden könnte. Aber vor allem legte Fred keinen Wert auf ein Geschäftsmodell und würde die Twitter-Gründer nicht drängen, eins vorzulegen – das käme später, sagte er ihnen.

Als Goldman, Jack und Ev wieder ins Büro gingen, herrschte unter ihnen ein seltener Korpsgeist. An einem einzigen Tag hätten sie beinah ihre Firma verkauft und mussten dann feststellen, dass der Kaufinteressent ihnen nun Konkurrenz machen würde. Damals wussten sie es zwar noch nicht, aber es sollte einer der wenigen Momente sein, in denen sie sich über die Ausrichtung von Twitter einig waren. Schon gegen Ende des Sommers sollte Twitter nicht mehr gegen Konkurrenten kämpfen, sondern gegen sich selbst: Jack auf der einen Seite, Ev auf der anderen.

»12 Millionen?«, fragte Goldman noch einmal, als die Tür sich hinter ihnen schloss.

»Ja«, lachte Ev. »12 Millionen Dollar.«

Ist Twitter am Ende?

Der Blogpost erschien am Donnerstag, dem 26. Juli, um 11:53 Uhr auf der Twitter-Webseite.

»Anfangs war Twitter ein zum Spaß betriebenes Nebenprojekt, dann wurde es bei Obvious liebevoll umhegt, bis es Zeit war, Twitter, Inc., zu gründen«, schrieb Jack. »Heute freuen wir uns, eine für Twitter wichtige Mitteilung machen zu können. Wir konnten Kapital von unseren Freunden bei Union Square Ventures in New York City erhalten.« Fred Wilson, ein Partner bei Union Square, würde sich führend an einer Kapitalaufstockung um 5 Millionen Dollar beteiligen, die Twitters Wert auf knapp über 20 Millionen Dollar steigern würde.

In einem eigenen Blogpost erklärte Fred, warum sein Unternehmen in eine Firma ohne Einnahmen investierte: »Die Frage, die alle stellen, lautet: ›Wie sieht das Geschäftsmodell aus?‹ Um ganz ehrlich zu sein, wir wissen es noch nicht. Das Kapital, das wir investieren, wird eingesetzt, um Twitter zu einem besseren, zuverlässigeren und robusteren Dienst zu machen. Das muss im Augenblick im Mittelpunkt stehen.« Über Einnahmen würden sie später nachdenken.

Fred hatte Recht. Es blieb keine Zeit, sich Gedanken über Geschäftsmodelle zu machen, solange Twitter in der gegenwärtigen Verfassung war: ständig am Rande des Zusammenbruchs.

Jeden Morgen sah es bei den Twitter-Mitarbeitern gleich aus: Jeremys Frau fand ihren Mann zu Hause auf dem Sofa in der gleichen Position wie am Vorabend vor: Der Laptop auf seiner Brust leuchtete immer noch in einem warmblauen Licht, über seine Wange lief ein Speichelrinnsal, seine Finger lagen auf der Tastatur, als hätte ihn jemand bei einem missglückten Einbruch erschossen. Blaine lag in einer ähnlichen Position in seiner Wohnung.

Beide hatten die ganze Nacht gearbeitet, um Twitter in Gang zu halten – häufig vergebens. Ständig brach die Internetseite zusammen, und nichts konnte die Ausfälle verhindern.

Da sie Twitter anfangs innerhalb von zwei Wochen zusammengebastelt hatten, ließ der Zustrom neuer Nutzer die Seite einknicken. Es haperte nicht nur an einer Stelle, sondern an allen Ecken und Enden. Beiträge wurden nicht in der Timeline angezeigt. Nutzerkonten verschwanden. Die Webseite war stundenlang und manchmal sogar einen ganzen Tag lang nicht zu erreichen. Die Server gingen in die Knie. Und weil durchweg ein solches Chaos herrschte, revoltierten die Mitarbeiter. Twitter war als kleines Ruderboot konzipiert, das ein paar Leute über einen Teich bringen konnte; nun sollte dieses Boot ebenso viele Passagiere übers Meer befördern wie ein Kreuzfahrtschiff.

Folglich ging es unter.

Die Ausfälle bewirkten zudem Dominoeffekte, bei denen der Defekt eines Elements alles andere zusammenbrechen ließ. Die Tools, die Twitter anderen Entwicklern zur Verfügung stellte, kamen bei Hunderten Firmen und Apps zum Einsatz, die Twitter-Inhalte nutzten (Twitterrific, Twitteroo, Twitterholic, Tweetbar, Twittervision und Twadget, um nur einige zu nennen). Dieser Zustrom von Anwendungen belastete die Ressourcen des Dienstes. Auch die Webseite, die immer noch sozusagen mit digitaler Plastikfolie und Klebeband zusammengestückelt war, brachte die Server häufig zum Absturz. Tweets, die darauf warteten, an die Webseite geschickt zu werden, verstopften die Server und dann, um den Kreis zu schließen, fielen auch die Tools der Drittparteien aus. Nahezu täglich kam der gesamte Betrieb einfach zum Erliegen.

Die Probleme des Dienstes hätten den Zustrom der Neuanmeldungen eigentlich verlangsamen müssen, machten aber alles nur noch schlimmer, weil die schlechte Presse Neugier über dieses Twitter-Ding weckte. »Wenn alle sich anmelden und es zusammenbrechen lassen, sollte ich doch mal sehen, worum es eigentlich geht«, dachten sich viele, und so stürmten Hunderttausende auf eine winzige Firma ein.

Wenn die Internetseite einmal täglich zusammenbrach, war das Hauptproblem, dass die Techniker keine Ahnung hatten, was den Ausfall verursacht hatte. Um dieses Problem zu lösen – oder zumindest den Versuch zu unternehmen –, programmierten Jeremy und Blaine die Server so, dass sie eine Rückmeldung über SMS und E-Mail verschickten, sobald eine der zahlreichen Schwierigkeiten auftrat. Wie bei einem Patienten, der mit Schläuchen und Kabeln an einer piepsenden Maschine hing, die seinen Zustand überwachte, sollte dieses neue Programm den Technikern helfen, herauszufinden, woran der Patient erkrankt war. Dann könnten sie sofort eingreifen. Eine Zeit lang funktionierte es, aber schon bald mussten sie feststellen, dass der Weg ins Chaos mit guten Vorsätzen gepflastert ist.

Innerhalb von Tagen löste das Programm immer wieder Alarmsignale aus, die sich nicht abstellen ließen, und überhäufte das Technikerteam mit Fehlermeldungen. Nachts klingelte, vibrierte oder summte das Handy auf ihrem Nachttisch – manchmal alle paar Stunden, zuweilen sogar alle paar Sekunden –, und Twitter forderte Hilfe an, da der Dienst wieder einmal ausgefallen war. Mehrmals waren die Probleme so schwerwiegend, dass Jeremy und Blaine beim Aufwachen mehr als tausend Fehlermeldungen von Twitter-Servern wegen eines Problems vorfanden, das zum Ausfall der Internetseite geführt hatte.

Twitter-Nutzer beklagten sich ebenso oft wie die Server. In einem Fall entschloss sich eine Gruppe treuer Twitter-User zu einem Online-Boykott. Sie verkündeten – natürlich auf Twitter –, dass sie den Dienst 24 Stunden lang meiden würden, um ihrer Missbilligung Ausdruck zu verleihen, dass die kostenlose Webseite ständig ausfalle. Als eine andere Gruppe von Twitter-Anhängern von dem Boykott erfuhr, beschloss sie noch am selben Tag, kostenlos Pizzas in das

Büro am South Park 164 zu schicken, um dem Dienst ihre Zuneigung zu beweisen.

Aber auch noch so viele Pizzas konnten Twitters Mängel nicht beheben, der Dienst war einfach von Anfang an verkorkst.

Als die Lage sich verschlimmerte, sprach Biz sie im Firmenblog an.

»Twitter. Ist. Langsam. Das ist uns schmerzlich bewusst«, schrieb er in einem Posting mit der treffenden Überschrift »Die Schildkröte und Twitter«. »Die Langsamkeit erwächst aus der erheblichen Popularität, was eine bittersüße Situation schafft. Wir wollen euch informieren, was wir tun, um die Lage mehr süß als bitter zu machen.«

Die Langsamkeit änderte jedoch nichts an Twitters Wachstum. Ständig meldeten sich neue Nutzer an. Die Presse berichtete weiter – manchmal positiv, manchmal negativ. Der Dienst wuchs weiter. Alle zwei Wochen verdoppelte sich die Zahl der Nutzer. Der »Miniblog ist das Tagesgespräch im Silicon Valley«, schrieb die *Financial Times* in einer Titelstory ihrer Printausgabe. Die Zeitschrift *BusinessWeek* brachte ein Porträt. Die Zeitschrift *Time* bezeichnete Twitter als eine der 50 Top-Internetseiten. »Verbreite, wo du bist und was du gerade hier und jetzt machst, indem du per Handy eine SMS schickst«, hieß es in dem Artikel. Tageszeitungen, Fernsehsender und Blogs außerhalb der IT-Szene griffen die Geschichte auf. Obwohl der Dienst noch nicht für seinen großen Bühnenauftritt gerüstet war, bekam er ihn.

Die Twitter-Mitarbeiter bemühten sich nach Kräften, den Dienst in Gang zu halten, und reduzierten das Angebot der Webseite, statt neue Merkmale hinzuzufügen. Unterdessen beschlossen einige treue Technikbegeisterte auf Twitter, den Mangel an neuen Merkmalen in die eigenen Hände zu nehmen, und so tauchten zwei neue seltsame Elemente immer häufiger im Twitter-Stream auf: die Symbole @ und #.

Im Programmiererjargon verwendeten Software-Entwickler das @-Zeichen, um sich mit anderen auf einem Server auszutauschen, daher war es durchaus nachvollziehbar, dieses Zeichen auf Twitter zu übertragen. Erstmals benutzte der junge Apple-Designer Robert Andersen das Symbol, als er am 2. November 2006 seinem Bruder auf Twitter antwortete und ein @ vor dessen Namen setzte. Nach und nach drang es in den Twitter-Jargon ein. Es dauerte nicht lange, bis Nutzer sich nicht mehr mit ihren Vornamen, sondern mit ihren Twitter-@-Namen ansprachen. Die neue Kommunikationsmethode wurde so populär, dass der Twitter-Programmierer Alex Payne Anfang Mai einen neuen Tab auf der Twitter-Seite einfügte, der @-Antworten von Nutzern zeigte.

Außerdem gab es das Doppelkreuz oder Pfundzeichen, Hashtag genannt, das bis dahin vorwiegend bei Telefonen beim Abhören des Anrufbeantworters zur Anwendung kam. Beim Fotosharing-Dienst Flickr verwendeten Nutzer Hashtags manchmal, um Bilder mit ähnlicher Thematik zu Gruppen zu ordnen. So hatten Nutzer Aufnahmen von Waldbränden in San Diego, Kalifornien, auf Flickr eingestellt und mit dem Tag »#sandiegofire« versehen. Der Designer Chris Messina, der im Silicon Valley lebte und mit vielen Twitter-Mitarbeitern befreundet war, fing an, das Symbol auf Twitter zu verwenden, und schon bald griffen andere es auf.

Eines Tages beschloss Chris, ins Twitter-Büro zu gehen und sich für eine systematischere Verwendung dieses seltsam anmutenden Doppelkreuzes einzusetzen. Im Treppenhaus traf er zufällig Ev und Biz, die gerade auf dem Weg zum Mittagessen waren.

»Ich finde wirklich, ihr solltet etwas mit den Hashtags auf Twitter machen«, erklärte Chris.

»Hashtags sind was für Nerds«, erwiderte Biz. Ev fügte hinzu, sie seien »zu hart und kein Mensch wird sie verstehen«.

Chris wandte dagegen ein, dass die Leute sie schon jetzt benutzten und sie eine Verbindung schaffen könnten zwischen Themen, die auf Twitter behandelt würden, und solchen, über die in der realen Welt geredet würde. Aber Ev und Biz waren von der Idee nicht angetan, sondern meinten, sie würden »sich später etwas Besseres, Ansprechenderes einfallen lassen«.

Es spielte jedoch keine Rolle, was Ev, Biz oder ein anderer Mitarbeiter bei Twitter dachte oder sagte. Als Beispiel, dass sich auf der Internetseite Dinge von selbst regelten, um die sich die Gründer nicht kümmern konnten, verwendeten die Nutzer weiterhin Hashtags, um alles Mögliche zu organisieren, von Gruppenchats über Konferenzen bis hin zu Diskussionen über aktuelle Ereignisse.

Intern bemühten sich Ev und Goldman inmitten der zunehmenden Ausfälle des Internetdienstes, Jack zu einem besseren Firmenchef zu erziehen – ein Kampf, der sich als noch schwieriger erwies, als die Webseite in Gang zu halten.

Ev hatte inzwischen bei Twitter die Position des Verwaltungsratsvorsitzenden (Chairman of the Board) eingenommen und drängte Jack, er solle Blaine – der immer noch oft anarchistisch war und im Chaos erst richtig aufblühte – an die Kandare nehmen, ihm finanzielle Anreize bieten und regelmäßige Aufgabenbesprechungen abhalten. (Selbst Anarchisten mögen eine gute Gehaltserhöhung, wie sich herausgestellt hatte.) Aber dieser Schuss ging nach hinten los, da Jack anfing, Mitarbeiter herunterzuputzen. Ev merkte in einer E-Mail zu diesem Problem an: »Jack führt sich auf wie ein Cowboy.«

Jeder Schritt vorwärts fühlte sich an wie zwei Schritte zurück. Als Ev Jack sagte, er solle an alle Twitter-Beschäftigten eine E-Mail mit den Unternehmenszielen schicken, begann sein erster Entwurf mit der Betreffzeile: »3 Dinge, die ich für Twitter will«. Jeden der drei Unterpunkte begann er mit Formulierungen wie: »Ich will in der Lage sein ...«, »ich wünsche ...«, »ich ...«. Goldman wandte ein, »wir« sei vielleicht innerhalb der Firma angemessener. Es sei nicht die beste Art, mit seinen Beschäftigten im Ton eines Diktators zu sprechen.

Obwohl Jack wirklich lernen wollte, eine Firma zu führen und ein guter Chef zu sein, war er oft ratlos, was als Nächstes zu tun war. Auch wenn er es nie zugegeben hätte und tat, als wüsste er genau, was er machte, und ginge planvoll und entschlossen vor, spielte er so weit außerhalb seiner Liga, dass er oft sprachlos war. Wenn etwas frustrierend lief, packte er das Problem nicht mit seinen Mitarbeitern an, sondern verließ das Büro und lief eine Stunde oder länger mit mürrischer Miene im South Park im Kreis.

Einige seiner Kollegen, unter anderem auch Biz und Crystal, waren der Ansicht, dass die Probleme der Firma und ihre Lösung nicht an Jack hingen, sondern dass niemand Twitter in diesen turbulenten Zeiten in Gang halten konnte, zumal jeden Tag neue Nutzer hinzukamen. Aber Ev kümmerte es nicht, wer daran schuld oder nicht schuld war. Er hatte sein Geld in die Firma investiert, und wieder einmal stand sein Ruf auf dem Spiel. Es war egal, ob es Jacks Schuld war oder die des Osterhasen. Ev wollte die Ausfälle der Internetseite, die mangelnde Führung und das allgemeine Chaos in der Firma beseitigt wissen. Im Laufe des Jahres 2007 ging Ev zunehmend die Geduld aus, dass diese Probleme nicht behoben wurden, sondern sich sogar noch verschlimmerten.

Der Schneider

Am späten Nachmittag gingen Jack und Ev die Treppe zu dem Konferenzraum hinauf, der den Spitznamen Odeo Heights trug. Ihre Füße bewegten sich im Gleichschritt wie bei zwei programmierten Robotern Stufe für Stufe in den ersten Stock hinauf. Sie öffneten die Tür zu dem winzigen Raum, setzten sich einander gegenüber und falteten die Hände.

Jeremy sah sie die Treppe hinaufgehen, wie sie es schon Hunderte Male getan hatten. Blaine bemerkte es ebenfalls wie auch einige andere im Büro. Aber keiner achtete sonderlich darauf. Es war ein ganz normales Meeting zwischen dem Vorstandschef und dem Verwaltungsratsvorsitzenden der Firma. Sie hatten keine Ahnung, dass Jack als völlig anderer Mensch herunterkommen würde, als der er hinaufgegangen war – das sollten sie erst wesentlich später erfahren. Zwei verschiedene Jack Dorseys.

Häufig brechen Dinge nicht sofort, sondern biegen sich erst durch. Beziehungen zerbrechen nicht einfach, sondern fangen langsam an, sich in eine andere Richtung zu wölben und zu deformieren, bis es schließlich zum Bruch kommt. So erging es der Beziehung zwischen Ev und Jack seit einiger Zeit, sie bog sich wie nasses Holz und schwankte zwischen gut und schlecht, aber als die beiden sich nun im Konferenzraum einander gegenüber setzten, stand sie kurz vor dem endgültigen Bruch.

Ohne Einleitung warf Ev den Fehdehandschuh.

»Du kannst entweder Schneider sein oder Twitter-Chef«, sagte er. »Aber du kannst nicht beides sein.«

Jack arbeitete zwar hart und war morgens lange vor allen anderen im Büro, aber häufig verließ er es gegen 18 Uhr, um einer seiner Freizeitbeschäftigungen nachzugehen. Eine Zeit lang hatte er Zeichenkurse besucht und Akte gezeichnet. Er hatte Hot-Yoga-Kurse belegt und war nach der Arbeit losgezogen, um seinen Körper zum Hund zu verdrehen und die Anspannung des Tages auszuschwitzen. In einer örtlichen Modeschule hatte er zudem nähen gelernt, da er immer noch eine spätere Karriere in der Modebranche in Erwägung zog. Er nähte gern und machte sich mit Begeisterung an die erste Aufgabe des Kurses: einen Glockenrock zu schneidern. Sein Ziel war, eine dunkle Jeans zu nähen und vielleicht sogar eines Tages für seinen Lieblings-Jeanshersteller zu arbeiten, Earnest Sewn in New York City.

Jacks private Kontakte waren ebenso wie Twitter sprunghaft gewachsen. Leute hatten angefangen, ihn zu Partys – vielen Partys – einzuladen. Reiche Promis wie Ron Conway nahmen ihn mit zu Baseballspielen. Mädchen warfen ein Auge auf ihn, unter anderem eine Blondine von Mitte zwanzig, Justine, die in der IT-Szene für ihre Dates mit diversen namhaften Start-up-Gründern bekannt war.

Außerdem bekam Jack einen ersten Vorgeschmack auf lokale Berühmtheit in San Francisco, da in Medienberichten über Twitter und in Blogbeiträgen über ihn geschrieben wurde. Zum ersten Mal in seinem Leben wurde der unscheinbare Junge aus St. Louis in Cafés von Internetbegeisterten erkannt und mit Liebeserklärungen an Twitter (wenn der Dienst denn funktionierte) überhäuft. Twitter-Nutzer erhielten mittlerweile ein Ranking anhand der Zahl ihrer Follower. Und wer eignete sich besser zum König der Nerds als der erste Twitter-Nutzer: Jack Dorsey.

Es gab allerdings einen, der nicht zu Jacks größten Fans gehörte: Ev. Ev fand, Jack arbeite nicht genug. Er sei nicht lange genug im Büro. Sei durch seine Hobbys abgelenkt. Sei zu lasch in seinem Führungsstil. Und und und.

Wenn Ev im Büro war, verlangte er Ruhe. Auf Scherze und Geplauder von Kollegen reagierte er häufig mit einem langgezogenen

»Psssst!«. Biz, der unentwegte Spaßvogel, tat diese Aufforderungen meist mit einem Lachen ab, aber Jack nahm sie persönlich.

Jack hatte sich um ein freundschaftliches Verhältnis zu seinen Mitarbeitern bemüht und regelmäßig Kinoabende und Abendessen organisiert. Außerdem hatte er ein neues Ritual eingeführt, die sogenannte Tea Time: Jeden Freitagnachmittag traf sich die Twitter-Belegschaft, um aktuelle Neuigkeiten aus der Firma zu besprechen. Eigentlich sollten alle bei diesem Meeting Tee trinken, aber sie kamen mit Bier und Spirituosen.

Ev lag nichts an Tea Time und Kinoabenden. Er machte sich Sorgen um die Firma. Eine Firma, die in Schwierigkeiten steckte.

Die ständigen Ausfälle der Internetseite forderten allmählich ihren Tribut. Seit einigen Wochen war die Zahl der Neuanmeldungen leicht rückläufig, und Ev hatte in E-Mails Alarm geschlagen.

»Du verlässt das Büro zu früh«, sagte Ev. »Du gehst zu deinen Nähkursen, zum Yoga und amüsierst dich, dabei haben wir diese ganzen Probleme mit der Webseite, und das Wachstum geht zurück.« Ev führte weiter Jacks Fehler auf. Jack war wütend, erwiderte aber nichts. Er wusste nicht, was er darauf antworten sollte, antworten konnte. Konnte ein Vorstandschef mit einem Verwaltungsratsvorsitzenden streiten?

Es war nicht klar, was Jack zu Ev sagen durfte und was nicht, da ihre Beziehung und die Machtdynamik zwischen ihnen voller Drehungen und Wendungen war. Angefangen hatten sie als Arbeitgeber und Arbeitnehmer, als Jack Evs Angestellter war, dann hatten sie als Freunde und Mitbegründer gemeinsam Twitter aufgebaut. Schließlich hatten sie die Rollen des Chefs und des Angestellten getauscht, als Jack Firmenchef wurde und Ev ihm praktisch unterstellt war, obwohl er Hauptinvestor der Firma und Vorsitzender des Verwaltungsrats war. Und nun waren sie zwei Menschen, die miteinander stritten.

So war es durchaus nicht immer gewesen. Eine Zeit lang hatten sie sich sehr nahe gestanden und durch Noahs Weggang, den gewonnenen South-by-Southwest-Preis und manches Glas Bier oder

Wein – die beiden halfen, lockerer zu werden – eine enge Beziehung geknüpft. Ende 2006 hatten Ev, Jack und Sara sogar an Saras Geburtstag gemeinsam Fallschirmsprünge gewagt, sich aus einem Flugzeug gestürzt und waren mit 200 Stundenkilometern auf die Erde zugerast – eine Erfahrung, die sie zusammengeschweißt hatte. Sie hatten sogar gemeinsam gezeltet. Aber so schnell sie sich angefreundet hatten, war ihre Kameradschaft auch zerbrochen.

Aber drängender als Evs und Jacks Einschätzungen, wie gut die Firma geleitet wurde, waren ihre grundlegend unterschiedlichen Ansichten, was Twitter war und wie man den Dienst nutzen sollte. Jack hatte Twitter immer als Ort für aktuelle persönliche Mitteilungen gesehen, um anderen zu sagen, wo *er* gerade war und was *er* gerade tat. Als Ort der Selbstdarstellung. Der schüchterne Ev, geprägt durch die Zeit, als er Blogger aufgebaut hatte, sah Twitter dagegen als Möglichkeit, mitzuteilen, wo *andere* waren und was *andere* gerade machten.

Für Ev war es ein Weg, mitzuteilen, was um einen herum geschah: ein Ort für Neugier und Informationen. Diese Diskussion war entstanden, als Twitter sich nach dem Erdbeben einige Monate zuvor als Nachrichtenquelle erwiesen hatte.

»Wenn es an der Straßenecke brennt und du darüber twitterst, sprichst du doch nicht über deinen Zustand während des Brandes«, argumentierte Ev in einer ihren endlosen Debatten über dieses Thema. »Du twitterst: An der Ecke Third Street und Market brennt's.«

»Nein. Du sprichst über deinen Zustand, während du den Brand beobachtest«, entgegnete Jack. »Du aktualisierst *deinen* Status und sagst: Ich beobachte einen Brand an der Ecke Third Street und Market.«

Vielen mag diese Debatte wie Wortklauberei erscheinen. Aber ihr lagen zwei völlig unterschiedliche Nutzungsweisen von Twitter zugrunde. Ging es um mich oder um dich? Um mein Ego oder um andere? In Wirklichkeit ging es um beides. Das eine hätte ohne das andere niemals funktioniert. Eine simple Status-Aktualisierung in 140 Zeichen wäre zu flüchtig und egozentrisch gewesen, um sich halten zu können. Ein Nachrichtendienst mit 140-Zeichen-Meldungen war nichts weiter als eine Nachrichtenagentur. Auch wenn es ihnen nicht klar war, machte erst beides zusammen Twitter zu etwas Besonderem.

Unterschiedliche Auffassungen vertraten Ev und Jack auch, was die Bedeutung von Mobilfunk und Internet anging. Jack bestand darauf, sich auf den Ausbau der Mobilfunkseite zu konzentrieren, in die Entwicklung neuer SMS-Tools zu investieren, um in weiteren Ländern die Nutzung des Dienstes über SMS zu ermöglichen, und Energie in die Entwicklung von Handy-Apps zu stecken. Ev orientierte sich stärker auf das Internet und drängte das Team ständig, die Twitter-Webseite auszubauen. Zudem befürchtete er, es könnte die Firma ruinieren, wenn sie den Schwerpunkt auf SMS legte. Jeden Monat musste Twitter Mobilfunkanbietern Zigtausende Dollar an SMS-Gebühren zahlen. Und die Rechnungen wurden von Monat zu Monat höher.

Einig waren Ev und Jack sich nur darin, dass sie nur in sehr wenigen Punkten einer Meinung waren.

Jack war überzeugt, er sei gewachsen und habe sich verändert. Er hatte sogar angefangen, sich auch äußerlich der Rolle eines Vorstandschefs anzupassen, hatte seine Haare schneiden lassen, trug sein Hemd nun in der Hose und hatte seine bisher revolutionärste Maßnahme getroffen, sogar den Nasenring herauszunehmen, den er Jahre zuvor lieber mit einem Pflaster überklebt hatte, als ihn auf Anweisung eines Vorgesetzten zu entfernen. Sein Wunsch, Twitter zu führen, war stark genug, diese und andere Konzessionen zu machen, aber Ev genügte das alles nicht.

Auch Jacks Verhältnis zu einem weiteren Twitter-Mitarbeiter hatte sich verschlechtert. Im Frühsommer war Crystals Beziehung zu ihrem Freund in die Brüche gegangen. Obwohl Jack mittlerweile die Wahl unter einer Menge Mädchen hatte, hing er immer noch seiner ersten Liebe bei Odeo nach. Er hatte vorgehabt, mit Crystal auszugehen und etwas Besonderes zu organisieren – sich mit ihr vielleicht einen alten Film anzusehen, der ihn vom freundschaftlichen Verhältnis auf Kuss-Terrain bringen könnte. Aber ihm hatte der Mut gefehlt, und dann hatte er sie in Las Vegas für immer verloren.

Er wusste genau, wann es passiert war. Es war am Wochenende des 7. September 2007. Twitter hatte eine Übereinkunft für die Verleihung der MTV Video Music Awards getroffen: Während der Preisverleihung sollten Tweets von Stars wie dem Rapper Timbaland und der Band Daughtry in die Live-Übertragung des Musiksenders einbezogen werden. Der größte Teil des Twitter-Teams flog nach Las Vegas, um bei der Veranstaltung zu helfen und dafür zu sorgen, dass die technisch nicht so versierten Musiker wussten, wie sie richtig twittern konnten. Aber Jack konnte nicht mitkommen, weil er bereits anderweitige Verpflichtungen hatte. Nach dem langen Wochenende kamen die Kollegen mit einem grauenhaften Kater und jeder Menge Geschichten von Partys mit den Stars zurück. Und Crystal brachte aus Las Vegas einen neuen Freund mit: Jason Goldman.

Jack war außer sich. Einer der besten Freunde von Ev, ein Mitglied des Twitter-Vorstands, hatte ihn um seine einzige Chance bei Crystal gebracht. Aus »Jack gegen Ev« wurde nun »Jack gegen Ev und Goldman«. Und aus Jacks Sicht stand Crystal auf der falschen Seite.

Goldman ließ sich von Jacks Wut über seine neue Liebesaffäre nicht abschrecken. Schließlich gehörte er zu »Evs Jungs«, nicht zu Jacks. Außerdem konnte Crystal zusammen sein, mit wem sie wollte.

Aber Jacks Groll gegen Goldman wegen Crystal verblasste neben seiner Wut auf Ev, als dieser ihm sagte, er könne entweder Schneider oder Twitter-Chef sein, aber nicht beides.

Bei der Besprechung der beiden an diesem Tag wurde nicht geflucht. Es gab kein Geschrei, und es flogen keine Fäuste. Aber mit jeder Kritik, die Ev über den Tisch schleuderte, brodelte es stärker in Jack.

Als das Meeting schließlich beendet war, gingen beide nach unten. Während Jack sich an seinen Schreibtisch setzte und innerlich über Evs Äußerungen kochte, nahm Ev seine Sachen und ging hinaus. Jack schüttelte nur den Kopf über die Ironie dieser Situation. Nachdem Ev ihm gerade vorgeworfen hatte, dass er das Büro zu früh verließ, tat er nun genau das Gleiche.

Und in diesem Moment, mit dem Klicken der beigefarbenen Eingangstür, durch die Ev das Büro verlassen hatte, war die Beziehung zwischen Jack und Ev nicht mehr nur angespannt. Sie war in die Brüche gegangen.

Gerüchte

Seit Wochen kursierten die Gerüchte im Silicon Valley: Twitter läutete die zweite Kapitalaufstockung ein.

»Ob es uns gefällt oder nicht, wir können nicht aufhören, über Twitter zu reden, einen Dienst, der unseren Narzissmus verkörpert«, schrieb Om Malik am 21. Mai 2008 in einem Blogpost. »Dieses Gerücht verwandelt sich in einen Bieterrausch für die nächste Runde der Firma, Risikokapital aufzutreiben.«

Und es war tatsächlich ein Rausch. Alle wollten einen Anteil an der Firma erwerben. Der Prospekt, den Twitter damals an Investoren schickte, enthielt die Fakten: Die Firma beschäftigte 15 Mitarbeiter. Der Dienst hatte 1 273 220 registrierte Nutzer, die annähernd 15 Millionen Tweets im Monat schickten. Laut Prospekt waren diese Beiträge global, sie kamen aus der ganzen Welt. Überall wies das Dokument steigende Zahlen aus, nur ein Posten hatte sich seit dem ersten Tag nicht verändert: »Einnahmen: 0 Dollar« hieß es dort. Noch immer bestritten sie die Kosten aus dem Kapital, das Fred Wilson und andere Investoren ein Jahr zuvor beigesteuert hatten, aber diese Mittel gingen schnell zur Neige.

Den Risikokapitalgebern waren die stetig anfallenden Kosten egal. Jeden Monat wuchs die Zahl der Nutzer stärker als im Vormonat, und die Projektionen für die kommenden Monate waren noch höher. Die beigefügten Tabellen sahen aus wie Himmelsleitern.

In dem Prospekt erklärte Ev, die Firma hoffe auf eine Kapitalaufstockung um 10 Millionen Dollar, wodurch die Bewertung von Twitter auf 50 Millionen Dollar steigen würde. Aber der Bieterrausch und die Erregung der Investoren, die auf eine Verbindung ihres Namens mit Twitter hofften, ließ die Bewertung des Unternehmens Anfang Mai sprunghaft auf 60 Millionen ansteigen. Einige Tage später erreichte sie 70 Millionen. Und als die Kapitalaufstockung offiziell bekannt wurde, lag sie schließlich bei 80 Millionen Dollar.

Es spielte keine Rolle, dass Twitter noch nicht einmal ein rudimentäres, geschweige denn ein ausgefeiltes Geschäftsmodell besaß. Oder dass der Dienst ständig ausfiel. Alle wollten einen Anteil an der jungen Firma haben, weil sie so viel Aufmerksamkeit erregte. Investoren wollten ihren Namen mit der ganz großen Sache in Verbindung bringen und glaubten, sie könnten dazu beitragen, die Probleme zu beheben.

Von außen betrachtet hatte es den Anschein, als wüchse Twitter einfach zu schnell. Die Risikokapitalgeber, die Schlange standen, um Millionen Dollar zu investieren, waren überzeugt, mit dem passenden Scheck und der richtigen Anleitung durch Investoren könne die Firma neue Fachkräfte einstellen, ein paar neue Server aufsetzen, und alles wäre bestens. Die tatsächlichen Vorgänge innerhalb der Firma waren jedoch häufig völlig anders, als es außen wahrgenommen wurde.

Intern herrschte völliges Chaos.

Im April 2008 feuerte Jack Blaine in dem Bestreben, Ev zu beweisen, dass er die Firma im Griff hatte. Intern handelte es sich um einen äußerst hässlichen Rauswurf, da Blaine die Kündigung während seines Urlaubs erhielt. Aber extern glaubten die einschlägigen Medien, es sei nur eine dieser Geschichten, dass es Zeit für eine Trennung sei und alle Freunde blieben. Als Nächstes kündigte Jack einer weiteren technischen Führungskraft, die erst seit einigen Monaten bei Twitter arbeitete, Lee Mighdoll. Nachdem Blaine die Kündigung bekommen hatte, verschlimmerten sich die Probleme der Webseite nur noch weiter. Da Blaine der Software-Architekt von Twitter gewesen war, hatte Jack keine Ahnung, wie sich bestimmte Probleme beheben ließen.

Wenn Twitter ausfiel, sahen Nutzer in den ersten Jahren des Web-
dienstes ein Bild von einer Katze, die irgendetwas Lustiges machte.
»I is in your komputer«, behauptete eine Meldung im Internet-
»Lolspeak«, die ein schlafendes Kätzchen eingerollt in einem alten
PC zeigte. Als die Firma etwas wuchs, fand Biz, Katzenbilder seien
zu witzig, und machte sich auf die Suche nach etwas Seriöserem.
Bald stieß er auf einer Archivfoto-Seite auf eine Illustration von
Yiying Lu, einem Künstler und Designer aus Sydney, Australien.
Sie zeigte einen Wal, den Vögel aus dem Meer hoben. Von nun an
sahen Nutzer dieses Bild, wenn Twitter zusammenbrach. Da die
Webseite so häufig ausfiel, dauerte es nicht lange, bis der Wal einen
eigenen Spitznamen bekam: Fail Whale (Ausfallwal).

Als bittersüßes Problem erwies sich die Tatsache, dass nun Prominente Twitter nutzten und weitere Follower und neue Nutzer
nach sich zogen. Manche dieser Stars tauchten im Büro auf, wann
immer es ihnen passte – ein Trend, der sich endlos fortsetzen sollte.
Die Pilgerfahrt zu dem großen blauen Vogel. Als zwei Mitarbeiter
eines Morgens ins Büro kamen und sich in der Küche Kaffee holen
wollten, fanden sie einen Musiker der Band blink-182 vor, der sich
gerade, halb schlafend, halb betrunken, ein Fläschchen Gin in eine
Schale Fruity Pebbles goss und sie zum Frühstück aß. Andere Male
tauchte der Rapper MC Hammer mit seiner Entourage unangemeldet auf und hing einfach im Büro herum.

Aber auch diese Promis bekamen keinen wirklichen Einblick
in Twitter. Sie wussten nichts von den Streitigkeiten zwischen
Jack und Ev. Selbst die Kapitalbeschaffung hatte sich als Riesen-
durcheinander gestaltet – zumindest hinter den Kulissen, wo sie zu
einem weiteren internen missglückten Tauziehen wurde: Ev zerrte
an einem Ende, Jack am anderen, und Biz versuchte nach Kräften,
nicht mitten ins Gerangel zu geraten.

Als Ev die Gespräche mit den Investoren führte, fühlte Jack sich
ausgeschlossen. Da er Ev beweisen wollte, dass er dieser Aufgabe
gewachsen war, versuchte er auf eigene Faust, mit Investoren zu
verhandeln. So kam es vor, dass ein Risikokapitalgeber einen Anruf

von Ev, dem Verwaltungsratsvorsitzenden, erhielt, der ein Treffen vereinbaren wollte, und kurz darauf rief Jack, der Vorstandschef an, um ebenfalls einen Termin auszumachen. Die Investoren hatten den Eindruck, es habe sich nur um ein kleines Missverständnis gehandelt. Aber Jack empfand es als beleidigend.

Eines Nachmittags telefonierte Jack mit einem Risikokapitalgeber und handelte mit ihm eine Beteiligung aus, die Twitters Wert nach dieser Kapitalaufstockung auf 100 Millionen Dollar steigern würde. Voller Stolz ging er zu Ev hinüber, um ihm davon zu erzählen. Aber es war zu spät. Ev hatte bereits beschlossen, eine andere Firma mit ins Boot zu holen. Hauptinvestor sollte Spark Capital werden, und Bijan Sabet, ein angesehener, umgänglicher Teilhaber des Bostoner Unternehmens, sollte im Juni 2008 Mitglied des Twitter-Verwaltungsrats werden, sobald die Kapitalaufstockung in Höhe von 18 Millionen Dollar abgeschlossen wäre, die den Wert der Firma auf 80 Millionen Dollar steigern würde.

Aus Jacks Sicht war das Geschäft, das er ausgehandelt hatte, besser als Evs, und wieder einmal war er wütend, dass Ev ihn bei Entscheidungen übergangen hatte.

Damals wusste Jack es noch nicht, aber für Ev ging es bei dieser Kapitalaufstockung nicht nur um Geld oder den Firmenwert. Ihm ging es um ein weitreichenderes Ziel, nämlich die Firma auf die beste Art, die er kannte, in Ordnung zu bringen: indem er mehr Kontrolle über den Tagesbetrieb ausübte.

Fuck Fuck Fuck ...

Bijans Finger glitten über die Tastatur. Er schrieb immer wieder ein einziges Wort wie ein Papagei mit Tourette-Syndrom: »Fuck fuck fuck fuck fuck fuck fuck fuck fuck fuck fuck fuck fuck fuck fuck fuck fuck fuck«. Dann klickte er auf »senden« und katapultierte die Worte in einer E-Mail in Fred Wilsons Posteingang. Nichts weiter, nur 18 Mal das Wort »fuck«.

Er brauchte der Nachricht nichts weiter hinzuzufügen. Eine Erklärung war überflüssig. Fred wusste genau, was gerade passiert war.

Bijan vergrub den Kopf in den Händen, schloss die Augen und wiederholte ein letztes Mal: »Fuck!«

Bei Twitters Kapitalaufstockung um 18 Millionen Dollar im Juni 2008 hatte Spark Capital 14 Millionen investiert, und Jeff Bezos von Amazon und Fred Wilson hatten neben einigen Angel-Investoren einen Großteil der restlichen 4 Millionen beigetragen. Die große Investition hatte Bijans Unternehmen einen Sitz im Verwaltungsrat von Twitter neben Fred Wilson eingebracht. In den folgenden beiden Monaten hatte Bijan sich in der Firma eingeführt, an einigen Sitzungen teilgenommen und bei einigen wichtigen Infrastrukturentscheidungen mitgestimmt. Und nun hatte er alles vermasselt.

Eine Weile saß er da und versuchte vergebens zu überlegen, ob er irgendwie auf irgendeinem Weg mit irgendeinem Mittel eine E-Mail löschen könnte, die er eben versehentlich an Jack geschickt hatte. Ihm war klar, dass es unmöglich war. Man kann ebenso wenig einen Toten wiederauferstehen lassen, wie eine E-Mail zurückholen, die mit 140 000 Stundenkilometern von Boston nach San Francisco gesaust ist.

Nachdem Bijan eine Weile das Unberechenbare zu kalkulieren versucht hatte, setzte er sich auf und schrieb hektisch eine weitere E-Mail.

An: Jack. »Bitte rufen Sie mich an, wenn Sie diese Nachricht bekommen«, schrieb er, und um seine vorherige E-Mail zu erklären, fügte er hinzu: »Aus dem Zusammenhang gerissen, könnte es wirklich einen falschen Eindruck erwecken.«

Alles hatte im Juli 2008 angefangen, als Twitter seine erste Firma hinzugekauft hatte: Summize verwendete Twitter-Tools, um Nutzern die Möglichkeit zu bieten, öffentliche Tweets zu durchsuchen. Dieses Angebot hatten Nutzer ebenso schnell angenommen wie Twitter. Schon nach kurzer Zeit griffen so viele auf Summize zu, dass die Firma bei den Seitenabrufen mit Twitter mithalten konnte. Daher beschloss Twitter, Summize nicht auszuschalten, sondern mitsamt seinem kleinen fähigen Team zu übernehmen.

Der Kauf ging relativ reibungslos über die Bühne. Zu einem ersten Vorgespräch zwischen Fred und dem Investor John Borthwick, der im Verwaltungsrat von Summize saß, kam es, als die beiden nebeneinander an einem Urinal standen. »Sollen wir die beiden Firmen nicht einfach zusammenlegen und damit fertig?«, schlug John über das Plätschern hinweg vor und warf einen Blick zu Fred hinüber.

Fred war einverstanden. Nach zwei weiteren persönlichen Gesprächen (die nicht auf der Herrentoilette stattfanden) kam das Geschäft zustande.

Der Juli hatte sich ohnehin schon geschäftig gestaltet, weil Twitter in neue Räume umgezogen war: in einen schicken, modernen Loft mit vielen Fenstern und Platz für Wachstum. Zur komfortablen Ausstattung des Büros gehörte (neben einer Wohnzimmereinrichtung mit Sofa und Videospielen, einer großen roten Telefonzelle und einer voll eingerichteten Küche mit Frühstücksflocken und anderen Snacks) auch ein Radiohead-Raum, den Jack begeistert vorgeschlagen hatte: »Da kann 24 Stunden am Tag Radiohead laufen!«

Nachdem Twitter die Verträge mit Summize unterzeichnet und im Zuge des Kaufs Firmenanteile aufgeteilt hatte, rief Jack den technischen Leiter von Summize, Greg Pass an.

»Also wir finden, da wir eigentlich hier keine richtige Führung im Technologieteam haben, könnten Sie alles leiten«, sagte Jack.

Greg schwieg einen Moment und verarbeitete, was Jack gerade gesagt hatte. Ihm war sofort klar, dass bei Twitter etwas im Argen liegen musste, als er den Firmenchef sagen hörte, dass es »keine richtige Führung im Technologieteam« gab. »Ähm, okay«, antwortete Greg, aber bevor er Gelegenheit hatte nachzufragen, was Jack genau meinte, unterbrach dieser ihn.

»Und wie wär's, wenn Sie auch die operative Seite übernehmen?«, fragte Jack.

Zu den operativen Aufgaben gehörte unter anderem, die bislang katastrophale Leistungsanpassung der Twitter-Server zu managen. »Ähm, ich habe keine Erfahrung in der operativen Leitung«, wandte Greg ein.

»Na ja, hier gibt es niemanden, der es besser könnte als Sie«, erwiderte Jack nüchtern.

Als sie das Telefonat beendeten, war Greg schockiert. Und er war nicht der Einzige. Jack teilte allen in der Firma in einer Rund-Mail mit, dass Greg nun Technologiechef und operativer Leiter sei. (Jack hatte vor, sich auf die Produktentwicklung zu konzentrieren.) Als Ev die Nachricht in seinem Posteingang fand, war er stinkwütend. »Du setzt einfach jemanden als technologischen und operativen Leiter der ganzen Firma ein, ohne es mit mir oder dem Verwaltungsrat zu besprechen?«, hielt er Jack fassungslos vor.

Es war der Moment, in dem Ev endgültig genug hatte. Das galt ebenso für Fred und Bijan. In mehreren vertraulichen Telefonaten und Besprechungen kamen sie zu dem Schluss, dass es an der Zeit sei, herauszufinden, was bei Twitter eigentlich vorging.

Fred und Bijan, die beiden Investoren im Twitter-Verwaltungsrat, nahmen jeweils einen Nachtflug von New York beziehungsweise Boston nach San Francisco und vereinbarten Treffen mit Goldman, Biz und Jeremy. Wozu? »Ach, wir wollen uns nur mal unterhalten. Wir möchten Ihre Ansicht hören, wie es bei Twitter läuft.« Das stimmte zum Teil. Aber in Wirklichkeit wollten Fred und Bijan Jack loswerden. Ev wollte es ebenfalls. Hauptzweck dieser Treffen war, in Erfahrung zu bringen, wie ein solcher Schritt bei den Beschäftigten ankommen würde. Sie brauchten Twitters Führungskräfte nicht lange zu überreden.

Nacheinander holten sie Goldman, Biz und Jeremy aus dem Büro in ein Café und horchten sie behutsam aus. Dann sagten Fred und Bijan ihnen, dass sie Jack mit voller Unterstützung von Ev als Firmenchef absetzen wollten, und fragten: »Was halten Sie davon?« Im Grunde war die Entscheidung aber schon gefallen.

Bijan und Fred fanden bald heraus, dass Jack auch bei der Verwaltung der Finanzen der Firma versagt hatte. Die Einnahmen lagen zwar nach wie vor bei null, aber bei den Ausgaben sah es genau umgekehrt aus: Server-Gebühren, SMS-Gebühren und Lohnkosten stiegen ständig. Jack hatte die Ausgaben auf seinem Laptop verwaltet, aber die Bücher nicht korrekt geführt. Als Ev davon erfuhr, bat er Bryan Mason, einen Freund und erfahrenen Unternehmer, sich mit Jack zusammenzusetzen und ihm das Finanzmanagement einer Firma zu erklären. Aber Bryan stand während des gesamten Treffens mit einem Marker an einem Whitebord und musste die Grundzüge der Buchhaltung darlegen.

Als Bijan und Fred sich mit den Software-Entwicklern und Programmierern trafen, bekamen sie überwiegend Beschwerden über Jack zu hören. »Technische und operative Leitung sind eine Katastrophe«, erklärten sie durchgängig. »Er ist ein toller Kerl. Ein guter Freund. Ein netter Chef. Aber er ist völlig überfordert«, sagte einer. »Er ist wie der Gärtner, der Präsident wurde.« »Ich weiß gar nicht, wer das Sagen hat. Ev präsentiert das Produkt und die Vision für das, was läuft, und Jack sitzt nur in der Ecke und macht Notizen.«

Den Verwaltungsräten war klar, dass sie sofort für Jack eine neue Aufgabe finden oder ihn loswerden mussten.

Alles war geklärt und sollte bald über die Bühne gehen. Doch dann wurde ihr Plan ausgebremst.

»Ich kündige«, drohte Biz Fred und Bijan an und lehnte sich mit verschränkten Armen zurück wie ein bockiges Kind. »Sollte Jack Twitter leiten? Vermutlich nicht«, gab Biz zu, aber er war überzeugt, dass es Twitter zerreißen würde, Jack aus der Firma zu drängen. Wenn sie die Wahl hätten, würden die meisten Angestellten sich in dem Tauziehen zwar auf Evs Seite stellen, aber obwohl Jack als Firmenchef völlig überfordert war, mochten ihn die meisten, auch Biz. »Ich meine es ernst. Wenn Sie Jack feuern, gehe ich.«

Es war ein Bluff, aber er funktionierte. Fred und Bijan war klar, dass sie Biz nicht verlieren durften, schon gar nicht, wenn sie gleichzeitig Jack hinausdrängten. In seiner Rolle als Mitbegründer der Firma erfüllte Biz mittlerweile zwei verschiedene Aufgaben. Zum einen war er das öffentliche Gesicht des Unternehmens. Da Jack und Ev sich in der Öffentlichkeit meist zurückhaltend und wortkarg präsentierten, hatte Biz seine Geselligkeit noch weiter ausgebaut und trat als derjenige auf, der mit der Presse scherzte, die Belegschaft aufmunterte und häufig die prominenten Gäste unterhielt.

Zudem vertrat Biz die moralischen Grenzen der Firma. Ende November 2007 hatte die Fernsehserie *CSI: Den Tätern auf der Spur* Twitter für die Spurensuche benutzt: Tweets dienten als Hinweise, ein Mordopfer aufzuspüren. Es dauerte nicht lange, bis aus der Fiktion Wirklichkeit wurde und das FBI und andere Strafverfolgungsbehörden bei Twitter anklopften, um Informationen über bestimmte Leute zu verlangen, die den Dienst verwendeten. Biz, Ev und Crystal hatten nachdrücklich abgelehnt und eisern darauf bestanden, die Identität der Twitter-Nutzer zu schützen, statt sich dem Druck einiger starker Kerle mit Waffe unter dem Anzug zu beugen.

Als Bijan und Fred unauffällig mit Angestellten aus dem Büro verschwanden, ahnte Jack, dass etwas nicht in Ordnung war – vertrauliche Besprechungen hinter verschlossener Tür, leise Telefonate von Ev im Konferenzraum –, aber er hatte keine Ahnung, wie ernst die Lage war.

Zudem hatte Jack auch keine Ahnung, dass Biz' Kündigungsdrohung schon der zweite Aufschub war, der Jack gewährt wurde. Den ersten hatte er zu Anfang des Monats bekommen, nachdem Jack mit verheerendem Ergebnis versucht hatte, sich mit Ev, mit dem er kaum noch sprach, an einen Tisch zu setzen.

Die beiden Firmengründer hatten sich damals zum Abendessen verabredet, um über das Chaos zu sprechen. Jack hoffte, bei dem Essen würden einige abgebrochene Brücken wieder aufgebaut werden. Er vermutete, dass Ev nicht glücklich mit der Situation war, aber da keiner von ihnen seine Ansichten und Gefühle offen zum Ausdruck brachte, waren sie einem Gespräch ausgewichen.

Anfang August trafen sie sich im Bacar, einem kalifornischen Fusion-Restaurant. Der Geruch eines Holzfeuers lag in der Luft, als beide ihr Unbehagen in einigen Gläsern Alkohol ertränkten. Nach langen Phasen des Schweigens, die hin und wieder von kurzen belanglosen Bemerkungen unterbrochen waren, kamen sie zur Sache. »Was ist los?«, fragte Jack, während sie auf das Essen warteten. »Du machst keinen glücklichen Eindruck.«

Ev erklärte, die Probleme der Firma – die Ausfälle, die mangelnde Kommunikation zwischen Jack und dem Verwaltungsrat, die SMS-Rechnungen, die sich sechsstelligen Summen näherten – schadeten Twitters Wachstum. In den vergangenen Monaten habe auf dem Twitter-Firmenblog ein Beitrag nach dem anderen erklären müssen, dass die Webseite ausgefallen sei – das alles sei für Twitter äußerst peinlich, fand Ev.

»Willst du Vorstandschef werden?«, fiel Jack ihm rundheraus ins Wort. Die Frage traf Ev unvorbereitet. »Willst du?«, fragte Jack noch einmal ungewohnt streng.

»Na ja, ich habe über einiges nachgedacht«, erwiderte Ev, nippte an seinem Martini, und kehrte ausweichend wieder zu der Menge anderer Probleme zurück, mit denen die Firma zu kämpfen hatte: fehlende Neueinstellungen, Kosten und chaotische Kultur.

Wieder unterbrach Jack ihn: »Du hast meine Frage nicht beantwortet. Du musst mir sagen, ob du Vorstandschef werden willst. Ich
werde diesen Tisch nicht verlassen, ohne zu wissen, was du vorhast.
Ich will nicht unter einer dunklen Wolke arbeiten.«

Ev zögerte. Er hatte nicht vorgehabt, Jack an diesem Abend von
den Plänen des Verwaltungsrats zu erzählen, ihn abzusetzen oder
herunterzustufen, aber nun sah er sich zu einer Antwort gedrängt.
Nicht einmal Goldman hatte er in die Vorgänge eingeweiht aus Sorge, dass seine Freundin Crystal von einem solchen Gespräch erfahren und es Jack zutragen könnte. Schließlich atmete Ev tief durch
und antwortete: »Ja. Ich will Vorstandschef werden. Ich habe Erfahrung in der Führung einer Firma, und genau das braucht Twitter
jetzt.«

»Gut«, sagte Jack mit zorniger, angewiderter Miene. »Ich werde
sofort danach handeln. Ich werde es morgen dem Vorstand mitteilen.«

Nach einem extrem unbehaglichen Essen ging Jack nach Hause
und überlegte panisch, was er tun sollte. In seiner Wohnung lief er
auf dem braunen Hartholzboden hin und her und versuchte, einen
klaren Kopf zu bekommen. Schließlich ließ er sich auf seine weiße
Couch fallen, holte seinen Laptop aus der gepolsterten Tasche und
schrieb eine E-Mail an den Vorstand, in der er für den folgenden
Morgen eine dringende Sitzung anberaumte. In einer weiteren Mail
an Fred und Bijan schilderte er sein Gespräch mit Ev.

Anschließend versuchte Jack zu schlafen, lag aber wach und warf
sich hin und her, während ihm immer wieder das Gespräch dieses
Abends durch den Kopf ging. Er vermutete, dass das alles zu Evs
ausgeklügeltem Plan gehörte, die Macht und Kontrolle über die Firma an sich zu reißen, und dass Fred und Bijan dem abtrünnigen
Verwaltungsratsvorsitzenden Einhalt gebieten würden, sobald sie
die Neuigkeit erfuhren.

Am nächsten Morgen fanden sich alle nach und nach zu der drin-
genden Besprechung im Konferenzraum ein. Als Jack und Ev vor der
Tür standen und gerade hineingehen wollten, erhielten beide eine

SMS von Bijan, der sie bat, ihn sofort gemeinsam anzurufen. Sie sollten nichts unternehmen, schrieb Bijan: »Rufen Sie mich sofort an.«

Sie machten vor dem Konferenzraum kehrt, in dem die Führungskräfte völlig verdutzt zurückblieben. Obwohl ihnen eine telefonische Konferenzschaltung bevorstand, ging Jack in den Radiohead-Raum und Ev in ein anderes Besprechungszimmer, um Bijan anzurufen.

»Hören Sie, wir haben erfahren, was vorgeht, und wir möchten nicht, dass Sie jetzt schon etwas unternehmen«, sagte Bijan. »Warten Sie vorerst noch.«

Jack hörte zu, ließ sich für einen Moment vom Text des Radiohead-Stücks ablenken, das in dem winzigen Raum im Hintergrund lief, und presste sein iPhone fester ans Ohr, um die leise Musik auszublenden. Er schaute in Richtung der Lautsprecher und empfand es als Ironie, dass gerade der Song *Karma Police* lief, während er in diesem wirren Machtkampf mit Ev verstrickt war.

»Fred und ich fliegen nächste Woche hinüber und treffen uns mit Ihnen beiden und dem Vorstand«, sagte Bijan.

Nach dem Telefonat legte Bijan erleichtert auf, weil er den Wechsel von einem Vorstandschef zum anderen verhindert hatte. Ev und Jack öffneten gleichzeitig die Tür ihres jeweiligen Raums, blieben kurz stehen, schauten sich an wie in der dramatischen Szene einer Liebeskomödie und gingen dann entschlossen in dieselbe Richtung, um sich betreten schweigend einander gegenüber zu setzen.

Ev und Jack hatten in den neuen Räumlichkeiten nicht nur den Radiohead-Raum eingerichtet, sondern auch eingewilligt, sich ein Büro zu teilen. Ihre Schreibtische standen Rücken an Rücken wie siamesische Zwillinge. Als sie nach dem Telefonat ihre jeweiligen Plätze einnahmen, wurden ihre finsteren Mienen von zwei großen Monitoren verdeckt, die auf den Schreibtischen standen wie aufgetürmte Sandsäcke, die auf einem Schlachtfeld feindliches Feuer abfangen sollten.

Das Telefonat mit Bijan hatte zwar Jacks Absetzung verhindert, aber er wusste nun, dass stärkere Kräfte als nur Ev am Werk waren. Immer wieder ließ er sich durch den Kopf gehen, was Bijan gesagt hatte, und versuchte verzweifelt, sich zusammenzureimen, was eigentlich vorging. Formulierungen wie »jetzt schon« und »vorerst noch« drehten sich im Kreis, lieferten aber keine Hinweise auf die Zukunft.

Eine Woche später kamen Fred und Bijan in den Firmensitz von Twitter. Sie hatten von Anfang an geplant, Jack zu feuern oder abzusetzen und Ev zum Vorstandschef zu machen. Aber als der Zeitpunkt kam, auf den Auslöser zu drücken, stellte Biz sich vorerst schützend vor Jack. Daher blieb Bijan und Fred nichts anderes übrig, als Jack auf seinem gegenwärtigen Posten zu belassen. Sie zitierten ihn zu sich und stellten ihm ein Ultimatum. »Sie haben drei Monate Zeit. Drei Monate, alles in Ordnung zu bringen und die Firma in den Griff zu bekommen.«

Selbstverständlich war ihnen klar, dass Jack weder in drei Monaten noch in drei Jahren irgendetwas in Ordnung bringen konnte. Er war unfähig, die Firma zu leiten. Es war, als würde man zuschauen, wie jemand versuchte, unter Wasser Sandburgen zu bauen.

Die beiden Investoren flogen zurück nach New York beziehungsweise Boston und machten sich auf die Suche nach einem Weg, Jack loswerden zu können. Sie schickten E-Mails hin und her und erörterten einen möglichen neuen Posten für ihn in der Firma. Und dann unterlief Bijan dieser furchtbarer Fehler.

Seine Kaffeetasse stand noch gefüllt neben seinem Computer, als Bijan morgens, unausgeruht nach zu wenig Schlaf, gleich als Erstes versehentlich in seinem E-Mail-Programm auf die Schaltfläche »allen antworten« klickte, statt nur Fred eine Antwort-Mail zu schicken.

»Ich glaube, Jack würde eine ›passive‹ Rolle als Vorsitzender des Verwaltungsrats annehmen«, hatte Bijan geschrieben. »Dann läge es ganz bei Ev, zu entscheiden, ob er mit Jacks neuer Position leben könnte.« Bevor ihm klar wurde, was er tat, hatte er schon auf »senden« geklickt.

Unmittelbar darauf schaute er sich den Postausgang an und sagte das, was er Fred dann in einer weiteren E-Mail schrieb: »Fuck

fuck fuck fuck fuck fuck fuck fuck fuck fuck fuck fuck fuck fuck fuck fuck fuck fuck«.

Dann schickte er umgehend eine zweite E-Mail an Jack hinterher: »Bitte rufen Sie mich an, wenn Sie diese Nachricht bekommen. Aus dem Zusammenhang gerissen, könnte es wirklich einen falschen Eindruck erwecken.«

Aber es war zu spät. Jack wusste, was kommen würde.

Unter Wasser Sandburgen bauen

Der Sommer 2008 neigte sich dem Ende zu, mit dem September kam der Herbst, und Jacks dreimonatiger Aufschub begann.

Jack hatte zwar nach der versehentlich verschickten E-Mail mit Bijan gesprochen, aber er glaubte, er könne seinen Rauswurf aus der Firma noch irgendwie verhindern. Sofort schaltete er in den Panikmodus und rief die Führungsriege von Twitter zu einem Meeting, um seinen Schlachtplan zu verkünden.

»Bevor wir anfangen, möchte ich kurz die Ereignisse der letzten Woche ansprechen«, sagte Jack. »Für mich war es ein Weckruf.« Er übernahm die Verantwortung für die Probleme bei Twitter und räumte ein, dass eine starke Führung fehlte. Einen Teil der Schuld gab er aber auch Ev und Goldman und erklärte, er müsse seine Vision für die Firma umsetzen, nicht ihre. Außerdem gab er zu, dass Twitter »in größerem Rahmen denken« müsse, wie Ev es vom ersten Tag an vertreten hatte.

Aber Jacks Vorstellung von einem größeren Rahmen bezog sich nicht darauf, die endlosen dreißigstündigen Ausfälle zu beheben oder etwas gegen die SMS-Rechnungen in Bankraubdimensionen zu unternehmen. Vielmehr zielte sie, wie Jack in einer E-Mail an Fred und Bijan darlegte, darauf, »an vorderster Front dieser historischen Präsidentschaftswahlen 2008« zu stehen.

»Wie wir in der Vergangenheit immer wieder betont haben, machen Ereignisse und weithin geteilte, unmittelbare Erfahrungen das Wesen und die Faszination dessen aus, was Twitter der Welt zu bieten hat«, schrieb Jack an den Verwaltungsrat. »Und das größte gemeinsame Ereignis, für das wir planen können, besitzt schon jetzt Zugkraft bei unseren Nutzern, passiert direkt vor unserer Nase, wird uns einer breiten Nutzung zuführen und rückt rapide näher.« Dann rührte er die Werbetrommel: »Twitter wird an vorderster Front dieser historischen Präsidentschaftswahl 2008 stehen. Ob wir etwas unternehmen oder nicht, es wird riesig für uns werden. Stellt euch vor, wie groß es werden könnte, wenn wir es als Unternehmen voll und ganz unterstützen würden.«

Als die anderen die Mail lasen, war keiner von ihnen von der Idee angetan. Fred: »Das löst unsere Probleme nicht!« Bijan: »Ach, Jack.« Ev: »WTF!« (What the fuck! – Was soll der Mist!) Goldman: »Was zum Teufel denkt der sich?«

Blogger hatte diesen Weg schon früher ausprobiert. Vier Jahre zuvor war Goldman zum Nationalkonvent der Demokraten nach Boston gefahren, um die Teilnehmer und die Medien zum Bloggen zu überreden. Dort hatte er selbst erlebt, dass Leute, die diese neuen Technologien nutzten, es aus eigenem Antrieb taten, aber nicht, weil ein Unternehmen sie dazu drängte.

Goldman erinnerte sich noch lebhaft an die amerikanische Präsidentschaftswahl 2004. Er hatte Noah in Kalifornien angerufen, ihm die Szene in Boston beschrieben und einen Podcast aufgenommen, der die apokalyptische Szenerie mit Tausenden Bostoner Polizisten und Demonstranten schilderte.

Als die Präsidentschaftswahl 2008 näher rückte, war von Podcasts und Blogs keine Rede mehr. Ein neuer Begriff hatte die herkömmlichen Formen von Politik und Medien überlagert: Twitter.

Draußen nutzten Demonstranten den Dienst, um große Demonstrationen gegen die Polizei zu organisieren. Drinnen nutzte ein junger Senator aus Illinois namens Barack Obama Twitter, um Politik und Wahlkampf an der Basis aufzumischen und, wie er hoffte, die Wahl zu gewinnen. Und die Medien, darunter auch die *Huffington Post*, hatten Twitter-Accounts eröffnet, um aktuelle Echtzeitkurzmeldungen von den Konventen zu bringen.

In Wirklichkeit brauchte Twitter gar nichts zu tun, um dafür zu sorgen, dass der Dienst weiter wuchs. Er war bereits auf dem Weg, ein »persönlicher Nachrichtendienst« zu werden, wie Biz es nannte.

Twitter verdichtete die Zeit und brachte aktuelle Meldungen schneller als Nachrichtenagenturen, die seit über 100 Jahren im Geschäft waren. Je mehr Leute den Dienst nutzten, umso schneller wurde er. Während der Parteikonvente 2008 schickten 1,4 Millionen aktive Twitter-Nutzer über 365 000 Tweets von den Konventen der Republikaner und Demokraten. Solche Zahlen belegten, dass die Wahl wichtig war, dem stimmte Ev zu, aber sie war keineswegs wichtiger, als die winzige 22-köpfige Belegschaft auszubauen und dafür zu sorgen, dass der Dienst zuverlässig funktionierte.

Auch weiterhin fiel die Webseite täglich aus wie das Stromnetz in einem Land mit Stromknappheit. Der Fail Whale kam nahezu stündlich zum Einsatz. Manche Ausfälle dauerten nur wenige Minuten, andere länger als einen Tag. Der Feuerwehrschlauch, wie der Strom sämtlicher Tweets genannt wurde, die über die Anwendungen von Drittanbietern kamen, wurde häufig abgeschaltet.

Als Jack sich an die Arbeit machte, eine feste Wahlseite einzurichten, sagte Ev nichts dazu, sondern wartete ab, bis Jack scheiterte – was nicht lange auf sich warten ließ.

Nachdem sie bei der nächsten Verwaltungsratssitzung zunächst die Zahlen der neuen Nutzer durchgegangen waren, baten Fred und Bijan Greg Pass, der nun Technologiechef und operativer Leiter war, einen Plan vorzulegen, wie sich die Ausfälle von Twitter beheben ließen. Diese Aufgabe war so unmöglich zu lösen, als verlange man von einem Automechaniker, den Motor eines fahrenden Autos mit 1,4 Millionen Passagieren auszutauschen.

Die Sonne schien grell durch das Fenster des Konferenzraums, als Greg hereinkam. Er setzte sich langsam und bedächtig hin wie ein Arzt, der einem Patienten schlechte Nachrichten überbringt.

Greg erklärte, er habe eine Software entwickelt, um herauszufinden, was mit der Webseite nicht stimmte und warum sie immer wieder ausfiel. Als er seinen Laptop öffnete und zu sprechen anfing, saß Jack schweigend da. Ev ebenfalls. Greg hatte beide vorgewarnt, was er Fred und Bijan sagen würde.

»Wir haben ein ziemliches Problem«, begann Greg. Bei seinen Tests der Webseite hatte er festgestellt, dass es keine Sicherungskopie von Twitter gab. »Wenn in diesem Moment die Datenbank zusammenbräche, würden wir alles verlieren«, erklärte Greg verlegen. Jedes Tweet, jeden Nutzer, alles. Weg.

»Sie wollen mich doch verarschen«, sagte Fred so ungläubig, dass es schon fast komisch war. »Also, was zum Teufel machen Sie hier drin eigentlich?«

Als Greg hinausstürmte, um sich eine Datensicherung für Twitter zu überlegen, schauten alle Jack an. Ihm war es in diesem Moment zwar noch nicht klar, allen anderen aber schon: Erfolgreiche Wahlseite hin oder her, Jack Dorseys Tage als Twitter-Chef waren gezählt.

Rufe meine Eltern an

Die Woche, in der Jack Dorsey bei Twitter gefeuert wurde, begann wie jede andere. Am Montagmorgen spulte Jack seine übliche Routine ab. Er stand auf, machte sein weißes Bett, duschte, zog seine dunkelblaue Ernest-Sewn-Jeans und einen schwarzen Pullover an.

Noch bevor er Schlüssel und Tasche nahm und die Treppe hinunterlief, prüfte Jack seine E-Mail-Eingänge und fand Dutzende Nachrichten, die während der Nacht eingetroffen waren. Eine Nachricht hob sich von den anderen ab wie das Blaulicht eines Streifenwagens auf einer dunklen Straße. Sie kam von Bijan und Fred und war um 7:41 Uhr an der Ostküste abgeschickt worden. In der Betreffzeile stand nur: »Frühstück Mittwochmorgen.«

Wieso wollten Bijan und Fred am Mittwochmorgen mit ihm frühstücken? Sie wurden doch in dieser Woche gar nicht in San Francisco erwartet. Wusste Ev darüber Bescheid?, fragte sich Jack.

Er öffnete die E-Mail. »Können Sie sich vor der Verwaltungsratssitzung mit Fred und mir zusammensetzen?«, fragte Bijan an. »Treffen wir uns doch am Mittwochmorgen um 7:45 Uhr zum Frühstück im Clift Hotel. Geben Sie mir Bescheid, ob das geht.« Jack schaute auf die Uhr: 7:15 Uhr Pazifikzeit. Fred und Bijan wollten sich also 48 Stunden später mit ihm treffen.

Ende der Routine.

Ihm wurde beklommen um die Brust. Auf Anhieb war ihm klar, dass das kein gutes Zeichen war.

Während ihm alle erdenklichen Szenarien durch den Kopf jagten, schrieb er eine Antwort. »Das geht. Wir treffen uns da.« Er klickte auf »senden« und die E-Mail ging auf den Weg zu Fred und Bijan.

Auf der Straßenbahnfahrt zur Arbeit ging ihm das Treffen nicht aus dem Kopf. Die Metallräder klackerten und quietschten auf den Schienen, während er versuchte, sich die letzten Gespräche mit dem Verwaltungsrat in Erinnerung zu rufen. Er starrte aus dem Fenster und fragte sich, warum Fred und Bijan ihn sprechen wollten. Er versuchte wie ein Detektiv aus einem Agatha-Christie-Krimi, nur anhand einer knappen E-Mail ein Treffen zu entschlüsseln, das erst in zwei Tagen stattfinden würde.

Als Jack aus dem Aufzug stieg und das Twitter-Büro betrat, begrüßte ihn schon im Gang der vertraute Duft von Filterkaffee. Er ging geradewegs zu Evs Schreibtisch in der Hoffnung, Ev säße wie durch ein Wunder oder einen schleierhaften Zufall bereit, um Fragen zu beantworten.

Aber Evs Schreibtisch war leer. Sein Schreibtischstuhl stand verlassen da. Sein Computer war aus.

Da sich seine Beklommenheit auch im Laufe des Nachmittags nicht legte, beschloss Jack, Ev eine E-Mail zu schreiben und ihm einige Fragen zu stellen. Er klickte auf »senden« und wartete. Wartete auf eine Antwort. Einen Anruf. Eine SMS. Darauf, dass Ev an seinem Schreibtisch erschien und erklärte, was vorging.

Ev reagierte nicht.

***

Fred rieb sich die Augen und fuhr sich mit der Hand durchs Gesicht gegen die Müdigkeit, die ihn plagte. Es war Dienstagmorgen, und nach dem sechsstündigen Flug von New York war er wie gerädert. Außerdem ging ihm allmählich die Geduld aus, da das Gespräch sich offenbar im Kreis drehte.

Bijan ergriff wieder das Wort, während Ev in seinem Wohnzimmer hin und her ging und seine Füße über den flauschigen weißen Teppich und den dunklen Hartholzboden glitten. Im Hintergrund wachte das Bücherregal mit Marketing-, Management- und Wirtschaftsbänden über sie. Sicher fanden sich darunter auch Titel zu dem Thema, wie man einen Firmenchef feuert.

Die drei unterhielten sich nun schon geraume Zeit über diese Frage, über die sie in Abwandlungen in den vergangenen Monaten schon mehrfach gesprochen hatten.

»Was ist, wenn er zu Facebook geht«, hatte Bijan schon mehr als einmal gefragt. »Wir müssen irgendwie dafür sorgen, dass das nicht passiert. Es würde einen verheerenden Eindruck für Twitter machen, wenn der Gründer zu Facebook ginge.«

»Er geht nicht zu Facebook, verdammt«, lachte Fred, verdrehte die Augen in Richtung Bijan und legte wie üblich die Hand ans Kinn. »Hören Sie, soviel ich weiß, ist er völlig geblendet von Zuckerberg, aber er wird nicht da arbeiten.«

»Könnte er aber«, wandte Bijan ein und schlug vor, der Verwaltungsrat sollte Jack zum Vorstand für Produktentwicklung oder Verwaltungsratsvorsitzenden machen oder ihm eine andere Führungsposition bei Twitter geben, sobald er ihn als Vorstandschef absetzte, um sicherzustellen, dass er nicht zur Konkurrenz wechselte.

Aber diese Option hatten sie gar nicht. Als sie Jack seinen dreimonatigen Aufschub gewährt hatten, hatte er vehement erklärt, wenn es nicht liefe, werde er nicht unter Ev arbeiten.

Im Laufe des Vormittags lief Ev mit dem Telefon in der Hand auf und ab und schaute alle paar Minuten nach, ob einer seiner Vertrauten – wie sein guter Freund und Twitter-Investor Chris Sacca – angerufen hatte, um ihm in dieser Sache einen Rat zu geben.

»Ich werde ihm keinen verdammten Sitz im Verwaltungsrat geben«, blaffte Ev. »Er hat doch überhaupt keine Ahnung, was er tut.«

Die Gruppe diskutierte, ob sie ihn nicht einfach feuern und damit die ganze Geschichte beenden sollten.

Aber Ev wandte ein, dass Biz und Crystal und alle, die gern mit Jack arbeiteten, außer sich wären. Wenn Biz auch nur von diesem Gespräch wüsste, wäre er wütend und würde mit seiner Kündigung drohen, erinnerte er die beiden. Biz müsse um jeden Preis in der

Oktober 2005. Noah steuert sein Boot durch die Bucht von San Francisco, während Biz sich verzweifelt an sein Leben zu klammern scheint. Ev, rechts mit Sonnenbrille, lacht. Rabble steht hinten rechts.

Oktober 2005. Jack (Mitte) lauscht einem Gespräch zwischen Noah und Ev (nicht abgebildet) in Sam's Bar am Hafen von Tiburon. Rechts sitzt Ariel Poler, ein Odeo-Investor.

Januar 2006. Noah (rechts) spielt mit Biz (im Sessel) und Ev (auf dem Boden) einen Podcast ein.

Mai 2006. Die Mitarbeiter von Odeo versammeln sich bei Amici's in San Francisco zur Verabschiedung von Kollegen im Zuge der Entlassungswelle. Von links nach rechts: Blaine Cook, Adam Rugel, Courtney Brown, Jack Dorsey, Rabble, Ray McClure, Noah Glass, Sara Morishige und Evan Williams.

September 2006. Jack und Noah posieren auf der Love Parade in San Francisco, anläßlich der großen öffentlichen Vorstellung von Twitter. Jack sollte sich Stunden später im Krankenhaus wiederfinden.

März 2007. Jack spricht bei der Vergabe der *South by Southwest Awards*. Von links nach rechts: Biz Stone, Jack Dorsey, Evan Williams, Jason Goldman und Ze Frank.

Juni 2007. Von links nach rechts: Jack Dorsey, Biz Stone, Jason Goldman und Evan Williams stoßen auf die Hochzeit von Biz und Livy an.

Januar 2009. Twitter wird bei den *Crunchie Awards* zum besten Start-up gekürt.

April 2009. Twitter-Mitarbeiter verfolgen Evs Auftritt bei der *Oprah Winfrey Show*.

April 2009. Unterwegs zur amerikanisch besetzten Green Zone in Bagdad blickt Jack aus dem Fenster eines Armeehubschraubers.

April 2009. Ev, Jack, die Sängerin M.I.A. und ihr Ehemann posieren auf dem *Time 100 Dinner* für ein Foto.

November 2009. Dick Costolo stößt als Chef zu Twitter.

August 2009. Der damalige Gouverneur Kaliforniens, Arnold Schwarzenegger, unterhält sich in der Twitter-Zentrale mit Ev und Biz.

Januar 2011. Snoop Dogg gibt sich in der Twitter-Zentrale die Ehre.

Juni 2010. Der damalige Präsident Russlands, Dimitri Medwedew, besucht Twitter – just als die Website abstürzt.

Juli 2011. Jack lädt gemeinsam mit Präsident Obama zur Bürgersprechstunde per Twitter.

Februar 2012. Dick Costolo wendet sich während der wöchentlichen Mitarbeiterversammlung (»Tea Time«) an die versammelte Mannschaft.

Mai 2012. Jack, in einem seiner charakteristischen Anzüge, im Gespräch mit Dick, inzwischen Vorstandschef von Twitter.

Firma bleiben, erklärte Ev. Zwei der drei Firmengründer zu verlieren wäre eine Katastrophe.

Die Diskussion zog sich über eine Stunde hin. Sie drehten sich im Kreis wie das sprichwörtliche Karussell. Und dann endlich hatten sie eine Entscheidung. Einen Plan. Eine Exekution.

***

Der Mittwoch kam schnell. Jack wachte angespannt und beklommen auf. Als er im Stadtviertel Tenderloin aus der U-Bahn stieg, fühlte er sich ausgelaugt. Mit gesenktem Kopf trottete er die Treppe des U-Bahnhofs hinauf und ging Richtung Clift Hotel. Obwohl es noch früh am Morgen war, quollen überall Obdachlose aus Nachtasylen. Prostituierte – als Überbleibsel der vorangegangen Nacht ein vertrautes Bild in Tenderloin – standen unbekümmert herum. Als Jack sich dem Hotel näherte, zog der Portier die große Glastür auf und begrüßte ihn wie alle Gäste: »Guten Morgen, Sir.«

Für Jack war es kein guter Morgen.

Die Geräusche und Gerüche erinnerten ihn an seinen letzten Besuch in diesem Hotel. Ein Jahr zuvor, als Twitter noch in den Kinderschuhen steckte, hatte er zwei Nächte im Clift verbracht. Urlaub in seiner Heimatstadt. Im Hotel hatte er fürstlich gegessen und getrunken. Er hatte auch gearbeitet und einen Abend lang das Programm entwickelt, das Nutzernamen mit dem mittlerweile berühmten @-Zeichen verbinden sollte.

Während die Tür des Clift hinter ihm zuschwang, sah er sich nach Fred und Bijan um.

***

Während Jack aus der U-Bahn stieg, vibrierte am anderen Ende der Stadt Goldmans Handy in seiner Tasche, als er gerade seinen Frühstückskaffee trank. Er schaute auf das Display und las leicht verdutzt die SMS. Ev bat ihn, in einer Stunde zu einer Besprechung in seine und Saras Wohnung in der Fourth Street zu kommen. Greg erhielt die gleiche Nachricht. Biz ebenfalls. Und auch Abdur Chowdhury, der durch die Übernahme von Summize zu Twitter gekommen war. Alle dachten das Gleiche: *Ein Meeting. So früh am Morgen. Bei Ev zu Hause. Das kann nichts Gutes bedeuten.*

Sie alle trafen nacheinander ein, drückten beim Summen die Tür auf, stiegen in den Aufzug und gingen in Evs Wohnung. Es dauerte nicht lange, bis die Führungsriege von Twitter an Evs Küchentisch saß, Kaffee trank und darauf wartete, zu erfahren, warum sie so früh am Morgen herkommen sollte.

»So, Ev, willst du uns sagen, was hier vorgeht?«, fragte Biz, sobald alle am Tisch saßen. Goldman schaute auf und schob sich mit einem Finger die Brille zurecht. Allen fiel auf, dass Ev zappelig war. Kein gutes Zeichen. Zappeligkeit bedeutete, dass jemand gefeuert würde, wie einige von ihnen wussten.

Ev schaute auf den Tisch hinunter, während alle ihn ansahen. Er verschränkte die Arme, atmete tief durch und fing an zu reden.

***

Jack ging an dem riesigen, brennenden Kaminfeuer in der Lobby des Clift Hotel vorbei und entdeckte Fred und Bijan im hinteren Teil des Hotelrestaurants Velvet Room. Sie saßen in einer Rundnische, zurückgelehnt in die dunkelbraunen Lederpolster. Von der Decke hingen sieben dekorative Deckenleuchten, die einen Kreis um beide bildeten.

»Hey, Jack«, sagte Fred und deutete auf einen schwarzen Stuhl am Ende der Nische, »setzen Sie sich doch.« Fred zerteilte bereits die Eier auf seinem Teller. Die Kaffeetassen waren schon mehr als einmal nachgefüllt worden. Es war klar, dass es vor diesem Meeting bereits eine Besprechung gegeben hatte. Bijan wirkte ernster, schürzte die Lippen, nickte Jack zu und flüsterte beinah: »Hey, Mann.«

Jack setzte sich, ballte unter dem Tisch die Hände zu Fäusten und fragte in einem fast schon traurigen Flüsterton: »Wie geht's?«

Fred setzte gerade an zu reden – Smalltalk würde es hier nicht geben –, als die Kellnerin ihn unterbrach. »Kaffee?«, fragte sie lächelnd. Jacks Magen, der schon jetzt rumorte wie eine Waschmaschine, hätte nicht einmal Kamillentee verkraftet, geschweige denn Kaffee. »Nein danke. Ich nehme einen Joghurt, bitte.«

Als sie ging, löste Fred die Guillotine aus.

»Also, wir machen Ev zum Firmenchef«, sagte er, die Gabel fest in der Hand. »Sie bekommen eine passive Position als Verwaltungsratsvorsitzender und einen stillen Sitz im Verwaltungsrat. Wir haben hier einige Papiere für Sie und eine Empfehlung für einen Anwalt.«

Jack fühlte sich, als hätte ihm gerade jemand mit einem Baseballschläger ins Gesicht geschlagen. »Sagen Sie das noch mal«, stotterte er, weil er glaubte, sich verhört zu haben.

Fred wiederholte sich fast wörtlich: Wir machen Ev zum Vorstandschef. Sie bekommen eine passive Position als Verwaltungsratsvorsitzender. Sie werden einen stillen Sitz im Verwaltungsrat haben. Hier sind die Papiere. Nehmen Sie sich einen Anwalt.

Sie teilten Jack mit, dass seine Position als Verwaltungsratsvorsitzender eher ein Ehrenposten als eine tatsächliche Funktion wäre. Er wäre von nun an das Firmenmaskottchen, das keinerlei Entscheidungsbefugnisse mehr über Twitter hätte. Passiv. Still. Dagegen besaß Ev als Hauptanteilseigner von Twitter viermal so viele Anteile wie Jack und hatte eigentlich Anspruch auf zwei Sitze im Verwaltungsrat.

***

Fast zur gleichen Zeit sprach Ev nach dem gleichen ungeschriebenen Script mit der Twitter-Führungsriege, die an seinem Küchentisch saß. »Jack ist draußen«, sagte er.

»Der Verwaltungsrat ist zusammengetreten. Die Entscheidung ist endgültig. Die wollen, dass ich Vorstandschef werde und Jack Verwaltungsratsvorsitzender. Der Verwaltungsrat teilt es ihm in diesem Moment mit. Heute ist sein letzter Arbeitstag.«

Alle schauten Ev schockiert an, der weitersprach und erklärte, warum der Verwaltungsrat diese Entscheidung getroffen hatte.

***

Jack starrte Fred an und wusste nicht, was er sagen sollte, als Bijan sich einschaltete.

»Wissen Sie, Sie sind wirklich gut«, sagte Bijan und schaute Jack ruhig an. Es war klar, dass er die Rolle des guten Cops und Fred die des bösen Cops übernahm. »Sie sind Mitbegründer der Firma, und wir sind wirklich von Ihrem Weitblick überzeugt, darum möchten wir Sie ja auch weiter dabeihaben.«

Fred unterbrach ihn. »Es gilt ab sofort, Jack. Es muss sein.« Jack war klar, dass es hier nicht um eine Krisenverhandlung ging. Das war's.

***

»Was? Wann ist das passiert?«, fragte Biz verärgert. »*Komm schon!* Zum Teufel. Was ist passiert?«

Ev versuchte ihn zu beruhigen, erklärte, es sei nicht allein seine Entscheidung, der Verwaltungsrat habe auf eine neue Führung gedrängt, und entweder werde Ev Vorstandschef oder ein Außenstehender. Ev habe sogar nach einem Ersatz gesucht und Gespräche mit einigen externen Kandidaten für die Firmenleitung geführt, aber letzten Endes sei es am sinnvollsten, wenn er es selbst mache. Er wiederholte, dass er Erfahrung in der Führung einer Firma habe, und fügte hinzu, dass es Aufgabe aller am Tisch Anwesenden sei, es den Angestellten mitzuteilen und dafür zu sorgen, dass die Stimmung in der Firma während des raschen Führungswechsels stabil bliebe.

***

Jack wippte leicht auf seinem Stuhl vor und zurück und schaute auf seinen unberührten Joghurt.

»Sie haben Erstaunliches für die Firma geleistet«, sagte Bijan. »Aber die Webseite fällt immer noch ständig aus und dann die SMS-Rechnungen, und wir können ... wir können einfach nicht länger warten.«

»Aber was ist mit den drei Monaten«, fiel Jack ihm ins Wort.

In seinem Ton überwog nun die Wut. Das meiste, was sie sagten, drang nur noch gedämpft zu ihm durch, als er den Blick hob und sie anschaute. »Wir arbeiten mit voller Kraft, und die Wahl steht kurz bevor und ...«

Bijan und Fred hielten sich weiter an ihr Script, egal, was Jack auch einzuwenden hatte. Sie erklärten, er werde nicht seine gesamten Aktienoptionen bekommen; da die Erdienungsfrist noch nicht vollständig erfüllt sei, würden sie einige zurücknehmen. Aber da sie ihn mochten, bekäme er mehr, als ihm zustünde.

»Aber was ist mit meinen drei Monaten?«, wiederholte Jack. »Sie haben doch gesagt ...«

»Es ist vorbei, Jack«, sagte Fred bedauernd.

***

»Ihr dürft es noch niemandem sagen«, mahnte Ev die Gruppe, als eine Flut von Fragen auf ihn einstürmte. Goldman protestierte umgehend. Er würde es Crystal sagen, mit der er inzwischen zusammenlebte. »Nein, das darfst du nicht!« Evs Ton wurde streng. »Ich weiß, dass sie deine Freundin ist und Jack sehr nahe steht, aber wir dürfen nicht zulassen, dass alle Angestellten davon erfahren, bevor wir es ihnen mitteilen. Das wäre ein verfluchtes Chaos.«

»Ich soll also meine Freundin einfach anlügen?«, fragte Goldman wütend und voller Sarkasmus.

»Ja. Du musst lernen, Beruf und Beziehung zu trennen«, antwortete Ev. Es war einer der wenigen Momente, in denen Goldman ihn nicht leiden konnte. Als er etwas darauf erwidern wollte, unterbrach Biz die beiden.

»Hast du mit Jack gesprochen?«

»Nein«, antwortete Ev und wiederholte, was er zuvor bereits gesagt hatte: »Der Verwaltungsrat spricht gerade mit ihm.«

***

Jack geriet in Panik, als er vor dem Clift Hotel auf dem Bürgersteig stand. Er überflog die Vertragsunterlagen. Gewisse Worte sprangen ihm ins Auge. Zahlen. Prozentangaben. Dollarzeichen. Aber sie waren durchweg niedriger, als sie sein sollten. Er zog sein Handy aus der Tasche und scrollte hektisch durch die Einträge, bis er Greg Kidds Nummer fand.

Kidd war einer der wenigen Menschen in San Francisco, denen Jack vertraute. Seit einigen Minuten war er vielleicht sogar der einzige. Die beiden hatten früher zusammengearbeitet, und obwohl eine Firma, die sie partnerschaftlich gegründet hatten, beinahe mit Blutvergießen geendet hatte, war Kidd immer für Jack dagewesen.

Nachdem Jack 2005 eine Woche beim Burning-Man-Festival durch Black Rock City gelatscht war und bis zum Sonnenaufgang betrunken zu Technomusik getanzt hatte, war er arbeitslos und im Grunde obdachlos vor Kidds Haustür in Berkeley aufgetaucht. Damals war er noch ein völlig anderer und hatte blaue Rastazöpfe und Schmuddelklamotten getragen. Trotzdem hatte Kidd ihn aufgenommen und in seinem Gästehaus im Garten wohnen lassen. Außerdem beschäftigte er ihn als Kindermädchen für sein neugeborenes Kind. Ein Kindermädchen mit blauen Rastalocken und Nasenring in Berkeley. Er passte ins Bild.

»Greg, sie haben mich gefeuert«, sagte Jack verzweifelt. »Sie haben mir meine Anteile weggenommen und mich gefeuert. Sie haben Ev zum Vorstandschef gemacht, und ich ...«

»Entspann dich mal eine Sekunde. Warte«, unterbrach Kidd ihn. »Was ist los?«

Jack erzählte von seinem Gespräch mit Fred und Bijan, was sie ihm gesagt hatten und dass er nun praktisch nicht mehr bei Twitter arbeitete. Nachdem Kidd eine Weile zugehört hatte, erklärte er, Jack könne nicht viel dagegen tun. »Ev gehört die Mehrheit an der Firma, dir nicht. Du solltest diesen Anwalt anrufen.«

✳✳✳

Ev schloss die Tür hinter sich, als sie die Wohnung verließen. Goldman war sichtlich aufgewühlt. Biz ebenfalls. Greg und Abdur, die eher Angestellte der Firma als Jacks Freunde waren, wirkten beinah erleichtert.

Gemeinsam gingen sie ins Büro.

***

Jack beendete sein Telefongespräch mit Kidd und ging schnellen Schrittes los. Er wusste nicht, wohin er gehen sollte. Zurück ins Büro konnte er nicht. Zügig lief er die Geary Street hinunter, bog mehrmals links und rechts ab und hatte schon bald mehr als 1,5 Kilometer zurückgelegt. Er war verzweifelt, als er vor dem One Embarcadero stehen blieb, vor dem riesigen Betonbau in Ufernähe, zu dem auch Noah geradelt war, als man ihn zwei Jahre zuvor aus der Firma gedrängt hatte. Hinausgedrängt von Jack, der Ev ein Ultimatum gestellt hatte: »Noah oder ich.«

Nun war Jack an der Reihe. Er blieb stehen und setzte sich auf die Betonstufen, während Leute mit Jobs in Anzug und Schuhen mit Absatz an ihm vorbei zur Arbeit gingen. Seine Kehle war rau. Die Gefühle überwältigten ihn, er fing an zu weinen. Er saß auf den Stufen, den Kopf auf die Arme gelegt, und schluchzte. Allein.

***

Die Tür zum Büro ging auf, und Ev kam herein, Goldman, Biz, Abdur und Greg im Schlepptau. Rebecca, Jacks Assistentin, ging sofort zu ihnen und fragte, wo Jack sei. Nach kurzem Zögern sagte Biz: »Wir hatten heute außerhalb eine Sitzung der Firmenleitung, und Jack ist noch zu einigen anderen Besprechungen außer Haus.«

Dann fragte er an Ev gewandt: »Hey, hast du einen Moment Zeit?« Sie gingen in das Besprechungszimmer neben der Küche und schlossen die Tür hinter sich.

»Hör zu. Ich verstehe, dass es so für die Firma das Beste ist. Es wäre mir nur lieber gewesen, wenn ich vorher davon gewusst hätte«, sagte Biz. Ev hörte zu, pflichtete ihm bei, versuchte aber seine Situation gegenüber dem Verwaltungsrat und die rechtlichen Aspekte des Führungswechsels zu erklären. Eine Weile saßen sie schweigend da. Nach einem tiefen Seufzen sagte Biz schließlich: »Ich sollte wohl mal mit Jack reden, oder?«

»Ja. Das ist wahrscheinlich eine gute Idee«, sagte Ev. »Er muss morgen ins Büro kommen und es allen mitteilen, wir sollten also dafür sorgen, dass er weiß, was er zu sagen hat.«

Biz holte sein Handy aus der Tasche und schickte Jack eine SMS.

***

Jacks Handy hatte den ganzen Morgen geklingelt. Seine Assistentin versuchte ihn zu erreichen. SMS, E-Mails, entgangene Anrufe. Er reagierte nicht. Was sollte er auch sagen? »Ich komme heute nicht ins Büro. Ich bin gefeuert«?

Plötzlich kam eine SMS von Biz, dass sie miteinander reden sollten. Sie verabredeten sich in der Samovar Tea Lounge in den Yerba Buena Gardens in der Nähe des Twitter-Büros. Dort hatten die beiden unzählige Stunden verbracht, zu Mittag gegessen und über Twitter und andere Projekte geredet, die sie eines Tages gemeinsam umsetzen wollten. Jack trank dann seinen Lieblingstee, Masala Chai, und lachte meist nur über Biz' Witze.

An diesem Morgen sollte es keine Witze geben. Und auch keinen Masala Chai.

Die beiden saßen draußen auf einer Holzbank mit Blick auf die Stadt. Der Himmel hatte sich aufgeklart, und Biz musste blinzeln, als er Jack im gleißenden Licht ansah. Er bemerkte, dass Jacks Augen rot und verquollen waren.

»Du hast es also offensichtlich gehört«, sagte Jack.

»Ja, Ev hat es uns heute Morgen gesagt«, bestätigte Biz leise. »Aber den anderen in der Firma sagen wir noch nichts.«

»Was soll ich deiner Ansicht nach machen?«

»Ich finde, du solltest ins Büro kommen, mit Ev sprechen und überlegen, was du allen sagen sollst.«

Sie unterhielten sich über das Gespräch im Clift Hotel, und Jack erzählte Biz, er wisse, dass Ev hinter alledem stecke. Der Coup komme von Ev, nicht vom Verwaltungsrat.

»Das weißt du doch gar nicht«, wandte Biz ein.

Er merkte, dass Jacks Ton und Haltung von Schmerz und Trauer in Wut und Rachsucht umschlug, als ob der Wind seine Richtung änderte, als Jack sagte: »Ich werde ins Büro kommen und der ganzen Belegschaft sagen, was passiert ist! Ich werde ihnen sagen, dass Ev mich verarscht und rausgeschmissen hat, weil er bei Twitter das Sagen haben will. Ich werde ihnen alles erzählen.«

»Nein. Das kannst du nicht machen. Hier geht es um Twitter und alle, die da arbeiten«, mahnte Biz, der die Panik aus Jacks Ton heraushörte. »Hier geht es nicht um dich und Ev. Es geht um etwas Größeres.«

Biz schlug zur Beruhigung einen Spaziergang vor und hoffte, Jack besänftigen zu können. Sie schlenderten einige Male um den Häuserblock. Nach einer Weile musste Biz wieder zurück ins Büro, aber sie vereinbarten, dass Jack am nächsten Nachmittag kommen und mit Ev sprechen sollte.

***

Draußen war es dunkel, als Jack bei Twitter im Konferenzraum saß und wartete. Der Tag hatte ihn völlig ausgelaugt. Ted, der Firmenanwalt, hatte ihm erklärt, alles sei rechtlich einwandfrei verlaufen. Ev sei Mehrheitseigner. Jack nicht.

Seit zwanzig Minuten hockte Jack nun schon da. Von Minute zu Minute wurde er wütender. Biz saß in der Nähe an seinem Schreibtisch und schrieb den Blogeintrag, der am nächsten Tag Jacks Austritt aus der Firma bekanntgeben würde. Die Überschrift lautete: »Begrüßung unseres alten und neuen Vorstandschefs und Verwaltungsratsvorsitzenden.« Er lobte Jacks »gekonnten Minimalismus und seine Schlichtheit, gepaart mit großem Weitblick und Ambitionen«. Und er behauptete, Jack und Ev hätten sich zu dem Wechsel entschlossen, weil es das Beste für das Unternehmen sei. »Wir haben uns unseren zukünftigen Weg genau angesehen und die Notwendigkeit für ein fokussiertes Herangehen einer alleinigen Geschäftsführung erkannt«, hieß es dort.

Aber es war nicht der fokussierte alleinige Firmenchef, den Jack wollte.

Während Biz allen Beschäftigten in einer E-Mail mitteilte, dass am folgenden Morgen eine Betriebsversammlung stattfinden würde, öffnete sich die Tür des Konferenzraums, in dem Jack wartete, und Ev kam endlich herein. »Verdammte Scheiße!«, spie Jack aus, als ob es das Letzte wäre, was er je sagen würde. Sein Adrenalinspiegel war nah am Anschlag.

»Es tut mir leid. Diese Dinge sind nicht immer einfach«, sagte Ev ruhig. Er hatte schon Dutzende entlassen, aber noch nie einen Firmenchef.

»Nein. Es ist verdammt noch mal wirklich nicht einfach, wenn du jemanden hintergehst und aus seiner eigenen Firma schmeißt«, sagte Jack. »Du hattest doch die Chance, mir genau zu sagen, was du wolltest, mir genau zu sagen, was ich tun sollte, aber stattdessen sägst du mich hinterrücks ab.«

Ev schwieg.

»Und ich finde es nicht richtig oder fair, dass du mir meine Anteile wegnimmst«, sagte Jack. »Das ist meine Firma. Du kannst mir nicht meine Anteile wegnehmen.«

»Wir nehmen dir nicht deine Anteile weg. Du hast die Erdienungsfrist noch nicht ganz erfüllt«, sagte Ev. »Du bist erst seit zwei Jahren Vollzeitangestellter, und die Erdienungsfrist für deine Anteile ist noch nicht erfüllt, also nehmen wir dir nichts weg. Tatsächlich geben wir dir mehr, als dir zusteht.«

Jack lachte wie ein Irrer. »Ihr gebt mir mehr, als mir zusteht? Ich bitte dich. Ihr linkt mich doch, und das wisst ihr auch genau.«

Ev versuchte noch einmal, ihm die Erdienungsfristen zu erklären, aber Jack fiel ihm ins Wort: »Das ist meine Firma! Ich habe so viel mehr in sie reingesteckt als du.«

Ev ließ Jack eine Weile toben und sagte schließlich ganz ruhig: »Es ist nicht deine Firma. Es ist vorbei.«

***

Am nächsten Morgen, einem Freitag, sammelte sich die Belegschaft im Aufenthaltsraum und wusste nicht recht, was sie erwartete. Einige setzten sich auf die grauen Sofas im Empfangsbereich, der wie ein Wohnzimmer gestaltet war. Andere zogen sich weiße Bürostühle heran. An der Wand hing ein riesiger Flachbildfernseher. Die Firma war immer noch recht klein und hatte nur knapp dreißig Angestellte und freie Mitarbeiter.

Ev stand sichtlich nervös am Rand neben einem besorgt wirkenden Biz. Ev schaute zu Boden und scharrte mit den Füßen, als wolle er ein nicht vorhandenes Kaugummi von der Schuhsohle abreiben. Alle spürten auf Anhieb, dass etwas im Busch war.

Nach einer Weile kam Jack herein und trat vor die Belegschaft, um seine kurze Ansprache zu halten. Seine Hände zitterten, sein Herz pochte. Alle spürten deutlich, dass er nervös war.

»Der Verwaltungsrat hat beschlossen«, sagte er und stockte. »Und ich habe zugestimmt.« Wieder eine Pause. »Dass ich als Firmenchef zurücktrete«. Eine letzte Pause. »Ev wird übernehmen.«

Die Angestellten waren verdutzt über diese Mitteilung. Jack führte weiter aus, wie sehr er alle vermissen werde. Und dann erzählte er erstmals eine Geschichte, die er jahrelang wiederholen würde: Er bleibe weiter in der Firma und zwar als »leitender Verwaltungsratsvorsitzender« mit einer übergeordneten Rolle bei Twitter. Er sagte nicht, dass es sich um einen Scheinposten handelte, der nichts zu bedeuten hatte. Dass er in der Firma, die er mitbegründet hatte, nichts mehr zu melden hatte. Dass man ihn gefeuert hatte.

Als er fertig war, ging er an Ev vorbei, der nun in die Mitte trat und die Belegschaft begrüßte. Die beiden mieden jeden Blickkontakt.

»Ich weiß, dass einige von euch manchmal den Eindruck hatten, dass die Firma wie ein zweiköpfiges Ungeheuer gehandelt hat«, sagte Ev, der nun ebenfalls nervös und fahrig war. »Dass ihr nicht wusstet, an wen ihr euch mit Fragen wenden solltet und wer das Sagen hat.« Er erklärte, die Entscheidung sei zum Besten der Firma, darin seien er und Jack sich einig. Auch Biz sagte ein paar

Worte, um etwaige Befürchtungen der Angestellten im Keim zu ersticken.

***

Insgeheim waren einige Mitarbeiter erfreut. Auch wenn sie Jack gegenüber nichts sagten, wussten sie doch, dass er völlig überfordert gewesen war, und das schon seit langem. Und sie waren überzeugt, dass Ev, der Blogger geleitet und verkauft hatte, die wackelige Start-up-Firma besser führen würde.

Zwei Mitarbeiter waren jedoch zutiefst bestürzt: Jeremy und Crystal. Jack war mit ihnen in der Küche, als Ev seinen Sermon herunterspulte. Crystal schluchzte. Nachdem Noah zwei Jahre zuvor die Firma verlassen hatte, war er auch als Freund verschwunden. Sie fürchtete, dass es bei Jack ebenso laufen würde.

Jeremy, der ansonsten nicht zu Tränen neigte, hatte ebenfalls einen Kloß im Hals – teils war er froh, dass Ev die Führung übernahm, teils aber auch zutiefst enttäuscht, dass Jack nicht mehr in der Firma arbeiten würde. Sie umarmten sich, und Jack spürte, dass ihm Tränen in die Augen schossen, aber er unterdrückte sie. Er durfte nicht vor seinen Angestellten weinen. Das war nicht das, was man von ehemaligen Firmenchefs erwartete.

***

Zum Abschluss ihrer Ansprachen sagten Ev und Biz der Belegschaft, dass ein Blogpost auf der Webseite den Führungswechsel bekanntgeben würde, und wiesen sie an, darüber weder mit der Presse zu sprechen, noch zu twittern.

Ev ging in die Küche, wo Crystal und Jeremy mit Jack sprachen, und winkte Jeremy zu sich. »Du musst gehen und alle Accounts von Rebecca sperren«, wies Ev Jeremy an, der ihn entsetzt ansah. »Ich möchte, dass du es sofort erledigst. Sperre den Zugang zu E-Mails, Login und Computer«, wiederholte Ev. »Alles.« Dann teilte er Rebecca mit, dass sie ebenfalls entlassen sei.

***

Jack beobachtete, wie Ev und Jeremy vor der Küche miteinander sprachen. »Ich komme gleich zurück«, sagte er zu Crystal. »Ich muss noch ein paar Anrufe erledigen, bevor der Blogeintrag rausgeht.«

Als Jack aus der Küche trat, schaute er auf die silbern-weiße Wanduhr. Es war 11:59 Uhr. Er zog sein Handy aus der Tasche, öffnete die Twitter-App und twitterte: »Rufe meine Eltern an.«

Seine Mutter weinte am Telefon, als er ihr sagte, dass er zurückgetreten sei. Aber Jack überzeugte seine Eltern, dass es seine Entscheidung gewesen sei und er es für das Beste für die Firma hielte. Dann legte er auf.

Verglichen mit dem Anruf, den er als Nächstes erledigen musste, war das Gespräch mit seinen Eltern einfach gewesen.

Er schaute sich um und vergewisserte sich, dass niemand in Hörweite war. Dann öffnete er das Adressbuch seines Handys, scrollte durch die Namen, die mit J anfingen, dann durch K und L und fand schließlich die Telefonnummer, die er suchte: Mark Zuckerberg. Vorstandsvorsitzender von Facebook. Er warf erneut einen Blick über die Schulter, da Crystal, Ev und andere in der Nähe der Küche standen und sich unterhielten, dann schaute er auf sein Handy und wählte die Nummer, die neben Mark Zuckerbergs Namen stand.

IV. #Ev

Der zweite Chef von Twitter

Jack starrte wortlos Ev an, sein Blick so reglos und präzise, als ginge es darum, den ersten Preis bei einem Wettbewerb im Anstarren zu gewinnen. Sein Gegner gab sein Bestes, sich nicht davon beirren zu lassen, doch das war leichter gesagt als getan.

»Twitter ist zwar in aller Munde, aber die Leute wissen nicht, was es ist oder warum sie es benutzen sollten«, las Ev aus seinem Foliensatz vor und ließ seinen Blick zu Goldman, Bijan und Fred wandern. Auch sie waren von Jacks Starren irritiert und mühten sich redlich um Aufmerksamkeit. Ev ließ sich nicht aus dem Konzept bringen.

Es war der 22. Oktober 2008, Evs erste Verwaltungsratssitzung als neuer Twitter-Chef nur drei Wochen nach Jacks Absetzung. Die Sonderseite zur amerikanischen Präsidentschaftswahl, erläuterte Ev – ein Projekt, in das Jack zuvor all seine Anstrengungen gesteckt hatte –, sei für Twitter der falsche Ansatz gewesen.

»Im Durchschnitt hat sie pro Tag nur 35 000 Seitenaufrufe gebracht«, führte Ev aus und wies zum Beleg auf eine gezackte Grafik. Neben dem Schaubild waren Beispiel-Tweets aufgeführt, die eher nach dummen Schülerscherzen als klugen politischen Kommentaren klangen (einer bezeichnete Sarah Palin, 2008 Kandidatin der Republikaner für die Vizepräsidentschaft, als »sexy Mutter, die ich gerne poppen würde«).

Dann wandte sich Ev gewichtigeren Themen zu und hakte geduldig seine Agenda ab: Risikokapitalverschuldung, Finanzierungsbe-

darf, Einstellungspläne, Einnahmen (die immer noch bei null standen), Spam sowie Maßnahmen zur Verminderung der mittlerweile
berüchtigten Ausfallzeiten der Webseite. Für alle Anwesenden war
unverkennbar, dass jetzt ein erfahrener Firmenlenker das Unternehmen führte, jemand, der einen Plan hatte, wie sich die Probleme lösen ließen.

So sehr einige Mitarbeiter persönlich Jacks Ausscheiden aus der
Firma bedauerten, waren die meisten doch erleichtert, nicht mehr
unter ihm arbeiten zu müssen. In den Monaten vor Jacks Entlas-
sung als Vorstandschef hatten sich Mitarbeiter bei ihren Vorge-
setzten immer wieder über seine »Cowboy-Manieren« beschwert
und geklagt, dass er die Leute bisweilen herumkommandiere und
Untergebenen kaum vertraue. Als Ev antrat, um das Ruder in der
Firma zu übernehmen, wählte er einen ganz anderen Führungsstil:
Er setzte von Anfang an Vertrauen in die Mitarbeiter, was sie mit
Stolz erfüllte und so ihre Loyalität zu Ev und Twitter stärkte.

Jacks versteinerter Blick erwachte schlagartig zum Leben, als Ev
die Worte »Mark Zuckerberg« und »Facebook« fallen ließ.

In den Wochen vor Jacks Rausschmiss hatte Facebook versucht,
Twitter zu übernehmen. Facebook-Boss Mark Zuckerberg hatte es
sich persönlich zur Aufgabe gemacht, Jack das blaue Vögelchen ab-
zuschwatzen. Nun, nach Jacks Ausscheiden, waren es die beiden
anderen Twitter-Gründer, um die Zuckerberg buhlen musste.

Ein paar Tage zuvor waren Biz und Ev zum Facebook-Campus
gefahren, um sich mit ihm zu treffen. Wie die meisten Zusammen-
künfte mit Beteiligung des Facebook-Chefs war auch dieses Meeting kaum erträglich gewesen.

Nachdem Ev und Biz am Sitz von Facebook eingetroffen waren,
hatte man sie in einen kleinen Tagungsraum geführt und ihnen
mitgeteilt, dass »Mark ein paar Minuten später« komme, aber gleich
da sein werde. Der graue, karg möblierte Raum ähnelte eher einer
russischen Gefängniszelle als dem Konferenzraum eines hippen
sozialen Netzwerks. Unter den sich bietenden Sitzgelegenheiten
wählten Biz und Ev einen winzigen Zweisitzer direkt an der Wand.

Biz frotzelte ein bisschen herum, bis nach wenigen Minuten der jungenhafte Chef von Facebook hereineilte und auf einem Stuhl Platz nahm, der in erhöhter Position auf einem Podest thronte. Facebook blickte auf Twitter herab.

»Soll ich die Tür schließen oder offen lassen?«, fragte Ev.

»Ja«, erwiderte Mark.

Ev schaute Biz an, der die Achseln zuckte. »Ja, ich soll sie schließen, oder: Ja, ich soll sie offen lassen?«, hakte Ev nach.

»Ja«, wiederholte Mark.

Ev ging auf Nummer sicher und ließ die Tür halb offen. Zuckerberg fing zögernd an zu reden, während er sich das Skript vor Augen rief, das er sich in Gedanken zurechtgelegt hatte. Jedes Wort war kalkuliert, jeder Satz aufs i-Tüpfelchen vorformuliert. Wie ein General, der auf dem Schlachtfeld die Vereinigung zweier Armeen entwirft, breitete er seine Vorstellungen vor ihnen aus.

»Was glauben Sie, wie hoch ist Ihr aktueller Marktwert?«, fragte Zuckerberg. Sie saßen ihm unbehaglich gegenüber – und unter ihm – und schauten in das Gesicht eines Jungspunds, dessen gleichgültige Miene beinahe den Verdacht aufkommen ließ, dass er sie mit der exakt gleichen Ungerührtheit aufkaufen wie umbringen lassen konnte. »Nennen Sie mal eine Zahl.«

Ev zögerte, schaute Biz an und ließ einen Versuchsballon los. »500 Millionen.«

Schweigen legte sich über den Raum. Zuckerberg schaute sie unbeeindruckt an. »Das ist eine große Zahl«, sagte er.

»So schätzen wir unseren Wert ein«, erwiderte Ev.

Doch Zuckerberg wusste längst, dass Twitter seinen Wert mit 500 Millionen Dollar veranschlagte – Jack hatte es ihm verraten.

Ohne Biz und Ev etwas davon mitzuteilen, hatte sich Jack bereits mit Zuckerberg getroffen. Deshalb hatte Jack auch direkt nach seiner Absetzung Zuckerberg angerufen. Er wollte ihn über die neueste Entwicklung informieren und ein weiteres geheimes Treffen anberaumen, bei dem es nicht mehr über den Verkauf von Twitter gehen sollte – das lag jetzt nicht mehr in Jacks Macht.

Nein, Jack Dorsey, der Mitgründer von Twitter, wollte mit Zuckerberg über einen Job bei Facebook verhandeln.

»Sind Sie sicher, dass wir nichts daran ändern können?«, fragte Zuckerberg, als Jack am Tag seiner Absetzung bei ihm anrief. »Ich wette, wir können irgendwas unternehmen, um Sie auf dem Chefsessel zu halten.« Jack war über Zuckerbergs Zuversicht ein wenig verblüfft und rätselte, was er damit wohl meinen konnte. »Äh, nein, ich glaub nicht, dass wir da noch irgendwas ausrichten können«, antwortete er irritiert.

Zuckerberg war über die Entwicklung nicht glücklich. Sein Versuch, Jack zu umgarnen, hatte sich gut angelassen und war sorgsam eingefädelt gewesen, angefangen mit einem Telefongespräch zwischen den beiden, das Matt Cohler arrangiert hatte, ein ehemaliger Facebook-Mitarbeiter und Strippenzieher in Silicon Valley. Dann war es zu einer persönlichen Begegnung zwischen Jack und Zuckerberg gekommen, wo das Buhlen und Bezirzen weiterging.

Es hatte Früchte getragen.

Ein paar Tage nach ihrer Zusammenkunft hatte Jack von Zuckerberg eine E-Mail mit dem ominösen Betreff »T« erhalten. In dem langen Schreiben breitete Zuckerberg Punkt für Punkt die Gründe aus, warum Twitter und Facebook so gut zusammenpassten: dass sie zusammen die Welt verändern, dass sie Menschen verbinden und Milliarden von Dollar machen könnten. Dann, wie häufig, wenn Zuckerberg andere Firmen übernehmen wollte, ließ er durchblicken, dass Facebook ähnliche Produkte entwickeln könnte, um sie auszustechen. Hinter den Avancen steckte eine Drohung: Lässt du dich von Facebook schlucken, dann leben wir glücklich bis ans Ende unserer Tage; weigerst du dich aber, dann setzen wir alle Hebel in Bewegung, um dich zur Strecke zu bringen. So oder so war man geliefert.

Bei Jack waren keine Drohungen nötig gewesen, er hätte von sich aus verkauft. Doch als sich der Deal der Ziellinie näherte und Jack bereit war, aufs Gaspedal zu drücken, hatte Ev den Schlüssel aus dem Zündschloss gezogen, Jack vom Fahrersitz geschubst, das

Steuer herumgerissen und das Unternehmen in eine völlig andere Richtung gelenkt.

Die Aussicht, Twitter für 500 Millionen Dollar zu veräußern, fand im Verwaltungsrat einigen Anklang, schließlich war das ein gewaltiger Unterschied zu den 12 Millionen, die Yahoo! nur anderthalb Jahre zuvor geboten hatte. Zudem trieb Ev die Sorge um, dass Facebook alles daran setzen würde, Twitter das Wasser abzugraben. Doch er war überzeugt, dass Facebooks ganze Ausrichtung nicht mit Twitter zusammenpasste.

»Es gibt, meine ich, drei Gründe, ein Unternehmen zu verkaufen«, schrieb Ev in einer E-Mail an den Verwaltungsrat, in der er darlegte, warum er Facebooks Angebot ausschlagen sollte. 1. Der Preis ist hoch genug beziehungsweise spiegelt einen künftigen Wert des Unternehmens wider. (»Wir haben oft gesagt, dass Twitter ein Milliardenunternehmen ist«, merkte Ev an. »Ich glaube, es ist viele Male so viel Wert.«) 2. Es besteht eine unmittelbare und sehr reale Gefahr durch einen Wettbewerber. Auch dies verneinte Ev, denn nichts und niemand stelle »eine glaubwürdige Bedrohung dar, Twitter abzuwürgen«. 3. Es bietet sich die Chance, für eine große Persönlichkeit zu arbeiten. (»Ich nutze es [Facebook] nicht. Und ich hege viele Bedenken hinsichtlich seiner Leute und wie sie ihr Geschäft betreiben.«)

Aus Evs Sicht verfolgten Blogger, Odeo und nun Twitter einen weit höheren Zweck, als bloß einen riesigen Batzen Geld zu machen. Diese Start-ups, an deren Aufbau er mitgewirkt hatte, dienten allesamt dazu, den Menschen auf der ganzen Welt eine Stimme zu geben und den Ohnmächtigen zu helfen, sich gegen Machtmissbrauch aufzulehnen. Twitter, nutzbar via Textmitteilung über jedes Smartphone und jeden Webbrowser, war dafür wie geschaffen, davon war er überzeugt. Sein Eindruck war, dass es bei Facebook dagegen eher darum ging, das Unternehmen in einen Goldesel zu verwandeln.

Jack fand Evs Argumente gegen den Verkauf von Twitter an Facebook nicht ganz überzeugend und schrieb in seiner Antwort auf die

E-Mail: »Wenn die Zahlen stimmen, steckt in beiden Wegen eine Erfolgsgeschichte.«

Doch Jacks Meinung fiel nicht mehr ins Gewicht. Er war auf Evs Position gerückt und nun ein »stiller«, machtloser Verwaltungsratschef, der keinen Einfluss auf die Geschäftsführung nehmen konnte, ein Trostpreis, den Ev ihm zugedacht hatte, damit er trotz seiner Entlassung das Gesicht wahren konnte.

Die Leute, die im Verwaltungsrat nun wirklich das Sagen hatten, stimmten am 30. Oktober nach vertraulichen Unterredungen gegen einen Verkauf an Facebook. Später an jenem Abend rief Ev Zuckerberg an, um ihm mitzuteilen, dass er sich »von dem Angebot geehrt« fühle, dass Twitter jedoch unabhängig bleiben wolle.

Das Gespräch endete freundschaftlich, doch Zuckerberg verlor nicht gern. Statt Twitter zu kaufen, richtete sich sein neuer Schlachtplan nun darauf, Jack abzuwerben. Wenn einer der Gründer der Firma zu ihrem größten Konkurrenten wechselte, so die Überlegung, wäre das ein Zeichen für mangelndes Vertrauen in Twitter. Wenn es dazu käme, würde es in der Öffentlichkeit als Rache an denjenigen gesehen, die ihn rausgeworfen hatten, oder als Eskalation im Kampf zwischen Jack und Ev um die Ausrichtung des Unternehmens. Deshalb gingen die Gespräche zwischen den beiden weiter.

Zuckerberg bat Jack zu einem Treffen mit Chris Cox, dem Produktleiter von Facebook, in Peet's Coffee in Palo Alto, wo die beiden eine Weile plauderten und Jack seine Vorstellungen von sozialen Netzwerken ausbreitete.

Einige Tage darauf führten Jack und Zuckerberg ein Telefonat.

»Also, was meinen Sie?«, fragte Zuckerberg. »Ich glaube, Sie würden hervorragend ins Unternehmen passen.«

»Was wäre meine Aufgabe? Mir wäre die Leitung der Produktabteilung recht.«

Das jedoch kam, das wusste auch Jack, nicht infrage, denn diese Position bekleidete ja bereits Chris Cox. Auch alle anderen hochrangigen Posten, die Jack hätte übernehmen können, waren bereits vergeben. »Warum kommen Sie nicht einfach zu uns und wir finden eine Aufgabe für Sie?«, schlug Zuckerberg vor.

Jack saß da, den Hörer ans Ohr gepresst, und dachte über Zuckerbergs Angebot nach. In den Medien wusste zwar niemand, dass Jack bei Twitter gefeuert worden war – laut offizieller Version handelte es sich um einen »Rollentausch« zwischen Twitters Vorstands- und Verwaltungsratsvorsitz –, aber die Ablösung hatte breiten Widerhall in der Presse gefunden, und Jack war bewusst, dass es hohe Wellen schlagen würde, wenn er nun den Sprung zu Facebook wagte. Ein so öffentlichkeitswirksamer Schritt wäre ein zweischneidiges Schwert. Gewiss, er würde sich auf diese Weise an Ev, Fred und Bijan dafür rächen können, dass sie ihn aus der Geschäftsführung gedrängt hatten, schließlich wäre es peinlich für sie, wenn der Mitgründer von Twitter zum größten Konkurrenten überliefe. Aber er wusste auch, dass sein Image dadurch einen Knacks bekäme. Eine Schlagzeile wie »Twitter-Mitgründer Jack Dorsey wechselt als Produktvorstand zu Facebook« hätte Jack als Triumph verbuchen können; wenn es dagegen hieße: »Twitter-Mitgründer Jack Dorsey geht ohne klangvollen Verantwortungsbereich zu Facebook«, wäre er in seiner Laufbahn zehn Stufen zurückgefallen.

»Bleiben wir einfach im Gespräch und schauen mal, ob wir die passende Position für mich finden«, antwortete Jack. »Ich muss darüber nachdenken, und wenn ich da einsteige, will ich das Richtige tun.«

Kampf oder Flucht

Das Jahr 2009 rückte schon in Reichweite, da grübelte Jack immer noch über seine Zukunft nach. Jetzt, wo eine mögliche Mitarbeit bei Facebook vorerst auf Eis lag, hatte er keine Ahnung, was als Nächstes kommen würde. Nur über eins war er sich sicher: Er würde garantiert nicht in die Fußstapfen jenes anderen Mitgründers treten, der Twitter vor ihm verlassen hatte.

Seit seinem Rauswurf aus der Firma war Noah in der Versenkung verschwunden, tauchte nicht mehr auf Partys, Konferenzen oder in Bars auf – und keinem schien es aufgefallen zu sein.

Vor seinem Abtauchen hatte Noah Jack zweimal per E-Mail um ein Gespräch gebeten, aber Jack hatte nie geantwortet. Damals hatte er Wichtigeres zu tun gehabt, dann war Jack selbst aus der Geschäftsleitung entfernt worden.

Schließlich, Ende 2008, fasste Noah den Entschluss, es bei Ev zu versuchen. Obwohl einst unzertrennliche Freunde, hatten sie seit dem South by Southwest Award ein Jahr zuvor kein Wort mehr miteinander gewechselt. Ev war einverstanden, sich mit ihm in der neuen Twitter-Zentrale an der Bryant Street zu treffen. Als Noah aus dem Fahrstuhl trat und durch die neue Eingangstür schritt, betrat er ein anderes Unternehmen. Dutzende von Programmierern wirbelten umher, die Wände zierten schicke Wandgrafiken, geräumige, loftartige Büroräume wurden von großen Glasfenstern erhellt, unter denen draußen leise der Verkehr dahinrauschte.

An diesem speziellen Morgen waren so viele Leute in Besprechungen, dass keiner der Konferenzräume frei war, und so setzten sich Ev und Noah auf zwei graue Sofas im komfortablen Empfangsbereich. Genau an diesem Ort hatte einige Wochen zuvor Jack gestanden und den Mitarbeitern sein Ausscheiden verkündet. Niemand der Twitter-Leute blieb stehen, um Noah zu begrüßen, schließlich wussten die meisten Mitarbeiter gar nicht, wer er war. Nach kurzem Plaudern kam Noah ohne Umschweife auf den Punkt. »Ich habe das Gefühl, dass man mich aus der Geschichte getilgt hat«, beklagte er sich. »An der Entwicklung von Twitter hatte ich einen ziemlichen Anteil. Ich will in der Geschichte wenigstens erwähnt werden.«

Noah hatte sich durch den Gang der Ereignisse wiederholt zurückgesetzt gefühlt und nun das Bedürfnis, mit seinen Mitgründern zu sprechen. So sehr er sich in den vergangenen beiden Jahren auch bemüht hatte, seine Aufmerksamkeit anderen Dingen zuzuwenden und neue Start-ups zu gründen, standen die meisten seiner Ideen, so brillant sie auch sein mochten, doch im Schatten der Vergangenheit. Es war nicht der Mangel an Fähigkeiten oder Kreativität oder Geld – er hatte mit dem Verkauf von Odeo an Ev mehrere Hunderttausend Dollar verdient –, was ihm so schwer im Magen lag; es war das Gefühl, von seinen Freunden und Mitarbeitern betrogen worden zu sein. Nachdem die Beziehung zu Jack in die Brüche gegangen war, verspürte Ev ein immer größeres Unbehagen im Umgang mit Noah, allerdings verriet er ihm auch jetzt nicht, dass Jack die wesentliche Triebkraft hinter Noahs Rauswurf gewesen war. Ev hatte Noah einen kleinen Posten aus seinen persönlichen Anteilen an dem Unternehmen angeboten – eine Geste, die den Schlag gedämpft, Noah aber nicht über seine Traurigkeit hinweggeholfen hatte.

Ev war häufig großzügig mit seinem Geld. In den frühen Tagen von Twitter war Jeremys Haus in West Oakland ausgeraubt worden; Diebe hatten die Eingangstür eingetreten, die Computer der Familie, wichtige Dokumente und die Sparschweine der vier und sieben Jahre alten Söhne mit beinahe 200 Dollar Kleingeld mitgehen lassen. Als Ev davon erfuhr, nahm er Jeremy im Büro still beiseite, überreichte ihm seine persönliche Kreditkarte und forderte ihn auf, alles zu ersetzen, was gestohlen worden war, ohne zu erwarten, irgendetwas zurückzuerhalten.

Ev hatte auch Biz unter die Arme gegriffen, als ihm das Geld ausgegangen war, und ihm einen Scheck über 50 000 Dollar ausgestellt, damit er seine Rechnungen und Hypothekenzahlungen begleichen konnte.

Aber Geld konnte Noah nicht helfen. Als er zu seiner Unterredung mit Ev auf dem Sofa Platz nahm, war Twitter praktisch allgegenwärtig geworden, was ihn nicht nur mit süßem Vaterstolz, sondern mehr noch mit Bitterkeit erfüllte. Es gab für ihn kein Entkommen: Nicht nur war er von den anderen Erfindern verstoßen worden, nun wurde er auch noch auf Schritt und Tritt an den Erfolg ihres gemeinsamen Werks erinnert – und an seine Niederlage.

Im Silicon Valley, wo es den Leuten unsäglich schwer fällt, über etwas anderes zu sprechen als über Technologie, hatte Noah das Gefühl, bei jedem beiläufigen Gespräch von seiner Vergangenheit eingeholt zu werden. Allenthalben war nun von Twitter die Rede, das kleine blaue Twitter-Logo tauchte auf den Kreidetafeln von Bars auf, prangte auf den Speisekarten von Restaurants und auf Lkw-Planen. Wie allen anderen in San Francisco konnte er ihm nicht entgehen. »Bist du auf Twitter?«, fragten neue Freunde, ohne zu ahnen, welche Rolle er bei der Schaffung des Dienstes gespielt hatte.

Im Foyer der Twitter-Zentrale war Ev bemüht, Noahs Gefühle zu schonen. »Hör mal, ich weiß, dass du am Anfang eine maßgebliche Rolle gespielt hast«, sagte er, »aber es ist heute ein völlig anderes Unternehmen.« Sie unterhielten sich ein wenig über die alten Zeiten, dann brach Noah auf und schloss die Tür der geschäftigen, blühenden Firmenzentrale hinter sich – und verschwand von der Bildfläche.

Er packte seine Siebensachen in Pappkartons und schickte von San Francisco aus einen letzten Tweet ab: »Ha! Hab mir gerade einen riesigen Camper gekauft. Versuche, herauszufinden, wie man das kleine Miststück fährt. Hab einen Standplatz in Venice Beach. Ziehe dieses Wochenende um :-).« Dann brach Noah nach Süden Richtung Los Angeles auf und ließ sich durch die heruntergelassenen Fenster die frische Luft um die Nase wehen. Aus der Stereoanlage tönte dieselbe Musik, die er ein paar Jahre zuvor auf der Fahrt nach Coachella mit seinem damaligen besten Freund Jack gehört hatte. Aber auf dieser Reise war er einsam. Er suchte Trost auf Twitter und schickte ein paar Mitteilungen über die Fahrt, aber dadurch fühlte er sich nur noch schlechter. Niemand beantwortete seine Tweets. Was nützte ein Dienst, der dabei half, mit seinen Freunden in Kontakt zu bleiben, so wie Noah sich Twitter ursprünglich ausgedacht hatte, wenn man gar keine Freunde hatte?

Im sonnigen Los Angeles angekommen, bezog er bald einen Dachspeicher in der Nähe von Venice Beach und versuchte, ein neues Leben anzufangen.

Eine Zeit lang empfand er ein Glück, das er seit langem nicht mehr verspürt hatte, aber es war nur von kurzer Dauer. Geschichten über Twitter tauchten nun allenthalben in den Wirtschafts- und Technologiespalten auf, durchdrangen jeden Winkel der Kultur. Selbst auf den Sportseiten las man über Twitter.

An einem Mittwochmorgen im November 2008 war in einem Artikel in der *New York Times* die Nachricht zu lesen, dass Shaquille O'Neal, der 2,16 Meter große Basketballhüne, ein Twitter-Konto eröffnet hatte.

Seit seiner Gründung waren auf Twitter reihenweise falsche Konten unter den Namen von Stars angelegt worden, um sich einen Spaß zu machen oder die Berühmtheiten mit Spott zu überziehen, doch nun registrierten sich immer mehr echte Stars auf Twitter. So war es auch bei Shaquille O'Neal. Nun hatte der Basketballspieler beschlossen, dem falschen O'Neal das Twitter-Konto abspenstig zu machen und selbst zu twittern. Seine berühmten Freunde brachte er gleich mit. Und wohin die Stars gingen, dahin folgten ihnen die Fans – dieselben Fans, die natürlich auch in Venice Beach, Los Angeles, lebten. Noahs Nachbarn.

Genau wie in San Francisco tauchte bald überall der blaue Vogel auf. »Hey, schon mal was von Twitter gehört?«, wurde Noah in den

Bars an der Strandpromenade von Venice Beach gefragt. »Wow, warum haben Sie so viele Follower?«, wollte jemand in einem Café am Abbot Kinney Boulevard von ihm wissen.

Twitters Präsenz in den Schlagzeilen erreichte bei einem Ereignis, das als »Wunder vom Hudson River« bekannt wurde, einen neuen Höhepunkt. Ein Airbus A 320 mit 155 Passagieren an Bord war nach dem Abflug vom New Yorker Flughafen LaGuardia mit einem Schwarm Vögel kollidiert und hatte auf dem Hudson River notwassern müssen. Ein Tourist, der das Geschehen von einer Fähre aus beobachtet hatte, fotografierte mit seinem Handy, wie die Passagiere dem sinkenden Riesenvogel rechtzeitig auf Notrutschen entkamen – und postete es auf Twitter. In Windeseile verbreitete es sich über das ganze Internet, wurde in den Abendnachrichten gezeigt und in den Zeitungen abgedruckt.

Wohin man auch blickte: Twitter, Twitter, Twitter.

Außerstande, der Allgegenwart von Twitter zu entgehen, zog sich Noah immer weiter zurück. Er schaltete Telefon und Computer ab und kappte jede Verbindung zum Internet, in der Hoffnung, Abstand und Zeit würden seine Wunden heilen.

Ende 2008 machte Jack das Gleiche durch wie Noah. Doch Jack beschloss, damit völlig anders umzugehen. Nach seinem Rauswurf bei Twitter war Jack anfangs so niedergeschlagen wie Noah. Wie sein ehemaliger Weggefährte wanderte er, elend und kochend vor Wut, durch die Straßen von San Francisco und grübelte darüber nach, wie es mit ihm weitergehen sollte. Doch hier hörten ihre Gemeinsamkeiten auf.

Jack hatte bei seinem unfreiwilligen Abgang zwar einige Firmenanteile eingebüßt, aber der Verwaltungsrat hatte zugestimmt, ihm ein Jahr nach seiner Entlassung eine Abfindung von 200000 Dollar zu bezahlen. Er war mit Geld immer sorglos umgegangen und hatte mit der einen Hand ausgegeben, was die andere einnahm, und so stürzte er sich erst einmal ins Leben, um auf die richtige Gelegenheit zu warten. Er verliebte sich in eine Balletttänzerin in San Francisco, eine Beziehung, die bald wieder zerbrach. Er besuchte

Freunde und Familie in St. Louis und reiste nach New York, um sich turnusmäßig die Haare schneiden zu lassen, seinen Lieblings-Cappuccino zu trinken und durch den Earnest-Sewn-Jeans-Laden zu schlendern.

Schließlich stieß Jack auf das, wonach er gesucht hatte. Auf einer Reise zurück nach St. Louis traf er seinen alten Freund Jim McKevey und kam mit ihm über die Gründung eines neuen Unternehmens ins Gespräch. Jim verdiente seinen Lebensunterhalt als Glasbläser. Er schuf kunstvolle Glasskulpturen und Glaspfeifen, die er an Läden und Sammler verkaufte, und erzählte Jack, dass er einmal eine große Skulptur nicht hatte verkaufen können, weil der Kunde nicht genug Bargeld bei sich trug. So kam ihr Gespräch auf die Möglichkeit, solche Käufe mittels Mobiltelefon und einer Kreditkarte zu tätigen. Sofort machten sie sich an die Ausarbeitung der Idee, die sie zuerst »Squirrel« nannten und dann in »Square« umtauften.

Jack verfolgte nebenher noch ein weiteres Projekt: Rache. Anders als Noah, der sich redlich mühte, das Vorgefallene zu vergessen und seinen Freunden ihren Verrat zu verzeihen, schlug Jack in die entgegengesetzte Richtung, unfähig, das Ressentiment, das er Ev, dem Verwaltungsrat und nun auch Biz gegenüber hegte, aus seinen Gedanken zu verbannen.

Wie besessen stürzte sich Jack auf jeden Zeitungsartikel und Blogpost, auf jede aktuelle Meldung über Twitter. Jedes Mal, wenn er einen Artikel las, in dem Jack Dorsey nicht als Schöpfer von Twitter Erwähnung fand, geriet sein Blut in Wallung. Jedes Mal, wenn Prominente Twitter besuchten und Jack nicht da war, um sie zu begrüßen, drang der Stachel tiefer.

Noah, Jack, Ev und Biz: Sie alle hatten mit ihren Egos zu kämpfen, ihr Denken wurde von ihren Egos beherrscht. Für Noah war die Selbstbeschäftigung ein Mittel der Reflektion, um herauszufinden, wem er in der Vergangenheit Unrecht getan hatte und wie er in Zukunft ein besserer Mensch werden konnte. Bei Jack hatte sie den gegenteiligen Effekt: Er grübelte obsessiv darüber nach, wer *ihm* in der Vergangenheit ein Leid getan hatte und wie er selbst in Zukunft wieder zurück ins Rampenlicht kommen könnte. Und welch besseren Weg zu diesem Ziel gab es, als die Egos anderer Leute in den Schatten zu stellen?

Jack durfte zwar bei der alltäglichen Führung des Unternehmens nicht mehr mitreden, er beschloss jedoch, jede Presseanfrage an seine persönliche E-Mail-Adresse bei Twitter, die er als stilles Verwaltungsratsmitglied behalten durfte, zu beantworten.

Er traf sich mit Journalisten und Bloggern und gab manchmal eine Geschichte über die Entstehung von Twitter zum Besten, die den Beitrag aller anderen aus der Firmenhistorie ausblendete. Keine Erwähnung von Noah, Biz, Jeremy, Crystal, Baine, Florian, Jeremy oder Tim. Keine Erwähnung anderer Leute, die bei der Schaffung von Twitter dabei gewesen waren oder bei den Frühstücksrunden, beim Mittag- oder Abendessen oder bei den Hack Days Ideen und Anregungen beigesteuert hatten. Und ganz gewiss keine Erwähnung von Ev.

Jack hatte zwar die Grundidee eines Dienstes gehabt, der den Menschen die Möglichkeit gab, Mitteilungen über ihren aktuellen Status zu verbreiten, doch wäre die Idee ohne Odeo schlicht das geblieben, was sie war – ein leerer Traum. Erst Noahs Entschlossenheit, Odeo zu retten, hatte die Voraussetzung dafür geschaffen, Jacks Konzept aktueller Statusmitteilungen von einem Mitarbeiterteam realisieren zu lassen, das bei den Hack Days ihre Vorstellungen einfließen ließ und umsetzte. Ohne Noahs Vision eines Mitteilungsdienstes, der Menschen zusammenbrachte, die sich einsam fühlten, und einen Namen, der im Gedächtnis haften blieb, hätte Twitter nie das Licht der Welt erblickt. Es war Ev gewesen, der darauf beharrt hatte, das es bei Twitter darum gehen sollte, »was gerade passiert«, und ohne seine finanzielle Unterstützung und seinen guten Ruf im Silicon Valley hätte Twitter nie so schnell wachsen können. Und hätte Biz nicht das Ethos hochgehalten, die Nutzer des Dienstes zu schützen und sich vor sie zu stellen, wäre aus Twitter eine andere Art von Unternehmen geworden.

Vor allem aber hätte ohne die Aufbau- und Entwicklungsarbeit Dutzender Twitter-Angestellter, die neue Ideen zur Webseite beisteuerten und sie tagtäglich in Gang hielten, das Start-up, wie so viele andere, genauso gut scheitern können.

Jack jedoch erzählte eine ganz andere Story. Er hatte damit begonnen, seinen eigenen Schöpfungsmythos in die Welt zu setzen.

Der Marathonmann

Es war nun schon Monate her, dass Jack als machtloser Vorsitzender an seiner ersten Verwaltungsratssitzung teilgenommen hatte. Auch die folgenden Male war es immer das Gleiche gewesen: Jack hatte nur dagesessen und Ev angestarrt.

Ev dagegen hatte sich inzwischen daran gewöhnt und war mittlerweile wie Fred, Bijan und Goldman geübt darin, Jacks Starren zu ignorieren.

Nun allerdings gab es einen Neuzugang, den das Spektakel verwirrte. Peter Fenton, schlicht Fenton genannt, war das neueste Mitglied im Verwaltungsrat von Twitter und sein jüngster Investor. Bei seiner ersten Verwaltungsratssitzung Anfang 2009 war er so aufgeregt wie ein Kind am Weihnachtsmorgen. Die Investition in Twitter war eine der größten Herausforderungen seiner bisherigen Laufbahn gewesen, und nun hatte er es geschafft, saß im Verwaltungsrat und war endlich Teil des Unternehmens. Es dauerte keine zehn Minuten, da war Fenton klar, dass keine Geschenke unterm Weihnachtsbaum lagen und bei Twitter ernstlich der Haussegen schief hing.

Nachdem sein Interesse einmal geweckt war, hatte ihn die Firma monatelang nicht mehr losgelassen. Im Januar 2009 hatte Fenton Wind davon bekommen, dass Twitter kurz vor einer dritten Finanzierungsrunde stand. Aber Benchmark Capital, die Investmentfirma, für die Fenton arbeitete, wollte sich nicht beteiligen.

Fenton war zu dieser Zeit 36 Jahre alt und besaß bereits ein ziemlich großes Vermögen. Mit seinem kurzen, hellen Haar und seiner kerzengeraden Haltung sah er aus wie ein Elitesoldat. Wie bei den meisten Risikofinanziers in Silicon Valley ging es ihm nicht ums Geld – er wollte gewinnen. Bei allem, was er tat, musste Fenton der Beste sein, egal, ob es um Marathonlaufen, Hubschrauberfliegen oder Risikofinanzierung ging.

Er hatte alle Hebel in Bewegung gesetzt und seine Kontakte mobilisiert, um bei der nächsten Kapitalaufstockung von Twitter nur ja dabei sein zu dürfen, und hatte Ev und Biz in seinem Haus in San Franciscos Milliardärsviertel, der »Billionaire's Row«, fürstlich bewirtet. Schließlich hatte er es, durch schiere Entschlossenheit, geschafft, zum führenden Investor der neuen Finanzierungsrunde des Unternehmens zu werden, durch die der Wert von Twitter auf über 250 Millionen stieg. Fenton selbst war mit 21 Millionen Dollar mit von der Partie.

Am 13. Februar 2009 verkündete Biz die Kapitalaufstockung in einem Blogpost. »Twitter wächst mit phänomenaler Geschwindigkeit«, schrieb er stolz. »Die Zahl der aktiven Nutzer ist in diesem Jahr um 900 Prozent gestiegen.« Was er nicht erwähnte, waren die Ertragszahlen, die seit den Anfängen der Firma überhaupt nicht gestiegen waren: Sie dümpelten weiterhin bei 0 Dollar.

Mittlerweile hatte Ev bei Twitter das Ruder fest in der Hand. Obwohl die Firma neben einer Hand voll freier Mitarbeiter immer noch mit weniger als 30 Vollzeitangestellten auskommen musste, hatte er den Kampf gegen die endlosen Ausfallzeiten und andere Probleme aufgenommen, mit denen Twitter in der Vergangenheit immer wieder zu kämpfen gehabt hatte. Nun konnte es bald vorrangig um die Monetarisierung der Geschäftsidee gehen, also darum, wie damit Geld zu verdienen war. Im Januar hatte Ev mit Kevin Thau einen neuen Entwicklungsleiter für das mobile Geschäft angeheuert und ihm die Aufgabe übertragen, Partnerschaften anzustreben, um endlich Erträge zu generieren. Ev schmiedete auch eine Kollaboration mit Current TV, dem Fernsehsender von Bill Clintons ehemaligem Vize Al Gore. Bei Barack Obamas Amtseinführung legte der Kanal Tweets über seine Live-Bilder.

Während sich Ev mühte, das Innenleben des blauen Vögelchens in Ordnung zu bringen, fungierte der leuteselige Biz bald als öffentliches Aushängeschild des Unternehmens. Auf Konferenzen, in Talkshows, sogar im satirischen *Colbert Report* und in Hunderten von Interviews für Magazine und Zeitungen verbreitete er landauf, landab die frohe Botschaft von Twitter. Doch mittlerweile hatte die Firma auch ein neues inoffizielles Gesicht: Jack Dorsey.

Jack hatte mit der Entwicklung seines mobilen Bezahldienstes Square begonnen und war in ein neues, schickes, spartanisch möbliertes Apartment am Mint Plaza ganz in der Nähe der Fifth Street gezogen. Es war zwar klein, traf aber in seinem ganzen Minimalismus mit den spiegelblanken Böden und kahlen Wänden just Jacks Vorliebe für ein steriles Ambiente.

Zum Ärger von Ev und Biz gab Jack weiterhin jedem, der darum bat, ein Interview: Zeitungsjournalisten, Bloggern, Fernsehreportern. Schlimmer noch, er erweckte bei aller Welt den Anschein, als mische er noch im Tagesgeschäft des Unternehmens mit, und sprach über neue Funktionen von Twitter, als wäre er selbst an ihrer Entwicklung beteiligt gewesen, obwohl er in Wirklichkeit nicht einmal mehr einen Schreibtisch in der Firmenzentrale besaß.

Statt sich mit Jack über seine exzessive Medienpräsenz zu streiten, bemühte sich Ev, ihn in das Geschehen einzubinden und das Problem auf diese Weise zu entschärfen. Anfang 2009 nahmen Biz, Ev und Jack gemeinsam auf der Bühne einen Crunchies Award entgegen, ein alljährlich von Branchenblogs vergebener Technologiepreis. Wegen ihrer rasant gestiegenen Popularität wurden sie in der Kategorie »Beste Start-up-Gründer« ausgezeichnet. Abwechselnd schritten die drei Gründer zum Mikrofon und sprachen zum Publikum. Biz ergriff zuerst das Wort und dankte Jack und Ev für ihre Inspiration. Ev, der zweite Sprecher, sprach seinerseits Jack und Biz, die hinter ihm auf der Bühne standen, seinen Dank aus. »Das war wirklich eine Gemeinschaftsleistung, die Ehrung gebührt dem ganzen Team«, sagte er mit der Trophäe in der Hand, stets bemüht, das Verdienst anderer gebührend anzuerkennen. »Wir sind im Hauptquartier von Twitter 26 Leute, die bis zum Umfallen geschuftet haben.« Jack, der letzte, dankte feierlich den Millionen von Menschen, die den Dienst nutzten. »Ihr verändert die Welt mit jeweils 140 Zeichen«, erklärte Jack mit monotoner Stimme. Dann verließen sie alle die Bühne.

Wie die meisten Leute bei der Crunchies-Preisverleihung hatte Fenton vor seinem Einstieg als Investor angenommen, dass Jack stärker in den täglichen Betrieb des Unternehmens eingebunden war. Er hatte keine Ahnung, dass Jack in Wirklichkeit praktisch kaltgestellt war. Nach Schließung der Verwaltungsratssitzung hielt sich eine penetrante Spannung im Raum. Fenton war einigermaßen geschockt.

Zurück im Büro griff er zum Hörer und rief Bijan an. »Was, zum Teufel, ist denn da abgegangen?«

»Ach, das wussten Sie gar nicht?«, fragte Bijan.

»Was meinen Sie?«

Bijan klärte Fenton umfassend auf: dass Jack aus der Geschäftsführung des Unternehmens geflogen war und warum; dass Ev den Vorstandssessel übernommen hatte und warum; und dass, für den Fall, dass es ihm entgangen sein sollte, die beiden Gründer eine tiefsitzende Abneigung gegeneinander hegten.

»Jetzt hab ich das Gefühl, im Konferenzraum klebt überall altes Blut an den Wänden«, sagte Fenton, nachdem er die Geschichte gehört hatte. Er legte auf und rief Jack an, um sich mit ihm zum Abendessen zu verabreden. Jack schlug das Chez Papa in der Nähe seiner Wohnung vor.

Im schummerigen Licht des Restaurants inmitten plaudernder Gäste tischte Jack dem Investor seine Version der Geschichte auf: Er erzählte Fenton, dass Ev ihn aus Machtstreben aus der Geschäftsführung gedrängt habe und Twitter Jacks Idee gewesen sei. Jack beklagte sich auch über die neue Ausrichtung, die Ev dem Unternehmen gegeben hatte.

Ev war seit Jacks Ausscheiden rege gewesen und hatte viele Veränderungen bei der Webseite und beim Service eingeführt. Er hatte

keine Zeit verloren und viele der Partnerschaften für Textmitteilungen, die Jack während seiner Amtszeit als Vorstandschef geschlossen hatte, aufgekündigt (Partnerschaften, die Twitter jeden Monat
Hunderttausende von Dollar gekostet hatten). Jack, der überzeugt
war, dass Twitter in erster Linie über SMS laufen sollte, beklagte
sich auch darüber bei Fenton. Ev dies, Ev das ...

Fenton war empört und hielt mit seiner Entrüstung nicht hinter
dem Berg. Er redete sich in Rage und donnerte erregt die Hand auf
den Tisch. »Ich werde nicht eher ruhen, bis Sie wieder in dieser
Firma sind«, versicherte er Jack, ein Versprechen, das Fenton ein-
zuhalten gedachte.

Zum ersten Mal seit Monaten verspürte Jack ein Hochgefühl.
Endlich hatte er jemanden gefunden, der auf seiner Seite stand.
»Sie sind der Gründer dieses Unternehmens«, sagte Fenton und
schlug mit der Hand auf die Tischplatte. »Ich werde nicht locker
lassen, bis Sie wieder bei Twitter sind!«

Dinner bei Al

Ev und Biz schauten sich mit gespielter Gleichgültigkeit an, als sie durch das St. Regis Hotel geleitet wurden. Ihr Weg durch die Nobelherberge führte sie an einem rechteckigen, modernen Kamin vorbei, sie bogen erst links, dann rechts um die Ecke, durchschritten Türen, liefen einen Korridor entlang und standen schließlich vor einem halbprivaten Fahrstuhl, der sie nach oben bringen sollte.

»Ui, jetzt klingelt's bei mir«, sagte Biz, als sich die Fahrstuhltür hinter den beiden schloss. »Wir sind zum Dinner beim ehemaligen Vizepräsidenten der Vereinigten Staaten eingeladen.« Er war ganz schön aufgeregt.

Ev schmunzelte, während der Lift zu den oberen Geschossen des Hotels emporschwebte. Sie trugen ihre übliche Straßenkleidung: Jeans, Sweatshirts, Jacketts und Turnschuhe. Oben angekommen, traten sie aus dem Fahrstuhl auf einen recht dunklen Korridor mit tief beigefarbenen Wänden und einem glatten, kastanienbraunen Teppich. Die gedämpfte Beleuchtung erzeugte die Stimmung eines hippen Nachtclubs.

»Ich schätze mal, hier ist es«, sagte Biz und klopfte sachte an die Tür der Suite. Sie warteten einige Augenblicke, unschlüssig, ob sie noch einmal klopfen oder am Türknopf drehen sollten, da hörten sie im Inneren des Apartments auch schon Schritte herannahen.

»Hey, Jungs! Kommt rein«, bellte die tiefe Südstaatenstimme Al Gores, als die Tür aufging. Gore winkte sie in sein extravagantes Apartment durch, das ihm gehörte und über einem der luxuriösesten Hotels von San Francisco thronte. »Willkommen!«

»Hallo, Al!«, sagte Biz jovial, obwohl er bis dahin noch kaum ein Wort mit ihm gewechselt hatte, und schüttelte beherzt die Hand des ehemaligen Vizepräsidenten. Ev, ein wenig sparsamer in seiner Haltung, begrüßte Gore mit einem etwas förmlicheren Handschlag. »Hallo, Mr. Gore. Schön, Sie kennenzulernen.«

Es war März 2009. Gore war Chef von Current TV, ein Fernsehsender, den er nach seiner Niederlage bei den Präsidentschaftswahlen gegen George W. Bush erworben hatte. Nun, beim Abendessen in seiner Wohnung in San Francisco, wollte er mit seinen Gästen Ev und Biz erörtern, »wie Twitter und Current TV zusammenarbeiten könnten«.

Die beiden ließen den imposanten, geräumigen, stilvoll eingerichteten Raum auf sich wirken, wo Gores Begleiter schon auf sie warteten. Einer von ihnen war Joel Hyatt, der Mitgründer von Current TV.

»Ich hol euch Jungs mal einen Drink«, tönte Gore, nachdem er sie mit seinen Leuten bekannt gemacht hatte. »Wir haben alles. Whiskey, Bier, Wein, Champagner?«, fragte er, hielt inne, blickte sich zu ihnen um und sagte mit leicht geweiteten Augen: »Schnäpschen?« Es folgte ein röhrendes, vizepräsidentiales Lachen.

Prominente hatten Biz nie sonderlich beeindruckt. Ob Superstars, Starlets oder Möchtegern-Promis, für Biz waren sie alle gleich wichtig. Zumeist fand er die Reichen und Berühmten sogar weit weniger interessant als Menschen, die jeden Morgen früh aufstanden und ihre Brötchen im Schweiße ihres Angesichts verdienten.

Doch bei Al Gore war es etwas anderes. Biz platzte vor Aufregung, seine Gesellschaft teilen zu dürfen. Wie Biz war Gore ein großer Tier- und Umweltfreund, und sie hatten noch eine weitere Gemeinsamkeit: Beide konnten sie George W. Bush nicht ausstehen.

Seit 2008, als Current TV und Twitter ihre Kräfte für eine experimentelle Aufbereitung der Präsidentschaftsdebatte gebündelt hatten, pflegten die beiden Unternehmen eine engere geschäftliche Beziehung. Die Idee war gewesen, den Wählern unter dem Motto »Klick dich in die Debatte« die Möglichkeit zu geben, ihre Meinung

über die Kandidaten als Tweets zu senden, die dann von Current
TV über die Live-Sendung des Streitgesprächs gelegt wurden. Das
Gros der Twitter-Mitteilungen, die auf Twitter geteilt wurden, waren
zwar Meldungen von Mainstream-Sendern wie CNN und MSNBC,
doch Current TV beschritt mit dem Format einen neuen Weg des
interaktiven Fernsehens und kam einer Verschmelzung der beiden
Medien ziemlich nah.

Die Erfahrung der Präsidentschaftsdebatten und Obamas Wahl-
sieg – den der frischgewählte Präsident sofort mit einem Tweet verkündet hatte – überzeugten Gore, wie bestechend die Kombination
von Live-Berichterstattung und Textmitteilungen der Bürger via
Twitter war: Die Leute machten sich in Echtzeit über Sarah Palin
lustig, entlarvten Falschaussagen beider Kandidaten und feuerten
ihre Heimmannschaften an. Current TV war entschlossen, ein star-
kes Band zur medialen Zukunft zu schmieden: zu Twitter.

Wie die meisten Spitzenpolitiker hatte Gore mehr Charisma und
Charme als jeder durchschnittliche Hollywoodstar. Er erzählte Witze und gab dramatische Episoden aus seiner Zeit als Vizepräsident
zum Besten. Er verriet seinen Besuchern, wie er durch Strippen-
ziehen und die Mobilisierung von Freundschaftsdiensten seinen
Fernsehsender den Fängen eines französischen Konzerns entrissen
hatte.

»Wir mussten ein paar metaphorische Kanonen an ein paar metaphorische Köpfe halten«, kicherte Gore.

»Al, die Köpfe waren echt!«, warf Gores Geschäftspartner Joel
ein und erntete schallendes Gelächter.

Der Wein floss in Strömen. Eh sie sich's versahen, hatten Ev, Biz
und der ehemalige Vizepräsident der Vereinigten Staaten gewaltig
einen in der Krone. Biz strahlte Gore an und sprach mit ihm wie
mit einem alten Saufkumpel in einer schmierigen Eckkneipe. »Al«
dies und »Al« das, gefolgt von weiteren Witzen. Er war hin und weg.
Auch Ev hatte seinen Spaß, aber als er bemerkte, wie sich Biz von
der Stimmung fortreißen ließ, beschloss er, abzuwenden, was von
Gore und seinen Managern unfehlbar als Nächstes kommen würde.

»Nur um das klarzustellen«, unterbrach Ev die Gruppe. »Biz ist
ganz aus dem Häuschen und schlägt vielleicht gleich einen Plan für
unsere gemeinsame Zusammenarbeit vor, aber ich möchte gleich
vorausschicken, dass das nur die Aufregung ist. Wir stimmen«,
fügte er noch nüchterner hinzu, »nicht unbedingt allem zu.«

An diesem Punkt der Geschichte hatte Ev schon Dutzende von
Versuchen berühmter Leute erlebt, sich Firmenanteile von Twitter
unter den Nagel zu reißen. Sie schlugen vor, »nur mal zu reden«,
um ihm dann eine einmalige Gelegenheit zur Zusammenarbeit
schmackhaft zu machen, alles, um einen spottbilligen Anteil an
Twitter zu ergattern.

So schlugen manche Stars vor, einen Anteil am Unternehmen
im Tausch gegen die Nutzung des Dienstes zu erhalten. Das hatte
schon Ashton Kutcher probiert, ein Schauspieler mit unternehme-
rischen Ambitionen, der Ev und Biz in seine Villa in Los Angeles
eingeladen hatte, um sich mit ihnen zu »unterhalten«. Dort, am
Swimmingpool von Kutchers Haus in intimer Gegenwart seiner
Frau Demi Moore hatte der Mime ihnen einen Anteil an ihrem
Unternehmen abzuluchsen versucht. Auch der Rapper Sean »Puf-
fy« Combs hatte ihnen Firmenanteile abhandeln wollen.

Jedes Mal hatte Ev die Reichen und Berühmten, die an das Wörtchen »nein« nicht gewöhnt waren, höflich abgewiesen. Große Fir-
menbosse versuchten es ebenso. Bei einem Abendessen im viele
Millionen Dollar teuren Haus von Bill Gates in Seattle hatte Steve
Ballmer, der Chef von Microsoft, zu Ev gesagt, falls er jemals das
Unternehmen verkaufen wolle, wäre Microsoft sehr daran interessiert. Auch Ballmers Angebot hatte Ev freundlich ausgeschlagen.

Ev ging es nie um das Geld oder um die Nähe zu Berühmtheiten.
Für ihn kreiste letztlich alles um seine Vision, etwas zu schaffen,
das völlig unbekannten Menschen aus irgendeinem abgelegenen
Ort – zum Beispiel aus einem so winzigen Kaff wie Evs Heimatdorf
Clarks in Nebraska – die gleiche Stimme geben würde wie Leuten
von Rang und Namen, die in den Hauptstädten die Nähe zur Macht
pflegten.

Jetzt war es Al Gore, der ein paar Federn des blauen Vogels ergattern wollte.

»Hört mal, Jungs«, sagte Gore und fing an, ein paar seiner Vorstellungen auszubreiten, darunter die Idee eines Zusammenschlusses. Er dachte an die Gründung einer Firma namens Twitter TV, also praktisch an eine Art Fusion der beiden Unternehmen. Er schwärmte, dass Twitter und Current TV gemeinsam die Zukunft des Fernsehens aufbauen könnten, dass sie Twitter gemeinsam zu mehr als einem bloßen Tickerband im TV machen und eine völlig neue, interaktive Erfahrung für das Wohnzimmer schaffen könnten.

Gore klang sehr überzeugend. Eine solche Fusion würde ihm höchstwahrscheinlich einen dicken Batzen Anteile an Twitter verschaffen. Ev öffnete gerade den Mund, um das Angebot höflich auszuschlagen, da fiel ihm Biz betrunken ins Wort.

»Al, Al! Ich glaube, Sie haben völlig Recht«, lallte er. »Aber wenn Sie Recht haben – und davon bin ich überzeugt –, warum sollten wir uns dann nur an Sie binden? Warum sollten wir das, was Sie vorschlagen, nicht mit jedem TV-Sender da draußen machen?«

Gore stutzte kurz und schwang sich gleich wieder zu einem leidenschaftlichen Plädoyer für eine Zusammenarbeit auf. Sein Werben war verlockend, aber Ev und Biz waren nicht wirklich überzeugt. Freundlich erwiderte Ev, dass sie es sich überlegen würden. Sie würden darüber schlafen und das Angebot in der Firma diskutieren.

Das Essen neigte sich dem Ende zu, doch Gore ließ nicht locker. Er kam mit einer Flasche Tequila der Marke Patrón und einer Hand voll Schnapsgläsern aus der Küche. »Ich habe gehört, das hier ist der wahre Stoff«, prustete er laut lachend. Schnäpse wurden eingeschenkt, und bald spülten sie den vizepräsidentialen Patrón wieder mit Wein hinunter, bis Ev mahnte, dass es nun wohl an der Zeit sei, sich zu verabschieden. »Vielen Dank für das Essen und alles andere«, sagte er zu Gore. »Wir melden uns bald.«

Ev und Biz schritten zum Fahrstuhl, fuhren zum Foyer hinunter, hockten sich an die Hotelbar und schlürften noch ein paar Drinks, um die Anspannung des Abends abzuschütteln.

»Heilige Scheiße!«, tönte Biz und fiel, betrunken, wie er war, beinahe vom Hocker. »Wir waren gerade bei dem Typ, der beinahe der verdammte Präsident geworden wäre!«

Sie brauchten nicht lange, bis ihnen klar wurde, dass ihre Antwort abermals »nein« lauten würde. Sie waren entschlossen, Twitter unabhängig zu halten.

»Wir müssen aufhören, uns mit diesen berühmten Leuten zu treffen«, resümierte Ev. »Sie versuchen ständig, uns zu kaufen!«

Zu Gast bei Oprah

Vor dem Bett im Trump International Hotel & Tower stand eine mit beigefarbenem Satin bezogene Bank, auf die sich Ev gesetzt hatte, bis das Licht mit einem Flackern wieder anging. In der Tiefe glitzerte der Chicago River und reflektierte die (ehemals) zweite Stadt der USA mit der Pracht eines Feuerwerks.

Eine Gewitterkette rollte über den Mittleren Westen, verursachte Stromausfälle und Verzögerungen im Flugverkehr. Auch der Flieger von Ev und Sara war viel später als erwartet in Chicago eingetroffen, und bei der Anmeldung im Hotel war dann auch noch der Strom ausgefallen.

Sara war mit ihrem ersten Kind schwanger und hatte in einem Anfall von Heißhunger die Minibar geplündert. Tüten von Erdnüssen, Chips und Süßigkeiten lagen über das Zimmer verstreut, während sie sich ans Auspacken der Koffer machte.

Es war Donnerstag, der 16. April 2009; eine der turbulentesten Wochen, die Twitter bislang erlebt hatte, war noch nicht zu Ende.

Sobald sie wieder Strom hatten, griff sich Ev die Fernbedienung des Hotelfernsehers. Er schaltete rasch CNN ein, lauschte einen Augenblick und schüttelte mit einem ungläubigen Lachen den Kopf. Moderator Anderson Cooper starrte in die Kamera, als ob er nur zu Ev und Sara spräche und nicht auch zu den Millionen anderer Menschen, die den 24-Stunden-Nachrichtenkanal eingeschaltet hatten. »Bitte gehen Sie auf Twitter.com und werden Sie ein Follower von CNN«, bat er die Zuschauer wiederholt. Sara hielt kurz inne und warf Ev einen amüsierten Blick zu, während sie sein braunes Hemd für den folgenden Tag aufhing.

»Du meine Güte«, rief Ev beeindruckt. »Das ist ja ein Riesending!«

Wortlos ließen sie die Situation auf sich wirken: Da waren sie nun, im schicken Trump Hotel in Chicago, und verfolgten im Fernsehen, wie der Kanal CNN mit dem Schauspieler Ashton Kutcher um den ersten Twitter-Account mit mehr als einer Million Follower wetteiferte. Und damit nicht genug: In ein paar Stunden würde Ev in der *Oprah Winfrey Show* der Gastgeberin Oprah, eine der berühmtesten und einflussreichsten Frauen der Welt, dabei helfen, ihren ersten Tweet zu verschicken.

So surreal ihnen das alles anmuten mochte, es war kein Traum, sondern die Wirklichkeit. In Kürze würde Ev zu Gast in der Show von Oprah Winfrey sein.

Schon seit ein paar Tagen hatte Ev deswegen ein flaues Gefühl im Magen. Es hatte angefangen, als bei Twitter eine gewöhnliche E-Mail von den Produzenten der *Oprah Winfrey Show* mit einer schlichten Anfrage einging: Wäre das Unternehmen so freundlich, kurz zurückzurufen, um über die Erwähnung von Twitter in der Show zu sprechen?

Kutcher und CNN lieferten sich einen öffentlichen Schaukampf darum, wer als Erster von beiden die Marke von einer Millionen Follower knacken würde. Das hatte auch Oprah auf den Dienst aufmerksam gemacht, die nun wissen wollte, was es mit diesem Twitter eigentlich auf sich hatte. Nach der Anfrage versammelte Ev sofort eine kleine Gruppe von Mitarbeitern in einem Konferenzraum und rief die Produzenten der Show an. Alle scharten sich ums Telefon.

»Wir möchten Oprah in der Show ihren ersten Tweet schicken lassen«, krächzte die Stimme durch den Lautsprecher. Ein Lächeln breitete sich über die Gesichter der Versammelten aus. »Wir haben außerdem vor, Twitter zum Themenschwerpunkt der Sendung zu machen«, fuhr die Stimme fort. Das Lächeln der Twitter-Mitarbeiter wurde schon ein bisschen dünner, denn das verhieß nichts Gutes.

Mit seinem unstillbaren Durst saugte Twitter nämlich weiterhin jeden Tag Tausende neue User auf, die allesamt dafür sorgten, dass die Webseite eine unaufhaltsame Dynamik entwickelte. Nur führte das leider dazu, dass die Server der Webseite immer wieder an ihre Grenzen stießen und zusammenbrachen. Die Techniker waren jetzt schon ausgepowert, einige Leute in der Firma arbeiteten bis zu 20 und mehr Stunden am Tag, um den Dienst aufrechtzuerhalten. Schon eine bloße Erwähnung in der ungeheuer populären *Oprah Winfrey Show*, die jede Woche zwischen 26 und 42 Millionen Zuschauer anlockte, würde Twitter kaum verkraften. Im Guten wie im Schlechten repräsentierte Oprah den absoluten Massengeschmack, und ihre Fans konnten sich rasch in einen Tsunami von Neuanmeldungen verwandeln, mit dem Twitter schlicht nicht mehr fertig werden würde.

»Ashton Kutcher wird in der Show sein, um über seinen Wettlauf mit CNN zu sprechen«, fuhr die Stimme im Lautsprecher fort. Die Mienen der Twitter-Leute im Konferenzraum trübten sich noch weiter ein. »Und Oprah möchte das in der Freitagmorgenshow bringen, die live ist und unser größtes Publikum hat.« Freitag? Das war ja schon übermorgen! »Es wäre echt hilfreich, wenn jemand von Twitter herkommen könnte, um unseren Leuten zur Seite zu stehen, nur für den Fall, das was schiefgeht«, bat Oprahs Produzent. »Wäre das möglich?«

»Natürlich«, antwortete Ev und beugte sich dichter über das Telefon. »Wir können Ihnen einen unserer Techniker schicken.«

»Super«, erwiderte die Stimme in der Leitung und stockte kurz. »Augenblick mal, wer sind Sie eigentlich? Was ist Ihr Job?«

Ev beugte sich wieder über das Telefon und antwortete lässig: »Ich bin einer der Gründer und der Vorstandschef.«

»Ach, könnten Sie da nicht selbst kommen?«, fragte der Produzent.

Ev zögerte, blickte sich im Raum um und zuckte mit den Schultern. »Klar«, sagte er. »Kann ich auch ein Ticket für meine Frau Sara bekommen, damit wir beide im Publikum sitzen können?«

Der Produzent war einverstanden, und als das Gespräch beendet war, schaute Ev in die Gesichter im Raum.

»Was sollen wir machen?«, fragte ein Assistent.

»Allzu viel können wir nicht tun. Wir müssen nur alles daran setzen, dass die Seite nicht zusammenbricht«, erwiderte er lächelnd. »Ich meine, verdammt, es ist schließlich die *Oprah Winfrey Show*!«

Den ganzen Mittwoch über jagte eine Sitzung die andere, um zu besprechen, wie verhindert werden konnte, dass Twitter unter der Last von Oprahs Starruhm in die Knie ginge. Damit bei der landesweiten Ausstrahlung auch alles klappte, beschlossen die Techniker, einen Server eigens für Oprah einzurichten, ihr spezielles Twitter. So war sichergestellt, dass selbst bei einem Zusammenbruch der Webseite während des Live-Spektakels Oprahs Konto funktionstüchtig bliebe.

Evs Assistent wirbelte sofort los, buchte Flüge und Hotelzimmer. Laut Plan sollte Ev am Donnerstagmittag fliegen und am Freitagmorgen zur Show fahren, um für den reibungslosen technischen Ablauf von Oprahs erstem Twitter-Versuch zu sorgen und sich unter das Publikum zu mischen, wo ihm, wer weiß, Oprah vielleicht noch eine kleine Zwischenfrage stellen würde, während sie die schöne neue Welt der sozialen Medien erkundete.

Genauso wurde alles arrangiert. Am Donnerstagmorgen kurz nach sieben, als Ev und Sara gerade ihre Sachen für den Flug nach Chicago packten, klingelte Evs Handy mit einer Chicagoer Nummer. Wer sollte ihn so früh am Morgen stören?

»Ev am Apparat.«

»Hallo, Evan«, meldete sich eine Frau. Sie war vom Produktionsteam der *Oprah Winfrey Show*, mit dem Ev schon gesprochen hatte. »Wir haben uns zu einer kleinen Änderung des Plans entschlossen. Wir möchten nun morgen in der Show Sie selbst gerne im Gespräch mit Oprah haben.« Das Geflatter der Schmetterlinge in Evs Bauch schwoll zu einem orkanartigen Brausen an.

Die Produzentin erläuterte, dass Ev von Oprah interviewt würde – vor sieben Millionen Zuschauern – und Ashton Kutcher via Skype aus Kalifornien zugeschaltet würde. All dies, nachdem Oprah live ihren ersten Tweet gesendet hätte.

Als Ev auflegte, war sein Gesicht aschfahl.

»Wer war denn dran?«, wollte Sara wissen.

»Heilige Scheiße, ich trete morgen bei Oprah Winfrey auf«, sagte er, halb bestürzt, halb freudig erregt. Nachdem er dem Team die Planänderung gemailt hatte, twitterte er: »»Morgen ist gerade zu einem sehr wichtigen Tag geworden. (Sorry wegen der vagen Andeutung – mehr davon später.)«

Während die Vorbereitungen für die *Oprah Show* schon im vollen Gange waren, kämpfte Twitter mit all den Neuanmeldungen durch Asthon Kutchers Wettlauf mit CNN um die erste Million Follower. Kaum waren frische Server zugeschaltet, erreichte der Traffic schon wieder neue Spitzen. Und es sollte noch schlimmer kommen.

Talkmaster Larry King stellte ein Video online, in dem er gegen Kutcher stichelte: »Halten Sie mich zum Narren? Soll das ein Witz sein? Glauben Sie etwa, Herr Kutcher, Sie können es mit einem ganzen Fernsehsender aufnehmen?« Das führte zu einem weiteren Ansturm von Anmeldungen. Kutcher seinerseits spannte berühmte Freunde wie den Basketballspieler Shaquille O'Neal und den Rapper P. Diddy ein, um für ihn die Werbetrommel zu rühren. Wieder schossen bei Twitter die Neuanmeldungen in die Höhe. Und nun saßen Ev und Sara in Chicago und verfolgten mit, wie binnen Minutenfrist die Entscheidung fallen würde, wessen Twitter-Konto die erste Million Follower überschritt.

In der Twitter-Zentrale in San Francisco wachten die Techniker unterdessen mit Argusaugen über die Webseite, während sich immer mehr Menschen registrierten, um entweder Kutcher oder CNN zu unterstützen. Obendrein stiftete das Hackerkollektiv Anonymous mit einem Schadprogramm Unruhe, das automatisch falsche Konten einrichtete, um sowohl Kutcher wie CNN zu überflügeln – wodurch noch mehr Seitenaufrufe zustande kamen.

Kurz nach 1:00 Uhr Chicagoer Zeit fiel die Entscheidung. Während Moderator Cooper die Zuschauer fast auf Knien anbettelte, noch schnell Follower von CNN zu werden, saß Asthon Kutcher mit einem weißen Cowboyhut auf dem Kopf daheim in seinem Arbeitszimmer, umringt von Freunden und Berühmtheiten, starrte auf den Computerbildschirm und verfolgte, wie die Zahl seiner Follower anschwoll.

»Das ist größer als das Finale von *American Idol*!«, jubilierte Demi Moore, die über Kutchers Schulter lugte. »Noch 15 Leute!«, rief Kutcher. Sekunden später brach lauter Jubel los. Der Schauspieler hatte CNN offiziell überrundet und als Erster die Millionenmarke geknackt. Unter dem Gegröhle der Umstehenden ließ Kutcher den Champagnerkorken knallen und stieß mit dem halben Dutzend Leute im Raum an. P. Diddy, am Telefon zugeschaltet, rief: »Glückwunsch! Heb mir ein Glas auf, Alter!« CNN gab sich geschlagen, während Kutcher twitterte: »Der Sieg gehört uns!!!!!!!!«

Wegen des späten Triumphs von Kutcher und seines Lampenfiebers fand Ev keine wirkliche Ruhe und erwachte am Freitagmorgen nach nur wenig Schlaf ziemlich gerädert.

Als Eve und Sara einige Stunden vor Ausstrahlungsbeginn im Studio der *Oprah Show* eintrafen, tauchten sie ein in den hektischen Strudel der Sendevorbereitung: Maske, umherlaufende Produzenten, Soundcheck, Monitore, hereinströmendes Publikum. Auf dem Weg zu seinem Platz im Publikum, von dem aus er später zu Oprah gebeten würde, fragte Ev nach der Toilette, lief in die angezeigte Richtung, stolperte und fiel der Länge nach auf die Nase.

Viel Zeit blieb ihm nicht, um sich von seinem Sturz zu erholen. Eh er sich's versah, wurde er aufgerufen und begab sich zu Oprah, die ihn in ihrem rosafarbenen Blazer begrüßte. Aus jedem Winkel des Studios richteten große kastenförmige Kameras ihre Objektive auf ihn, während auf den Tribünen ringsherum Hunderte von Zuschauern seinen Weg verfolgten, mitten unter ihnen Sara, die ihm aufmunternd zulächelte. Dann verkündete eine Stimme: »Und wir sind auf Sendung in fünf, vier, drei ...«

»Hi, willkommen zur Live-Sendung am Freitag. Heute bin ich zum ersten Mal auf Twitter«, zwitscherte Oprah fröhlich. Während die Kameras wie geübte Ballerinen um das Set tanzten, brachte ein Adrenalinschub Evs Blut in Wallung.

Oprah stellte dem Publikum nun Twitter vor, erzählte von der Unterhaltung, die sie am Morgen darüber mit dem Portier geführt hatte, und stellte dann ohne Umschweife einem aufgewühlten Ev ihre Fragen.

»Wie sind Sie auf die Idee gekommen?«

»Meine Mitgründer, Biz und Jack, sind echte Genies«, antwortete Ev. Er erläuterte Oprah den Unterschied zwischen Bloggen und Twittern und wie sich mit der Webseite in Sekundenschnelle Nachrichten verbreiten ließen. Twitter sei so schnell, sagte er, dass Feuerwehr und Polizei es für dringende Mitteilungen benutzten. Oprah entging nicht, wie nervös Ev war. Mit gewohnter Professionalität ergriff sie seine Hand und sorgte auf diese Weise dafür, dass sich ihr Gast etwas beruhigte.

Doch der eigentliche Schreck sollte für Ev erst noch kommen. Wieder und wieder hatten ihn Oprahs Mitarbeiter gewarnt, dass die TV-Königin nicht das Geringste von Technik verstehe. Damit sie ihren ersten Tweet nicht verpatzte, hatte ihr Stab auf einem Laptop die Reihenfolge der Tasten, die sie drücken sollte, nachdem sie ihre erste Mitteilung von 140 Zeichen geschrieben hatte, bunt markiert. Es war wie Malen nach Zahlen, nur eben auf einer Tastatur für einen unbeholfenen Computerlaien.

Die Live-Sendung war bis ins Kleinste vorbereitet. Oprah sollte den Tweet schreiben und senden, dann kam ein Werbeblock. Während die Werbeclips eingespielt wurden, sollte Oprah »den Knopf auf der Tastatur mit dem gelben Aufkleber drücken«, wodurch sie die Tweets ihrer Freunden aufrufen würde, darunter George Stephanopoulos, Ellen De Generes, Shaquille O'Neal, Demi Moore und andere, die alle von den Produzenten gebeten worden waren, Oprah zu antworten und sie bei Twitter willkommen zu heißen.

Doch Oprah drückte zuerst die Feststelltaste und fing dann an zu tippen: »HI TWITTERER DANKE FÜR DAS LIEBE WILLKOMMEN FÜHLE MICH WIRKLICH WIE IM 21. JAHRHUNDERT.« Statt dann auf »senden« zu klicken, kam sie aus Versehen auf die mit dem gelben Klebeband markierte Taste – und löschte damit ihren gesamten ersten Tweet wieder. Die Werbung wurde eingeblendet. Oprah hatte nicht getwittert. Ev hatte genau verfolgt, was geschehen war. Seine Kehle schnürte sich zu. Sofort ließ er Oprah zur Seite rücken, schnappte sich ihren Laptop und hämmerte wie wild auf die Tastatur, tippte exakt den gleichen Tweet in Großbuchstaben noch einmal ein und klickte mit pochendem Herzen auf »senden«, während der Produktionsassistent rief: »Und wir sind zurück in fünf, vier, drei ...«

Schließlich wurde Kutcher zugeschaltet, aus demselben Arbeitszimmer, in dem er ein paar Stunden zuvor gesessen hatte, als er im Wettkampf um die erste Million Follower CNN geschlagen hatte. »Herzlichen Glückwunsch«, gratulierte Oprah. »Das sagt viel über den Stand der Medien aus«, antwortete Kutcher . »Ich glaube, dass wir bei den sozialen Medien heute einen Punkt erreicht haben, an dem die Stimme eines Einzelnen so mächtig werden kann wie die eines Medienkonzerns. Das ist die Macht sozialer Netzwerke.« Twitter, erzählte er, verschaffe ihm persönlich die Möglichkeit, den Paparazzi ein Schnippchen zu schlagen, weil er jetzt selbst die Fotos und Videos auswählen könne, die über ihn in Umlauf kommen sollten, noch bevor die Klatschblätter und Boulevardzeitungen die Öffentlichkeit erreichten.

Noch während der Sendung fingen Oprahs Zuschauer an, sich in Scharen bei Twitter anzumelden. Von Chicago bis Clearwater, von Modesto bis Miami, von Seattle bis Statesboro registrierten sich an diesem Tag mehr Menschen auf der Webseite als zuvor an jedem anderen Tag in ihrer Geschichte. In den ersten 24 Stunden gewann Twitter beinahe eine halbe Million neuer Nutzer. Obwohl die Server unter der Last ächzten, hielten sie durch.

Nach der Show schauten Ev und Sara noch in den Oprah-Shop, um sich Lätzchen für ihr Baby auszusuchen, das in ein paar Monaten zur Welt kommen und Miles heißen sollte.

Später schrieb Ev eine E-Mail an die gesamte Belegschaft. »Gehe hier in Chicago gerade zu Bett«, berichtete er. »Werde ungefähr vier Stunden Schlaf bekommen.« Überschwänglich dankte er seinen

35 Mitarbeitern, dass sie es geschafft hatten, einen Ausfall der Webseite zu verhindern und den Betrieb trotz der Flut von Neuanmeldungen aufrechtzuerhalten. »Was für eine Woche für Twitter! Dank an alle für die harte Arbeit.«

Ev strotze nur so vor Stolz. Doch nicht alle waren so glücklich. Kutcher hatte zwar gesagt, jeder Einzelne könne so mächtig wie ein Medienkonzern werden, aber einen Menschen gab es, dessen Tweets in der Bedeutungslosigkeit versunken waren, eine Person, die an jenem Tag zufällig die *Oprah Show* eingeschaltet hatte und ihren ehemaligen Freund und Mitarbeiter Ev live im Fernsehen miterlebte: Noah.

Fassungslos musste Noah erleben, dass er aus der Geschichte von Twitter vollständig gelöscht worden war. Er twitterte: »Als ich ihn [Ev] im Fernsehen gesehen habe, hab ich mich gefragt, wie ich so unsichtbar werden konnte, so inszeniert abwesend. Keinerlei Fingerabdrücke.«

In der Vergangenheit war die Geschichte stets von den Siegern geschrieben worden. Auch wenn im Zeitalter von Twitter jedermann und jede Frau zum Autor der Geschichte werden kann, so behalten doch oft diejenigen mit der lautesten Stimme die Oberhand, weil sie ihrer Version größeres Gehör verschaffen können.

Ev hatte Noah nicht mit Absicht aus der Firmengeschichte getilgt. Er war immer bemüht gewesen, allen Anerkennung zu zollen, die sich bei der Schaffung von Twitter Verdienste erworben hatten. Er dankte bei Preisverleihungen wie den Crunchies stets den Mitarbeitern und versäumte es in Interviews nie, die wichtige Rolle von Jack und Biz zu erwähnen. Ev war aufrichtig überzeugt, dass Twitter eine andere Firma war als in den Anfängen, als Noah bei ihrem Aufbau mitgewirkt hatte.

Jack dagegen hatte nie eingeräumt, wie umfangreich die Zusammenarbeit zwischen ihm und Noah bei der Ausbrütung von Twitter gewesen war.

Als Jack die *Oprah Show* sah, kochte er vor Wut, nicht an Evs Stelle eingeladen worden zu sein.

»Ich werde aus der Geschichte gestrichen!«, beklagte sich Jack später bei Biz, ein Vorwurf, den die anderen Gründer sonst nur von Noah gewöhnt waren.

»Nein, wirst du nicht«, erwiderte Biz. »Ev hat dich in der Show erwähnt. Er hat uns Genies genannt!«

Aber es spielte keine Rolle, was Ev sagte – oder Biz. Jack hatte das Gefühl, aus der Geschichte getilgt zu werden. Doch anders als Noah, der in der Versenkung verschwand, nachdem er aus der Firma geflogen war, hegte Jack größere Pläne.

Twitter-Mission im Irak

Heulend schnitten die Propeller des C-130-Transportflugzeugs durch die trockene Wüstenluft. Selbst von seiner Warte aus in etwa 100 Meter Entfernung war Jack von den riesigen Abmessungen der Maschine beeindruckt. Im Vergleich zu dem anderen Flugzeug auf der Landebahn wirkte es wie ein Blauwal in einem Goldfischteich.

Immer wieder fuhren Armeelaster und Jeeps an die Maschine heran, aus denen amerikanische Soldaten mit Kampfanzügen, Gewehren und großen grünen Seesäcken sprangen. Die Szene erinnerte seltsam an ein Arrangement von Spielzeugfiguren in einem Kinderzimmer.

Durch die große Fensterfront des Queen Alia International Airport im jordanischen Amman fiel gleißendes Sonnenlicht. Von der Lounge aus verfolgte Jack das Geschehen durch seine dunkle Sonnenbrille. In Kürze würde er an Bord des Riesenflugzeugs steigen. Seit langem hatte er nicht mehr solche Nervosität verspürt, aber die Aufregung lenkte ihn wenigstens von der Erinnerung an Evs Auftritt in der *Oprah Winfrey Show* drei Tage zuvor ab. Seine Gedanken kreisten um das, was ihn im Irak erwarten würde. Bis dahin waren es nur noch wenige Stunden.

Als er so dastand und sich zu beruhigen versuchte, tippte ihm jemand von hinten auf die Schulter. Er drehte sich um und erblickte Jared Cohen, den Delegationsleiter vom amerikanischen Außenministerium, der ihr Irakabenteuer organisiert hatte.

»Haben Sie die Titelgeschichte im *Wall Street Journal* gelesen?«, fragte Cohen.

»Nein, was für eine Geschichte?«

»Über Twitter«, erwiderte Cohen, der sich bereits abwandte, um mit jemand anderem zu sprechen. »Sollten Sie lesen. Überschrift: ›Die Twitter-Revolution‹.« Jack zog sein iPhone aus der Jackentasche, suchte die Story und landete ein paar Sekunden später auf der Webseite des *Wall Street Journal*.

Cohen hatte ebenmäßige Haut und dunkles, zerzaustes Haar. So groß gewachsen und schlank er war, hing ihm sein Anzug etwas schlaksig von den Schultern. Irgendwie wirkte er wie ein Schauspieler aus einem billigen Agentenfilm, was gar nicht so unpassend war, schließlich arbeitete er für das Auswärtige Amt, das U.S. State Department. Mit seinem stets ein wenig gelösten Schlips, mit seiner ganzen Art vermittelte er ein Bild reger Geschäftigkeit, ein Eindruck, der durchaus nicht trog.

Cohen war Ende 2006 unter Condoleezza Rice ins »State« gekommen, wie es Insider nannten. Er war damals erst 25, hatte aber einen beeindruckenderen Lebenslauf vorzuweisen als die meisten Leute, die doppelt so alt waren, darunter hochtrabende Abschlüsse der Universitäten Stanford und Oxford. Außerdem sprach er fließend Suaheli und Arabisch und hatte bereits zwei Fachbücher verfasst, eins über den Völkermord in Ruanda, das andere über stille Revolutionen und moslemische Jugendliche im Iran und Syrien.

Nachdem Hilary Clinton in der neuen Regierung Präsident Obamas das Außenministerium übernommen hatte, gab sie Cohen und seinem Vorgesetzten Alec Ross – auch er ein noch recht junger, aufstrebender Beamter des diplomatischen Dienstes – den Auftrag, das Potenzial der neuen Informationstechnologien, die den Bürgern mittlerweile zu Verfügung standen, für das Amt nutzbar zu machen. Kurz, sie bekamen die Lizenz zur außenpolitischen Nutzung sozialer Medien.

Zu den kühnsten Ideen von Ross und Cohen gehörte es, eine Gruppe sehr einflussreicher Persönlichkeiten aus der IT-Industrie, darunter Vertreter von Google, YouTube, Meetup, Howcast, AT&T und natürlich Twitter, in den Irak zu bringen, um dem vom Krieg verwüsteten, von weiterem Niedergang bedrohten Land Anregungen für den Wiederaufbau zu geben – nicht mit Ziegelsteinen und Zement, sondern mit Handys und neuen Technologien.

Beim Zwischenstopp in Amman erläuterte Cohen der Gruppe noch einmal den Ablauf der Reise. Vorgesehen war sogar ein Treffen mit dem Präsidenten und dem Premierminister des Irak, und weil sie gleich nach der Landung direkt zu ihrem ersten Meeting fahren würden, empfahl Cohen für den Flug Schlips und Anzug.

Hier in Amman waren sie nur noch 800 Kilometer von der Kriegszone entfernt. Sie hatten ihr Ziel fast erreicht. Ursprünglich war Ev auf den Trip eingeladen worden, aber genauso wie Biz und Goldman war er für eine so weite Reise zu beschäftigt gewesen. Statt einfach abzusagen, war ihnen eingefallen, dass Jack ja hinfliegen konnte, wenn er Lust hatte. Welchen Schaden konnte er im Irak schon anrichten?

Und nun stand Jack tatsächlich im Flughafen der jordanischen Hauptstadt. Den Artikel des *Wall Street Journal* hatte er fast durch, als Cohen sie aufrief, an Bord der Maschine zu gehen.

Sie überquerten den heißen Asphalt zu einem Sammelpunkt, wo Schutzwesten und Helme ausgeteilt wurden, und liefen weiter zur C-130. Als sie den Rumpf des Flugzeugs betraten, stellten sie fest, dass die Maschine anders als ein normales Passagierflugzeug gar keine Fenster besaß. Sie nahmen auf roten Gittersitzen Platz, zurrten ihre Sicherheitsgurte fest, setzten die Helme auf und hüllten sich in ihre Splitterschutzwesten. Jack setzte sich neben Cohen und Scott Heiferman, einen der Gründer von Meetup. Im hinteren Teil des Flugzeugs saßen Soldaten mit Maschinengewehren. Unverkennbar flogen sie aus anderen Gründen in den Irak als Jack und seine Gruppe.

Der Delegation von Experten, gewöhnt an Klimaanlagen, saubere Büros, gediegene Kantinen und schickes Design, bot sich ein höchst ungewohntes Bild. Der dunkle, tonnenförmige Rumpf der Militärmaschine gab seine metallenen Innereien preis. Das einzige Dekor war eine amerikanische Flagge, die von der Decke hing und stolz auf das »Team« verwies, in dem sie alle gemeinsam spielten. Die Hitze im Flugzeug war kaum erträglich. Es sah nicht danach aus, dass auf diesem Flug Erdnüsse gereicht würden.

Als die Maschine abhob und ihren steilen Aufstieg auf über 8500 Meter begann, wurde dem einen oder anderen vor Aufregung oder Angst ganz mulmig. Jack lief der Schweiß in Strömen. Kein Gedanke daran, dass er in Kürze den irakischen Präsidenten treffen würde. Was ihm die Reise noch verdrießlicher machte, war ein Satz aus dem Artikel des *Wall Street Journal*, der ihm nicht aus dem Kopf gehen wollte.

In ihrer Geschichte präsentierte die Zeitung ein Porträt von Twitter und der »Köpfe hinter dem heißesten Netzwerk-Tool des Internets«, wie der Untertitel verkündete. Das war höchst ärgerlich, denn Jack war gar nicht abgebildet, sondern nur Biz und Ev. Sein Name und seine Beteiligung an Twitter wurden nur nebenbei erwähnt. Was Jack aber am meisten fuchste und sein Blut noch mehr in Wallung brachte, war der letzte Satz des Artikels.

Ev hatte dem Journalisten die Möglichkeit eines baldigen Börsengangs von Twitter in Aussicht gestellt, jedoch durchblicken lassen, dass er selbst an der Führung einer Aktiengesellschaft wenig Interesse hegte. Nein, Evan Williams war, wie er dem Reporter verriet, von der Entwicklung einer neuen Idee begeistert: »Er brütet über einem Weg, E-Mails zu revolutionieren.«

Wieder und wieder ging Jack auf dem Flug dieser Satz durch den Kopf: E-Mails revolutionieren?! Warum hatte Ev ihn denn aus der Geschäftsführung gedrängt, wenn er selbst gar kein Interesse an der Leitung des Unternehmens hatte?

Die Maschine wurde langsamer. Die anderen Delegationsmitglieder um Jack herum nahmen ihre Helme ab und setzten sich darauf. Einer tat es dem anderen nach. »Was soll das?«, rief Jack durch das Motorengeheul Cohen zu.

»Wir landen!«, brüllte der Reiseleiter des Außenministeriums zurück. »Wir werden manchmal bei der Landung beschossen, und wer will schon eine Kugel in den Arsch kriegen.« Hektisch riss sich

Jack den Helm vom Kopf und setzte sich darauf, um seine Weichteile vor feindlichem Beschuss zu schützen, gerade noch rechtzeitig, bevor sich der Riesenvogel in eine scharfe Kurve legte.

Eine C-130 in einer verwüsteten, von Aufständischen infiltrierten Stadt sicher zu Boden zu bringen, hat wenig mit der Landung eines normalen Passagierflugzeugs auf einem komfortablen Großflughafen gemein. Keine Warnlämpchen fordern die Passagiere zum Anlegen der Sicherheitsgurte auf, kein freundlicher Flugbegleiter bittet um die Abschaltung der mobilen Geräte. Die größte Sorge für einfliegende Maschinen im Irak war der Beschuss durch Raketenwerfer, deshalb bedienten sich die Piloten eines Tricks und flogen die Landebahn in einer Spirale an.

Zum Glück ohne jeden Zwischenfall setzte die Maschine auf und rollte die Piste entlang, während sich bereits die Heckluke öffnete und den Insassen den Blick auf ein Stück orangefarbenen Himmel freigab. Ein Schwall versengter Wüstenluft schoss ins Innere und traf die Passagiere mit glutheißer Wucht. Wie ein Schwarm schwarzer Riesenhornissen zog in der Ferne ein Duzend Hubschrauber über den Himmel. Jack fühlte sich an eine Szene aus dem Film *Forrest Gump* erinnert.

Cohens Rat an die Teilnehmer, wegen der knappen Zeit schon auf dem Flug Anzug zu tragen, war eine blöde Idee gewesen. Die Splitterschutzwesten aus ballistischem Nylon hatten stundenlang gegen die feinen Jacketts gescheuert und sie wie Sandpapier aufgeraut.

Endlich kam das Flugzeug zum Stehen. Die Passagiere liefen die Heckrampe hinunter und machten als Erstes Bekanntschaft mit einem breitschultrigen ehemaligen Marineinfanteristen namens Tony, der in der folgenden Woche über ihre Sicherheit wachen würde. Tony, ein Mann mit aufmerksamem Blick, erläuterte kurz das empfohlene Verhalten, falls die Besucher aus Amerika Opfer einer Entführung oder Geiselnahme werden sollten.

Kurz darauf wurden sie zu einer Gruppe von Kampfhubschraubern geführt, um in die Grüne Zone zu fliegen, die amerikanische

Sicherheitsenklave in Bagdad. Auch diese Zone war zwar nicht gegen Raketenschläge gefeit, aber man versicherte ihnen, dass sie zumindest für Amerikaner der sicherste Ort im Irak sei.

Jacks Helikopter stieg auf, neigte sich nach vorn und jagte durch die dicke irakische Luft davon. Er hatte sich nach hinten gesetzt und lugte aus der offenen Seite des Hubschraubers, während Marineinfanteristen neben ihm ihre Gewehre auf den Boden richteten. »Das ist die gefährlichste Straße der Welt«, rief einer der Soldaten. »Es wimmelt nur so von IED.« (IED war die Abkürzung für »improvised explosive devises«, improvisierte Sprengvorrichtungen, also Sprengfallen der Aufständischen, um Amerikaner zu töten.)

»Interessant«, sagte Jack mit einem Schaudern, zog den Kopf zurück und atmete tief durch. Die anderen im Helikopter beschäftigten sich auf ihre Weise: Scott schoss Fotos, Cohen fummelte an seinem Blackberry herum und ein mitgereister Reporter, Steven Levy, kritzelte auf seinem Notizblock.

Cohen besaß eine beachtliche Überzeugungskraft, schließlich hatte er es geschafft, diese amerikanischen Zivilisten aus ihrer behaglichen Heimat in ein derart unwirtliches Kriegsgebiet zu locken. Natürlich hatte er auch die Presse nicht vergessen und mit Levy vom Branchenmagazin *Wired* einen versierten Fachjournalisten mitgebracht.

»Die Idee besteht darin, die Expertise dieser kleinen Gruppe zu nutzen, um im Irak Vertretern der Regierung, Unternehmen und Nutzern hilfreiche Anregungen für den Wiederaufbau mit auf den Weg zu geben«, schrieb Levy nach seiner Ankunft in Bagdad in einem Artikel für *Wired*. »Wer würde sich damit besser auskennen als ein Kontingent von Internetkumpels mit gewaltigen Klickraten, unter denen auch der Bursche ist, der sich Twitter ausgedacht hat?«

Die folgenden Tage vergingen in einem Wirbel aus Meetings, Presseinterviews und Fototerminen wie im Flug.

In schwarzen, schusssicheren Chevrolet-Geländewagen wurde die Gruppe zu verschiedenen Treffen mit irakischen Offiziellen aller möglichen Ränge kutschiert, während gut gerüstete Hubschrauber wie Schutzengel ihre Fahrtrouten von oben sicherten.

»Nehme Helm und Splitterschutzweste ab«, twitterte Jack, um zu zeigen, wie gefährlich das alles war.

Die Gruppe hatte beschlossen, das Hashtag »#iraqtech« für den Trip zu benutzen. Ev, Biz und Jack hatten anfangs mit Hashtags nicht viel anfangen können und fanden sie »zu verschroben«, doch mittlerweile waren sie zu einem festen Bestandteil von Twitter geworden, um alle möglichen Themen unter Rubriken zu ordnen, von Diskussionen über TV-Shows bis hin zu Debatten über Sexismus und Krawalle.

»So viel Beton. Es ist alles voll davon«, twitterte Jack, als sie die Grüne Zone hinter sich ließen. Wie sehr hatte er sich in den letzten Monaten über die Medienpräsenz von Ev und Biz geärgert. Wie oft hatte er vor Wut gekocht und sich gewünscht, an ihrer Stelle zu stehen.

Aber das sollte sich nun von Grund auf ändern.

Zu den ersten Meetings der Gruppe gehörte ein Treffen mit dem Nationalen Investitionsausschuss der irakischen Regierung, wo ihre Mitglieder mit hochrangigen Regierungsvertretern ins Gespräch kamen.

Ein jedes dieser Treffen begann mit umständlichen Erklärungen darüber, wer die einzelnen Delegationsmitglieder waren, welche Posten sie bekleideten und so weiter, und so musste auch Jack regelmäßig Rede und Antwort stehen. »Ich habe ein Unternehmen namens ›Twitter‹ gegründet.« – »Twiiiter?« – »Nein, Twitter.« – »Aha, Twiiiter.«

So zäh sich der Austausch zuweilen auch gestaltete: Unter den amerikanischen Experten war ein aufrichtiges Bestreben spürbar, den Irakern mit sinnvollen Vorschlägen zu helfen, ihr Land mit seiner zerstörten Wirtschaft durch den Einsatz von Informationstechnologie wieder nach vorn zu bringen.

Bei einer Begegnung im Haus von Vizepremierminister Barham Salim schlug Jack seinem Gastgeber die Eröffnung eines Twitter-

Kontos vor. »Die Menschen im Irak und die Medien werden Ihnen folgen«, versicherte er dem irakischen Regierungspolitiker. »Ein Dienst wie Twitter kann für Zugänglichkeit und Transparenz der Regierung sorgen.« Das Interesse Salims schien geweckt, und während sie, umgeben von Wachleuten, aus reich verzierten Bechern Wein schlürften, beteuerte der Vizepremier: »Ich melde mich gleich morgen an.«

»Präsident Obama nutzt es ständig«, legte Jack nach und erläuterte beflissen, welche große Rolle Twitter bei der Wahl Obamas gespielt hatte. Wie ein Handlungsreisender warb er sogar ein paar Personenschützer der Firma Blackwater, die für die Sicherheit der Delegation sorgten, als neue Twitter-Kunden.

Als die Gruppe schließlich mit dem irakischen Präsidenten Jalal Talabani zusammentraf, hatte sich die Kunde von der hochkarätigen Delegation, die Klinken putzend durch den Irak stiefelte, um den Irakern Twitter und YouTube zu erklären, bereits in der ganzen westlichen Welt herumgesprochen. CNN, die *Los Angeles Times*, die *New York Times* und *Al Jazeera* sowie Dutzende anderer Nachrichtenmedien ließen sich diese Story nicht entgehen.

Immer wieder fragten Reporter Delegationsleiter Cohen nach dem »Twitter-Gründer« und baten um Interviews. Für Jack war es die helle Freude, Biz und Ev endlich wieder das Rampenlicht zu stehlen.

Am letzten Abend der Reise saßen alle im Freien an einem langen Messetisch auf dem amerikanischen Armeestützpunkt. Vor geöffneten Laptops schlürften sie warmes Budweiser und ließen die vergangene Woche Revue passieren, in der sie sich von Nerds zu Beratern gemausert hatten, um einem verbrannten Staat zum Sprung ins 21. Jahrhundert zu verhelfen. Einer von ihnen, Jack, war dabei sogar zu einem internationalen Star geworden. Ein Foto von ihm im Gespräch mit Reportern wurde in Zeitungen, Blogs und Magazinen auf der ganzen Welt wiedergegeben.

Der Plan von Ev, Biz und Goldman, Jack einzubinden und von allem Wichtigen fernzuhalten, war komplett nach hinten losgegangen. »Gründer von Twitter zur Rettung des Iraks geschickt«, titelte eine britische Zeitung mit einem Bild von Jack Dorsey darunter.

Am letzten Morgen wurde die Delegation zum Flughafen gebracht, wo sie auf dem löchrigen, von Trümmern übersäten Asphalt auf die C-130 wartete, die sie wieder ausfliegen würde. Jack zog sein Handy hervor und rief Twitter auf. Während über ihnen Helikopter hinwegdonnerten und Kampfjets Löcher in den Morgenhimmel rissen, sah Jack zu seiner Freude, dass der irakische Vizepremier tatsächlich Wort gehalten hatte.

»Leider, mein erster Tweet nicht angenehm«, twitterte Barham Salim in seinem ersten Tweet. »Sandsturm über Bagdad heute & wieder ein Selbstmordattentat. Schlimme Erinnerung daran, dass noch nicht alles in Ordnung ist.«

101 Leute auf der *Time*-100-Gala

Blitzlichter leuchteten vor Jack, Biz und Ev auf wie ein Miniatur-feuerwerk. *Tschiung, tschiung, tschiung.*

»Hierher bitte!«, »Zu mir schauen!«, riefen die Fotografen, während sie ihre Ziele in gedämpftem Stakkato unter freundliches Feuer nahmen. *Klick, klick, klick.* »Hierher!«, tönte es. »Schauen Sie hierher!«

Die Twitter-Gründer hielten alle paar Schritte inne – *tschiung, klick, popp, tschiung, klick, tschiung* – und folgten weiter dem roten Teppich. Aus den Ohren breitschultriger Anzugträger baumelten weiße Spiralkabel. Die Beamten vom Secret Service hatten die Lage im Griff.

»Hi, Jack Dorsey«, sagte eine junge Frau mit Klemmbrett. »Hallo, Evan Williams«, grüßte eine andere Dame, der Ev noch nie begegnet war, freudig. »Sie müssen Sara sein«, fügte sie, an Evs Frau gewandt, hinzu. »Mr. und Mrs. Stone«, verkündete eine andere nüchtern. Die Empfangsdamen begleiteten die Twitter-Gründer in den Saal, während hinter ihnen die Rufe der Paparazzi im Hintergrund verblassten. »Liv! Liv Tyler!« – »Kate!« – »Whoopi, hierher!«

Auf roten Teppichen vor rotem Hintergrund gelangten sie zu Metalldetektoren und passierten die zweite Sicherheitsschleuse, hinter der Fernsehteams auf Interviews lauerten. »Hey, da sind die Twitter-Leute!«, rief jemand, und schon schwebten Mikrofone und TV-Kameras direkt vor ihren Nasen. Fragen wurden gestellt und mit launigen Bemerkungen beantwortet. Ein paar Schritte weiter wiederholte sich das gleiche Spiel: Mikros, Kameras, die nächsten Fragen, wieder ein paar geistreiche Antworten. Am Ende des Medienspießrutenlaufs fanden sie sich in einer Kabine wieder, wo sie eine Karte mit ihrer Tischnummer erhielten. »Bevor Sie hineingehen, muss ich Ihnen noch etwas überreichen«, sagte der Betreuer. »Sie müssen diese Anstecknadel tragen, damit die Gäste wissen, dass Sie zu den von *Time* ausgewählten 100 einflussreichsten Menschen der Welt zählen.« Mit diesen Worten bekamen sie glänzende gold-rote Ehrenabzeichen ans Revers geheftet.

Drinnen segelten, getragen von weißen Handschuhen, Champagnertabletts so elegant wie Zauberteppiche durch die Luft, unbeeindruckt von der Zusammenballung mächtiger Menschen um sie herum. Spitzenpolitiker, Musiker, Schauspieler, milliardenschwere Firmenvorstände, Medienmogul, Nobelpreisträger, First Ladys, Second Ladys vermischten sich, prosteten einander gesittet zu und schielten ringsum zur Crème de la Crème unter ihnen, jenen 100 Gästen, die vom Magazin *Time* als die aktuell einflussreichsten Menschen der Welt gekürt worden waren.

Mitten unter ihnen standen Jack, Biz und Ev. Wie weit sie es doch gebracht hatten! Erst ein paar Jahre zuvor waren sie nur Eingeweihten in der IT-Szene von San Francisco bekannt und noch ein paar weitere Jahre früher absolute Nobodys gewesen: Jack ein Typ mit blauen Dreadlocks, der mit einem Kinderwagen durch Berkeley zuckelte, ein kinderhütender, auf Sofas schlafender Hacker; Biz ein von Flugangst geplagter Kreditkartenjongleur, der mit 50 000 Dollar Schulden nicht wusste, wie er die nächste Miete berappen sollte; Ev ein für 600 Dollar über einer Garage hausender Nerd, der tagaus, tagein auf einem geborgten Fahrrad über Schotterwege zu seinem kleinen Kabuff radelte, wo er, einsam und allein, schweigend dahockte, auf der Suche nach etwas, das er nicht genau zu benennen wusste. Und nun waren sie angekommen – zumindest sah es ganz danach aus. Manche Menschen sind zur Größe geboren, andere müssen dafür Unmögliches vollbringen.

Jack musterte den Raum. Ihm wurde klar, dass er die Welt wissen lassen musste, wo er sich befand. »Trinke Champagner auf der *Time*-100-Gala«, twitterte er.

»Ach, Sie sind Whoopi Goldberg«, rief Biz aufgeregt, als er der preisgekrönten Schauspielerin begegnete. »Ich fand Sie in *Star Trek* umwerfend.« Goldberg war nicht amüsiert. Hinter Biz stand die berühmte Modeschöpferin Stella McCartney, umringt von ihrer Entourage, darunter Liv Tyler und Kate Hudson, jede mit ihrem eigenen ausgefallenen Cocktail in der Hand. Hin und wieder wurde das sanfte Gemurmel der Unterhaltung durch lautes Gelächter übertönt.

Im Raum wimmelte es nur so von Berühmtheiten, doch viele Gespräche kreisten nur um drei von ihnen: die Twitter-Burschen.

»Ich bin bei Twitter«, verriet der Musiker John Legend einem TV-Team. »Ich bin erst vor ein paar Wochen auf den Wagen aufgesprungen. Ich hab schon 230 000 Follower, soweit nicht schlecht.«

»Oh, Wahnsinn, da ist ja M.I.A.«, rief Jack Biz zu, aufgeregt wie ein Kind, dem eine lebendige Comicfigur über den Weg läuft. Mit heftig schwappendem Champagnerglas stürmte er schnurstracks auf sie zu.

M.I.A., eine Londoner Rapperin, war erst seit ein paar Monaten bei Twitter und dem Dienst sofort leidenschaftlich verfallen. Sie trug ein schwarzes Kleid mit Jeansjacke und erzählte Jack, dass sie Twitter deshalb so liebe, weil sie damit engeren Kontakt zu ihren Fans halten und aussprechen könne, was immer sie wolle. Während sie plauderten, stieß Ev zu ihnen und stellte sich vor. »Und Sie sind auch bei Twitter?«, fragte ihn M.I.A.

»Ja.«

»Toll, und was machen Sie da?«

»Ich bin der Vorstandschef.«

Die Aufmerksamkeit von M.I.A. verlagerte sich sofort auf Ev. Jack war stinksauer, dass sich Ev als Firmenchef vorstellen durfte und ihm seine Gesprächspartnerin abspenstig machte. »Können Sie bitte zusammenrücken, damit ich ein Foto machen kann?«, bat ein Fotograf. Der Freund von M.I.A. trat näher heran, M.I.A. schmiegte sich an ihn und neigte den Kopf. Mit leicht verrutschter Fliege lächelte Ev in die Kamera. Nicht so Jack in ihrer Mitte. Mit leicht geschürzten Lippen und zusammengezogenen Augenbrauen schaute er fast finster drein. *Tschiung.* Ein Augenblick für die Ewigkeit festgehalten.

Die Gesellschaft wurde in den großen Tanzsaal des Lincoln Center zum Dinner gebeten. Biz und Livy fanden die ihnen zugeteilten Stühle an Tisch zehn. Dort plauderten sie mit Lauren Bush, der Nichte von Expräsident George W. Bush, und Jon Favreau, dem persönlichen Redenschreiber des Präsidenten der Vereinigten Staaten von Amerika.

Auf dem Weg zu seinem eigenen Platz hielt Jack nach Ev Ausschau. Er erhaschte einen Blick von Michelle Obama und entdeckte Lorne Michaels, den Produzenten von *Saturday Night Live,* der wie ein verlorener Teenager an seinem Smartphone herumspielte und alle anderen um ihn herum ignorierte. In der Nähe schoss Glenn Beck, der erzkonservative Moderator von Fox News, Fotos und plauderte mit der linken Bloggerin Arianna Huffington. Hinter ihnen ließ sich Komiker und Moderator Jimmy Fallon zu einem verhaltenen Lachen hinreißen.

Dann erspähte Jack ihn: Ev saß an Tisch zwei, praktisch auf dem besten Platz im Haus direkt vor der Bühne, auf der Michelle Obama stand. Ev saß dort zusammen mit Talkshowmoderatorin Joy Behar und Christopher Poole, dem Gründer des Imageboards 4chan, der es mit ein bisschen Schummeln über seine beliebte Webseite ebenfalls unter die 100 einflussreichsten Menschen geschafft hatte.

Jack nahm einen kräftigen Schluck Champagner. Selbst bei der *Time*-Gala der 100 einflussreichsten Menschen der Welt gibt es eine Hackordnung. Und 2009 belegte Evan Williams, der Vorstandschef von Twitter, den Platz an der Spitze der Bestenliste.

Auf der oberen Ebene saßen offenbar nicht ganz so wichtige Gäste wie das Mannequin Christine Teigen sowie die Musiker John Legend und Lou Reed. (Auch Talkshowstar Oprah Winfrey war darunter, aber nur, weil sie früher gehen musste.) Jack brütete miss-mutig vor sich hin, als er einen Klaps auf der Schulter spürte. »Und wer sind Sie?«, fragte eine ältere Dame, deren mit Ringen überlade-ne Hand sich ihm zur Begrüßung entgegenstreckte.

»Ich bin Jack Dorsey, Gründer von Twitter.«

»Ach, kommen Sie morgen zur Show?«, fragte die Dame, die sich sogleich selbst vorstellte: »Ich bin Barbara Walters.« Sie trug ein schwarzes Kleid mit einem Netzoberteil, das ihre Schultern durch-scheinen ließ. An ihren Ohren baumelten lange, funkelnde Gehän-ge von der Üppigkeit französischer Kronleuchter.

»Nein«, erwiderte Jack. »Was für eine Show?«

Walters erklärte, dass die Twitter-Gründer am Morgen nach der *Time*-100-Gala zur Talkshow *The View* eingeladen waren, deren Gastgeberin sie zusammen mit Joy Behar und Whoopi Goldberg war.

Jack war fassungslos. Sofort fing er an, seine Version der Ereig-nisse des letzten Jahres auszubreiten, als hätte Walters ihn gerade um ein Exklusivinterview gebeten.

Er hatte erst vor ein paar Wochen gehört, dass *Time* bei der Kür der 100 einflussreichsten Menschen auch die Twitter-Gründer eh-ren wollte. Weil aber 98 Plätze schon von Politikern, Physikern, Nobelpreisträgern, Ökonomen, Musikern und großen Stars belegt waren, blieben für die Repräsentanten von Twitter nur zwei Plätze übrig, einer für Evan Williams, der andere für Biz Stone. Für Jack Dorsey war kein Platz mehr.

Sofort hatte Jack Biz eine wütende Nachricht geschickt und ver-langt, in die Liste aufgenommen zu werden. Doch das lag nicht in Biz' Hand. Die Herausgeber von *Time* hatten in Jack kein aktives Firmenmitglied erkannt und daher beschlossen, dass er auch nicht auf die Liste gehöre. Biz wusste, wie heikel die Situation war, und bemühte sich erfolglos, Jack nachträglich auf die Liste setzen zu lassen. E-Mails zwischen Jack, Biz, Ev und den Herausgebern von *Time* gingen hin und her, doch das Magazin beharrte auf seiner Position und argumentierte, dass Jack an der Geschäftsführung von Twitter nicht beteiligt sei. Schließlich, nach angespannten Verhandlungen, hatte Biz es geschafft, Jack eine Einladung zum Dinner zu verschaffen, aber genau genommen wurde er damit nicht als einer der 100 einflussreichsten Menschen geehrt. Das wusste allerdings niemand, außer den Herausgebern, den Twitter-Gründern und eben nun Barbara Walters.

Walters lauschte all dem wie eine Mutter, deren Sohn sich gerade mit seinem besten Freund geprügelt hat. »Wir werden uns darum kümmern«, versicherte sie. Am nächsten Tag würde sie ja Ev interviewen und mit ihm über den Fauxpas sprechen können. Doch Jack konnte sich vor Entrüstung gar nicht mehr einkriegen, und so musste sich die berühmte Talkmasterin, die es gewohnt war, mit Präsidenten und königliche Hoheiten zu plaudern, Jacks Lamento über Ev und Biz bis zu Ende anhören.

Vor der Ehrung, als die Sonderausgabe von *Time* mit einer stattlichen Auflage von 25 Millionen erschienen war, hatte sich Jack ein Exemplar besorgt und rasch die Seite mit der Twitter-Geschichte aufgeblättert. Das Magazin hatte Prominente gebeten, in kurzen Lobreden die Bedeutung der Geehrten herauszustreichen, und für Twitter hatte sich Ashton Kutcher dazu bereit erklärt.

»In vielen Jahren«, schrieb Kutcher in seiner Lobeshymne, »wenn Historiker über die Zeit nachdenken, in der wir heute leben, werden die Namen Biz Stone und Evan Williams in einem Atemzug mit Samuel Morse, Alexander Graham Bell, Guglielmo Marconi, Philo Farnsworth, Bill Gates und Steve Jobs genannt werden.« Unter »ferner liefen« fand Jack weiter unten in dem Artikel auch selbst als einer der Mitschöpfer von Twitter Erwähnung, aber es gab kein Foto von ihm, sondern nur eines von Ev und Biz unter einem Zweig mit bunten Vogelattrappen.

Für Jack spielte es keine Rolle, dass Kutcher Twitter als »Eingangsportal des Internets« lobte. Es war ihm genauso gleichgültig, dass *Time* Twitter eine »Bühne der Menschheit und des Verbundenseins« nannte oder dass seit dem letzten Update über zwei Billiarden Tweets über die Seite geschickt worden waren. Für Jack zählte nur, dass er selbst in dem *Time*-Artikel nicht häufiger erwähnt wurde. Er wurde nicht mit dem Erfinder des Telefons oder mit dem Schöpfer der Morsezeichen oder mit dem genialen Erfinder des Fernsehens verglichen.

Biz und Ev hatten Jack zu einer klärenden Aussprache über die Verwirrung um die Nominierung von *Time* in die Twitter-Zentrale gebeten, hatte Jack doch begonnen, sich bei Leuten aus dem Umfeld von Twitter lautstark darüber zu beklagen, dass ihm in dem ganzen Presserummel um die Firma kaum noch Aufmerksamkeit zuteil wurde.

Ev wurde nur selten auf jemanden richtig böse. Selbst als die Firma unter seiner Leitung immer weiter wuchs, blieb er seiner Abneigung gegen Konfrontationen treu und ging Streitereien nach Möglichkeit aus dem Weg. Doch auch Evs Geduld hatte ihre Grenzen, und Jack, der nicht aufhörte, einen riesigen Medienzirkus um sich herum zu veranstalten, fing an, Ev sehr wütend zu machen. Auch im Verwaltungsrat war man mittlerweile besorgt. Es war aufgefallen, dass Jack häufig Kommentare zu Themen abgab, über die er nicht viel wusste, darunter interne Entwicklungen, über die er nicht in Kenntnis gesetzt worden war, da er praktisch gar nicht mehr für Twitter arbeitete. Auch Biz war zunehmend frustriert, weil Jack in Interviews häufig erzählte, er sei der »Erfinder« von Twitter, der einzige Schöpfer einer Idee, die in Wirklichkeit viele Väter hatte.

Die Twitter-Zentrale wurde gerade erweitert, als Jack zum Meeting eintraf. Das Trio beschloss, das Gespräch vertraulich zu führen – abseits der neugierigen Blicke von Mitarbeitern mit Twitter-Accounts –, und zog sich in einen der Konferenzräume zurück, die gerade renoviert wurden.

An dem langen, eckigen Tisch erläuterte Ev, was ihn störte, und bat Jack, bei seinen Medienauftritten »kürzerzutreten« . »Das ist schlecht für die Firma«, sagte Ev. »Es vermittelt die falsche Botschaft.« Biz saß zwischen ihnen und verfolgte ihren Schlagabtausch wie ein Zuschauer beim Tennis. Dann forderte Ev Jack auf, seine Twitter-Biografie geradezurücken, in der er behauptete, der Gründer und Erfinder von Twitter zu sein.

»Aber ich habe Twitter doch erfunden«, protestierte Jack.

»Nein, das hast du nicht«, hielt Ev behutsam dagegen. »Auch ich habe Twitter nicht erfunden. Genauso wenig wie Biz. Die Leute erfinden im Internet nichts. Sie erweitern schlicht eine Idee, die bereits vorhanden ist.« Biz nickte zustimmend und äußerte sich ähnlich.

Ev hielt Jack vor, dass er seit sieben Monaten nicht mehr in dem Unternehmen arbeitete und seine Vorstellung von Twitter – als Dienst für Statusmitteilungen – nicht mehr die Richtung war, in die sich Twitter entwickelt hatte. Nach Jacks Auffassung diente die Webseite nur der Beantwortung der Frage »Was tust du gerade?«, während Evs Vision von Twitter eher mit dem Bloggen verwandt war und um die Frage kreiste »Was geschieht gerade?«. Für Jack ging es darum, Geschichten von sich selbst zu erzählen – über Jack. Für Ev bot Twitter den Nutzern die Möglichkeit, Geschichten von anderen Menschen zu erzählen.

Twitter entwickelte sich weiter in einer Weise, die keiner von ihnen hätte vorhersehen können. Hatte man anfänglich private Mitteilung über die aktuelle Lage und Befindlichkeit als wesentlichen Inhalt gesehen, hatte sich Twitter nun immer mehr zu einem 24-stündigen Nachrichtendienst und zu einem Netzwerk zum Austausch der Nutzer über aktuelle Medienberichte weiterentwickelt und die ursprüngliche Intention in den Hintergrund gedrängt. Vor allem wurde Twitter nun immer öfter genutzt, um zu berichten, was die Menschen gerade im wirklichen Leben sahen. An die Stelle eines Presseausweises und des Titels »Journalist« waren ein Smartphone und ein Twitter-Konto getreten.

Aber Jack konnte nicht über seinen Schatten springen und zugeben, dass Evs Gedankengang einleuchtend war. Er hielt sich für das Opfer eines Putsches um Macht und Einfluss. Wenn es ihm gefiel, den Leuten zu erzählen, dass er Twitter erfunden hatte, dann würde er genau das tun. Und je größer Twitter wurde, desto mehr lechzte er danach, sich wieder auf den Thron als sein rechtmäßiger Schöpfer zu setzen.

Beim Dinner mit den 100 einflussreichsten Menschen der Welt konnte es Jack nicht verwinden, dass es Ev war, der als Vorstandschef von Twitter vorgestellt wurde, statt seiner selbst. Dass Ev an Tisch zwei saß, nicht Jack. Dass Ev nur ein paar Schritte von der First Lady der Vereinigten Staaten entfernt saß, die in ein Mikrofon auf der Bühne sprach, von Innovation und Unternehmertum redete und dabei direkt Ev anschaute, nicht Jack.

Immer Ev. Nicht Jack.

Revolte im Iran

Außenministerin Clinton wartete, bis Alec Ross, ihr oberster Innovationsberater, die Zeichnung in seinem Notizblock fertig gestellt hatte.

Sie saß geduldig auf einer blass-cyanfarbenen Couch im Empfangsraum ihres Büros im Ministerium. Über der Gruppe von Regierungsbeamten, die sich um sie scharten, hing reglos ein großer Kristallkronleuchter. Türen, Fenster und Wandbeleuchtung waren von verschnörkelten weißen Zierleisten gerahmt.

Ross brachte mit erratischen Bewegungen seines Stifts eine Reihe von Formen aufs Papier, hielt inne und bestaunte sein Meisterwerk. Er nickte zustimmend, schmunzelte und reichte den Block der Ministerin.

Wäre in diesem Augenblick ein Fremder in den Raum geplatzt, hätte er glauben können, die Herren vertrieben der höchsten Diplomatin ihres Landes die Zeit mit einem Ratespiel. Doch so war es nicht.

Es herrschte einen Moment lang Stille im Raum, während Clinton das Blatt eingehend betrachtete, eine reglose Szene, die ebenso gut einem Gemälde in der National Gallery of Art ein paar Blocks weiter hätte entnommen sein können. Schwerlich hätte ein Außenstehender erraten, worum es dabei ging. Die Ministerialbeamten waren zwar für die Bereiche Technologie und Innovation zuständig, aber es lagen weder Handys noch Notebooks oder Tabletcomputer auf dem ovalen Kaffeetisch, um den herum sich alle drängten wie um eine Feuerstelle; nur ein einzelner Bildband und eine beigefarbene Schale befanden sich darauf.

Kein Wunder, denn sämtliche elektronischen Geräte der Anwesenden lagen in sicherer Entfernung hinter den »Feuertüren« des Büros der Außenministerin. Innerhalb des streng geheimen Sicherheitsbereichs höchster amerikanischer Regierungsstellen ist jegliches technische Gerät untersagt. Nur Stift und Papier dürfen verwendet werden, um es Spionen zu erschweren, sensible Unterhaltungen mitzuschneiden oder streng geheime Verschlusssachen zu fotografieren.

Das war der Grund, warum Ross seiner Ministerin auf einem Stück Papier veranschaulichen musste, wie Twitter funktionierte.

Ross rutschte mit seinem Stuhl auf dem großen, farbigen Läufer näher heran. »Die Leute geben ihre Mitteilung also in ein Feld ein«, erläuterte er die Vorgehensweise und wies auf die obere Hälfte seiner Zeichnung. »Sie können dann den Tweet verschicken, indem sie auf ›senden‹ klicken«, fuhr er fort und wies auf die rechte Seite, »dann wird er an ihre Follower verteilt, die ihn mit anderen Leuten, die wiederum ihre Follower sind, teilen können ...« Er unterbrach sich mitten im Satz, weil ihm klar wurde, dass er Clinton erst einmal die Idee der Follower erklären musste.

Er ließ den Blick in die Runde der Beamten schweifen, darunter die Direktorin für politische Strategieplanung Anne-Marie Slaughter, allesamt zu einer vertraulichen Unterredung mit der Ministerin gerufen, um der Chefin ein neues soziales Netzwerk zu erklären.

»Ein 17-Jähriger mit einem Smartphone«, schaltete sich Slaughter ein, um die Bedeutung des Dienstes deutlicher werden zu lassen, »kann jetzt tun, wozu früher ein ganzes CNN-Team nötig war. Twitter bringt Transparenz an Orte, auf die sonst kein Licht fällt.«

Ross, ein jungenhaft auftretender 38-Jähriger mit dicken, braunen Locken, hatte im *State* den Spitznamen »Obama-Bursche«, weil er bei den Vorausscheidungen der Demokratischen Partei ein Jahr zuvor dem Wahlkampfteam von Barack Obama geholfen hatte, das Rennen gegen Hillary Clinton für sich zu entscheiden. Eines der Hilfsmittel in seinem Arsenal war dabei eben jener Kurzmitteilungsdienst gewesen, den er nun seiner Dienstherrin erklärte.

»Twitter gewährt uns Einblicke in Länder wie Syrien oder den Iran, aus denen die Medien nicht frei berichten können«, fuhr Ross fort.

Nicht zufällig war die Besprechung im Außenministerium gerade jetzt anberaumt worden. Seit ein paar Tagen waren bei Twitter fremd wirkende grüne Avatare aufgefallen, die aussahen wie bunter Streusel auf Vanilleeis. Biz hatte sie zuerst entdeckt, dann waren sie auch Ev, Goldman und anderen Twitter-Mitarbeitern ins Auge gestochen. Zu dieser Zeit wusste noch niemand, was sie bedeuteten, bis die Technikern eine gehäufte Aktivität iranischer Twitter-Nutzer bemerkten.

Kurz darauf meldeten Nachrichtagenturen, zum Teil unter Verweis auf Twitter, dass sich Mahmud Ahmadinedschad zum Sieger der iranischen Präsidentschaftswahlen erklärt hatte. Sofort wurden Vorwürfe laut, dass er die Wahl manipuliert hatte. Nur Stunden nach Bekanntgabe des Ergebnisses äußerten iranische Oppositionskandidaten ihren Unmut auf Twitter und Facebook, auf den Straßen kam es zu ersten kleineren Demonstrationen. Nachdem sich die Kunde über Twitter verbreitet hatte, griffen die Proteste am folgenden Tag auf Dutzende von großen Städten im ganzen Iran über. Menschenmassen mit grünen Halstüchern und Fahnen, die Farbe der unterlegenen Opposition, strömten auf die Straßen und verlangten die Neuauszählung der Stimmen.

Obwohl Ahmadinedschad die Proteste kleinredete und sie mit hochkochenden »Leidenschaften nach einem Fußballspiel« verglich, unterband er Textnachrichten auf Facebook und Twitter und blockierte eine Reihe weiterer Kommunikationskanäle im Land, in der Hoffnung, den Widerstand zu ersticken. Doch die technikversierten iranischen Jugendlichen bedienten sich ausländischer Proxy-Server zur Umgehung der Blockade und konnten so Twitter und andere soziale Netzwerke weiter nutzen, um sich untereinander zu verständigen und die Außenwelt zu informieren.

Hashtags wie #iranelection, #stopahmadi und eine lange Liste weiterer auf den Iran bezogener Begriffe wurden auf Twitter rasch zu den meistgesuchten Themenstichworten. Videos wurden online gestellt, die zeigten, wie Demonstranten von den iranischen Sicherheitskräften geschlagen, angegriffen und manchmal sogar erschossen wurden. Es dauerte nicht lange, und die sporadischen grünen Avatare reihten sich zu einer endlosen Kette. Die Twitter-Streams waren bald so grün wie der Chicago River am St. Patricks's Day.

Während in Echtzeit Nachrichten aus dem Iran durchsickerten, machte sich auf Twitter auch Unmut über die amerikanischen Medien breit. Rasch gewann zum Beispiel das Hashtag #CNNFail Popularität, denn statt über die gewalttätigen Proteste im Iran zu berichten, hatte CNN Trivialitäten verbreitet, wie die Nachricht, dass Fotos einer halbnackten Miss California im Internet kursierten. Wie Ashton Kutcher zwei Monate zuvor unter Beweis gestellt hatte, wurde CNN durch den Aufstieg von sozialen Medien wie Twitter zunehmend irrelevant.

Mittlerweile hatten Regierungen rund um den Globus das Potenzial von Twitter entdeckt und benutzten die Webseite, um Informationen aus jedem Winkel des Planeten zu sammeln. Das Weiße Haus, europäische Behörden, der Kreml, Wissenschaftler, Aktivisten, Diktatoren, die CIA, das FBI und das amerikanische Außenministerium: Sie alle beobachteten das Geschehen, sammelten Informationen über die Proteste im Iran und nutzen Twitter als eines ihrer Werkzeuge, um tiefere Einblicke in die Lage vor Ort zu gewinnen.

Als Mitte Juni ein mit der Beobachtung des Iran befasster nachgeordneter Mitarbeiter des Außenministeriums ein Memorandum über die aktuellen Geschehnisse zusammenstellte, merkte er in seinem Bericht auch an, dass Twitter wegen Wartungsarbeiten vor einer kurzzeitigen Abschaltung stand.

Jared Cohen, erst vor kurzem aus dem Irak zurückgekehrt, schritt, als er aus dem Memorandum vom drohenden Ausfall Twitters erfuhr, sofort zur Tat. Obwohl ihm Jack auf der Reise in den Nahen Osten anvertraut hatte, dass zwischen den Twitter-Gründern nicht alles zum Besten stand, wendete sich Cohen in einer E-Mail an ihn und bat ihn um Unterstützung, um Biz und Ev davon zu überzeugen, die Wartungsarbeiten später durchführen zu lassen.

Cohen erklärte, dass im Iran genau zurzeit der beabsichtigten Wartungsarbeiten eine große Demonstration geplant war, und bat um einen Aufschub. »Das könnte in der weiteren Entwicklung des Landes«, schrieb er in seiner E-Mail, »wortwörtlich den Unterschied machen.«

Jack gab die Bitte an Biz weiter. Währenddessen wandte sich das amerikanische Außenministerium auch direkt an Twitter, um den Druck auf die Firma zu erhöhen. »Es spielt sich im Iran«, so hieß es in der E-Mail, »gerade jetzt im wahrsten Sinne eine Twitter-Revolution ab!«

Es war nicht die erste E-Mail, die Biz in dieser Angelegenheit erhielt. Zahlreiche Nutzer, die mit der iranischen Protestbewegung direkt oder indirekt verbunden und über die geplanten Wartungsarbeiten informiert waren, hatten bereits gleichlautende Bitten an das Unternehmen herangetragen. Biz, Ev und Goldman beriefen ein Meeting ein, um über ihr Vorgehen zu beraten. Obwohl die Webseite dringend gewartet werden musste und die Aussetzung der Arbeiten in den folgenden Tagen die Twitter-Server stark zu schwächen drohte, herrschte unter den Anwesenden Einmütigkeit, die Abschaltung zu verschieben. Biz schnappte sich Goldman, um mit ihm zusammen den Blogpost über die Entscheidung zu verfassen.

»Wir sind mit Sicherheit nicht gut genug informiert, um die iranische Politik zu beurteilen, und wir wissen nicht, wer die Guten oder die Bösen sind«, meinte Biz zu Goldman, als sie sich in einem stillen Konferenzraum zusammensetzten, um an der Formulierung der Mitteilung zu feilen. »Halt mal«, fügte er scherzhaft hinzu. »Gibt es die Guten überhaupt?« Goldman lachte.

Einen Augenblick saßen sie schweigend im Konferenzraum und vergegenwärtigten sich die erstaunliche Lage: Sie sollten einen Blogpost formulieren, um aller Welt bekannt zu machen, dass geplante Wartungsarbeiten an Twitter aufgeschoben würden, an einem Dienst, dem sie zum Durchbruch verholfen hatten und der den Nutzern noch wenige Jahre zuvor eher dazu gedient hatte, anderen Leuten mitzuteilen, dass sie jetzt gleich aufs Klo gingen oder auf welcher Party es am Wochenende Freibier gab. Nun wurde eben dieser Dienst auf den Straßen Teherans benutzt, um eine Regierung zu Fall zu bringen.

Es war ein Zeugnis der menschlichen Widerstandskraft. Gib einem Menschen einen Baum, und er macht ein Boot daraus; gib ihm ein Blatt, und er wird es als Schale nutzen und Wasser daraus trinken; gib ihm einen Stein, und er wird eine Waffe daraus hauen, um sich und seine Familie zu beschützen. Gib einem Menschen ein kleines Feld mit einem Limit von 140 Zeichen, und er wird es sich zunutze machen, um im Nahen Osten gegen eine unterdrückerische Diktatur aufzubegehren.

Biz unterbrach das Schweigen. Es war ihm wichtig, dafür zu sorgen, dass Twitter in der iranischen Revolte völlig unparteiisch bliebe. »Ich möchte sicherstellen, dass Twitter nicht selbst beteiligt ist«, sagte er und dachte über eine passende Formulierung nach. »Wir sind nicht für oder gegen die Demonstranten, wir lieben es einfach, dass Twitter in dieser Weise genutzt wird.«

Um 16:15 Uhr postete Biz den Eintrag zur Aufschiebung der Abschaltung auf der Webseite der Firma. »Eine wichtige Netzwerkaktualisierung muss durchgeführt werden, um den Betrieb von Twitter aufrechtzuerhalten«, hieß es in dem Blogpost. »In Koordination mit Twitter hatte unser Netzwerkhost diese Arbeiten für heute Nacht geplant. Unser Netzwerkpartner ... erkennt jedoch die Rolle, die Twitter gegenwärtig als wichtiges Kommunikationswerkzeug im Iran spielt. Die geplanten Wartungsarbeiten wurden daher auf Morgen zwischen 14 und 15 Uhr pazifische Normalzeit verlegt (1:30 Uhr im Iran).«

Mit einem Zusatz brachte Biz verklausuliert zum Ausdruck, dass der Aufschub von Twitter erwünscht war: »Unser Partner geht ein hohes Risiko nicht nur für Twitter, sondern auch für die anderen Dienste ein, die er weltweit unterstützt. Wir empfehlen ihm, in einer unflexiblen Lage flexibel zu bleiben.«

So behutsam Biz auch zu formulieren versucht hatte, sein Plan ging nach hinten los. Die Nachricht zog weite Kreise, Twitters versteckte Parteinahme brachte es auf die Titelseiten von Zeitungen auf der ganzen Welt.

Mark Landler, Auslandskorrespondent der *New York Times*, der die Story als Erster in Umlauf brachte, merkte an, das »die Regierung Obama zwar vorgibt, Worte oder Taten vermeiden zu wollen, die als amerikanische Einmischung in die iranischen Präsidentschaftswahlen betrachtet werden könnten«, es sehe jedoch ganz danach aus, als hätte sie genau dies getan.

»Am Montagnachmittag schickte Jared Cohen, ein 27-jähriger Beamter des Außenministeriums, eine E-Mail an das soziale Netzwerk Twitter mit einer ungewöhnlichen Bitte: die Wartung seines globalen Netzwerks zu verschieben«, berichtete Landler, der durch Quellen im Außenministerium davon Wind bekommen hatte. Durch die Arbeiten wäre, so erklärte Landler seinen Lesern, der Dienst unterbrochen worden, »während ihn die Iraner nutzten, um Informationen auszutauschen und die Außenwelt über die um sich greifenden Proteste zu unterrichten«.

Die Meldung schlug allenthalben hohe Wellen.

»Ich könnte Ihnen nicht sagen, was der Unterschied zwischen einem Twitterer und einem Tweet ist«, beteuerte Außenministerin Clinton auf einer Pressekonferenz nach Ausbruch der Proteste, fügte aber, umringt von Dutzenden Fernsehkameras und Reportern, sogleich hinzu: »Die Vereinigten Staaten glauben leidenschaftlich und fest an das Grundprinzip der freien Meinungsäußerung, und es ist nun einmal so, dass eines der Ausdrucksmittel, die Nutzung von Twitter, sehr wichtig ist, nicht nur für das iranische Volk, sondern immer stärker für Menschen auf der ganzen Welt, ganz besonders junge Menschen.«

Hinter den Kulissen war man über die Veröffentlichung in der *New York Times* alles andere als erfreut. Das galt für das Weißen Haus ebenso wie für das Außenministerium und erst recht für Twitter.

Im Außenministerium wurden schon Stimmen laut, die von Cohens Entlassung sprachen. Als er zu einer Dienstbesprechung mit Kollegen ins Weißen Haus bestellt wurde, war er leichenblass. »Verdammt, was hast du da nur angestellt?«, fuhr ihn ein Freund aus dem Weißen Haus an. »Du siehst übrigens furchtbar aus.«

Zurück im Außenministerium blieb Cohen nichts anderes übrig, als zu warten, bis an höherer Stelle über sein Schicksal entschieden würde. Hillary Clinton jedoch legte sich für ihre Mitarbeiter ins Zeug und hielt hochrangigen Mitgliedern des Präsidentenstabs, die Cohen und alle anderen am Twitter-Vorfall Beteiligten am liebsten mit Pauken und Trompeten gefeuert hätten, entgegen, dass ihre Leute nur ihre Arbeit getan hätten. Schließlich sei das alles auch Teil eines kulturellen Wandels, zu dem Twitter wesentlich dazugehöre. Am nächsten Tag ging Clinton bei einer Frühbesprechung zu Cohens Platz, warf die *New York Times* auf seinen Tisch und zeigte mit strenger Miene auf den Artikel. »Das ist klasse«, sagte sie, während sie mit dem Finger auf die Zeitung pochte. »Das ist genau das, was wir tun sollten.«

Obwohl er nicht viel damit zu tun hatte, kam Jack nicht so glimpflich davon. Der Artikel der *New York Times* hatte ihn als Verantwortlichen für die Aufschiebung der Wartungsarbeiten genannt, obwohl er bei Twitter keinen Posten mehr bekleidete. Dieses Mal bekam Jack die Lorbeeren zwar ganz ohne eigenes Zutun, doch das war Ev, Biz und Goldman egal. Sie waren nicht amüsiert.

Biz und Ev hatten tagelang Interviewanfragen über die Lage im Iran abgelehnt und Journalisten erklärt, dass Twitter es nicht für »angemessen« halte, sich in eine so instabile politische Situation einzumischen, insbesondere angesichts der Angriffe von Sicherheitskräften auf Demonstranten.

Nun war der Eindruck entstanden, als hätte Twitter in einem internationalen Propagandakrieg Partei ergriffen und sich auf eine Seite des moralischen und diplomatischen Konflikts geschlagen – eine Position, die es gerade vermeiden wollte.

Zufällig Milliardär

»Ich wette, er versucht uns zu kaufen«, sagte Goldman zu Alexander Macgillivray, seit kurzem der neue Chefsyndikus von Twitter. Zusammen mit Ev, der an einem Sandwich kaute und ihrer Unterhaltung lauschte, hockten sie in Charlie's Restaurant in Palo Alto.

»Bestimmt nicht«, sagte Macgillivray. Er trug den Spitznamen Amac, was sich so anhörte, als riefe jemand *Ey, Mac!* »Nicht nach dem, was er gerade getan hat. Auf keinen Fall werden die versuchen, uns zu übernehmen.«

»Ich bin derselben Meinung wie Amac«, warf Ev ein. »Komm schon, das wäre doch total daneben.«

»Nein, er wird es tun«, beharrte Goldman. »Um was wollen wir wetten, Amac? Los, lass uns wetten!«

Goldman, Ev und Amac kannten sich seit 2003, als Google Blogger übernommen hatte und Amac als stellvertretender Chefsyndikus von Google der neue Ansprechpartner des Blogger-Teams geworden war. Bei Twitter ging es für Amac gleich in der ersten Woche voll zur Sache.

»Ich hab's nicht so mit Wetten«, erwiderte der jungenhaft wirkende 36-Jährige.

»Okay, dann um die Ehre«, insistierte Goldman und streckte seine Hand über den Tisch. Ev war von ihrem Geplänkel amüsiert.

»Na gut«, antwortete Amac und musterte Goldman durch seine Nickelbrille. »Dann um die Ehre. Nie im Leben versucht der uns zu kaufen!«

»Wir sollten aufbrechen«, mahnte Ev mit einem Blick auf seine Uhr.

Ein paar Minuten später saßen sie wieder in Amacs klapprigem Honda Civic, Baujahr 1985. Ev wies vom Beifahrersitz aus mit dem Smartphone als Navi die Richtung. Kurz darauf starrte Goldman aus dem Seitenfenster auf ein gesichtsloses Haus. Sie waren am Ziel. »*Der* Bursche soll sieben Milliarden Dollar schwer sein?«, fragte er sarkastisch. Ein paar Häuser weiter fanden sie einen Parkplatz.

Als sie sich dem Haus näherten, fiel ihnen auf, wie klein es war. Die Außenfarbe wirkte von Weitem wie Beige, aber von Nahem sah man, dass Teile der Wand mit unterschiedlichen, nicht zusammenpassenden Schattierungen übermalt worden waren, einige dunkler, andere heller. Der kleine Vorgarten war mit welken, bräunlichen Grasflecken übersät. Ein paar dürre Pflanzen wiegten sich sachte im Wind.

Sie quetschten sich an einem bescheidenen Honda Acura vorbei, der in der Einfahrt parkte, und schritten zur Eingangstür. Ev klopfte und wandte sich zu Amac und Goldman, denen die Neugier im Gesicht geschrieben stand. Nur Augenblicke später öffnete sich die Tür und vor ihnen stand Mark Zuckerberg.

»Hallo, Leute«, sagte Zuckerberg. Er trug Jeans, T-Shirt und sein Markenzeichen, blaue Adiletten. »Immer reinspaziert.«

Zuckerberg sprach in knappen Sätzen. »Wir warten noch auf ein paar Leute. Ich führe Sie mal herum«, bot er an und eskortierte sie durch den Flur des Hauses, in dem er mit seiner Freundin Priscilla Chan wohnte. »Noch mal Danke fürs Kommen. Ich bin froh, dass Sie zu mir nach Hause gekommen sind. Wissen Sie, ich wollte nicht, dass uns jemand auf dem Facebook-Campus sieht – und am Ende noch glaubt, dass da was im Busch ist.« Er lachte und schaute dabei Ev an.

Ev lächelte gezwungen zurück. »Verständlich«, sagte er. Ihm war nicht sonderlich nach Lachen zumute.

Seit kurzem waren die freundlichen Beziehungen zwischen Twitter und Facebook schlagartig abgekühlt. Nun besuchte die

Twitter-Delegation Zuckerberg, um die Verstimmung aus der Welt zu schaffen, auch wenn die Aussichten dafür eher schlecht zu stehen schienen. Anlass des Zwists war ein Ende Juni 2010 von Josh Elman entworfenes neues Suchwerkzeug, mit dem Twitter-Nutzer ihre Freunde bei Facebook finden und ihnen folgen konnten. Doch nur wenige Sekunden nach seiner Freischaltung funktionierte das Feature nicht mehr.

Elman, ein kluger, mondgesichtiger Entwickler, der stets durch seine Brillengläser zu blinzeln schien, war zwei Jahre zuvor von Facebook zu Twitter gewechselt. Er begriff sofort, was passiert war, und stürmte in Evs Büro. »Wir haben da ein Problem«, meldete er Ev und Goldman.

»Sind Sie sicher, dass sie uns abgeschaltet haben?«, fragte Ev. »Es ist kein Programmfehler?«

»Nee, nee, die haben uns geblockt«, erwiderte Elman mit Bestimmtheit. »Unsere App auf Facebook läuft noch, aber sie haben ›Finde-Freunde‹ abgestellt, da kommt nur eine Null zurück«, erklärte er auf Programmierchinesisch. Mit anderen Worten, Facebook hatte die Schlösser an seinen Türen ausgetauscht, zumindest für Twitter, und so den Zugang zu den Freundelisten gesperrt, obwohl Tausende anderer Webseiten auf eben diese Informationen zugreifen durften.

In Fachpublikationen war das neue Feature längst besprochen worden; nun wiesen sie eilig darauf hin, dass es leider nicht funktionierte, und zeigten mit dem Finger auf Twitter. Um sich gegen die Kritik zu verteidigen, lieferte sich die Firma nun mit Facebook einen höchst öffentlichen Schlagabtausch.

»Wir glauben, das Problem liegt bei Facebook«, watschte Twitter den Konkurrenten auf seiner Firmenwebseite ab. Facebook reagierte mit einer Pressemitteilung, dass es sich, *ups!*, bloß um ein dummes technisches Problem handle. »Wir arbeiten mit Twitter daran, es zu beheben.«

Das war natürlich »verdammter Bullshit«, wie Goldman sich ausdrückte, als er von Facebooks Reaktion erfuhr. Twitters Geschäftsleitung war selbstredend klar gewesen, dass Facebook das neue Merkmal ein Dorn im Auge sein würde, aber niemand hatte damit gerechnet, dass Zuckerbergs Leute es postwendend abschmettern würden.

Es stimmte, dass Twitter vor Freischaltung der neuen Suchfunktion Facebook über sein Vorhaben informiert hatte. Manche im Twitter-Vorstand hatten von Facebook sogar kleinlaut eine Erlaubnis einholen wollen, statt selbstbewusst das Heft in die Hand zu nehmen. Goldman beschloss, sich direkt mit dem Technikvorstand von Facebook, Bret Taylor, kurzuschließen, mit dem er Jahre zuvor bei Google zusammengearbeitet hatte.

»Es ist uns wirklich nicht recht, dass ihr das einführt«, konterte Taylor, als Goldman ihn in der Angelegenheit anrief, und fügte hinzu: »Ihr seid ein großes Unternehmen. Wir möchten schon eine bessere Beziehung zu euch aufbauen.«

»Okay, prima. Wir würden auch liebend gerne die Beziehung zu euch verbessern, aber wir möchten trotzdem diese Funktion einführen«, beharrte Goldman, schließlich wolle Twitter ja nur Daten abschöpfen, die Facebook auch allen anderen interessierten Webseiten überließ. »Wir geben euch hiermit einfach vorab Bescheid über das, was wir einführen«, erklärte Goldman kurz und bündig, doch das kam bei Taylor überhaupt nicht gut an. Das Gespräch wurde hitzig und endete in einer Sackgasse.

Mark Zuckerberg war zusammen mit Facebook-Managern zu dieser Zeit in Barcelona auf einem Kongress. Als er von Taylor von den Absichten Twitters erfuhr, gab er die klare Anweisung, die neue Twitter-Funktion im Augenblick ihrer Freischaltung umgehend zu blockieren.

Und dabei war es geblieben, zumindest bis Ev, Goldman und Amac zu der Aussprache in Zuckerbergs Haus eintrafen.

»So, das ist unser Arbeitszimmer«, sagte Zuckerberg, als sie auf der Führung durch sein kleines Häuschen in ein Zimmer mit blaugestrichenen Wänden gelangten. Zwei hölzerne Schreibtische ohne Stühle standen auf der rechten Seite des Raums, ein einzelner Polsterhocker in der linken Ecke. »Ich habe ein paar Designer von Facebook kommen lassen, die mir das Haus gestrichen haben«, fügte er stolz hinzu, als sie in die karge gelbe Küche kamen. Die schwarze Marmoranrichte war praktisch leer.

»Sind Sie gerade eingezogen?«, wollte Goldman wissen.

Zuckerberg schaute ihn verdutzt an. »Nein«, antwortete er verwirrt. Goldman wusste nicht, was er darauf sagen sollte und wandte sich verlegen ab. Zum Glück setzte ein Klopfen an der Tür dem peinlichen Moment ein Ende. Das restliche Facebook-Team war eingetroffen.

Ev war sich nur zu bewusst, wie unangenehm das Meeting werden würde. Als Facebook ein Jahr zuvor versucht hatte, Twitter zu kaufen, war es ganz ähnlich gewesen.

Alle trotteten ins Wohnzimmer, wo es, wie sich herausstellte, nicht genügend Sitzgelegenheiten gab.

Obwohl Zuckerberg dem Kurznachrichten-Konkurrenten öffentlich keinerlei Beachtung geschenkt und Twitter einmal Freunden gegenüber sogar als »Chaostruppe« bezeichnet hatte, »die zufällig auf eine Goldmine gestoßen« sei, wurde ihm angesichts der rasanten Entwicklung des Unternehmens in Wirklichkeit angst und bange. »Ich hab mir ihre [Wachstums-]Rate angesehen und gedacht, wenn das die nächsten 12 oder 18 Monate so weitergeht, dann sind sie größer als wir«, hatte er in einem kurz zuvor erschienenen Interview mit dem Blog *Inside Facebook* zugegeben, seine Befürchtungen aber sogleich wieder heruntergespielt. »Es hat sich dann herausgestellt, dass ihre Wachstumsrate unnatürlich war. Sie haben viel Aufmerksamkeit in den Medien bekommen und sind für kurze Zeit sehr schnell gewachsen.«

Das stimmte allerdings nicht. Twitter wuchs immer noch mit nie gekannter Geschwindigkeit. Man kam nicht in die *Oprah Show* und auf die Titelseiten von *Time, New York Times* und *Wall Street Journal*, man kam nicht bei den Weltmeisterschaften groß heraus und befeuerte Revolutionen, nur um dann festzustellen, dass sich plötzlich keine neuen Kunden mehr anmeldeten. Im Gegenteil: Jede Woche brach Twitter neue Rekorde.

Nachdem die neue Twitter-Suchfunktion auf Facebook blockiert worden war, hatte Zuckerberg zu Ev Kontakt aufgenommen und ein Treffen vorgeschlagen, »um herauszufinden, wie wir besser zusammenarbeiten können«.

Im Wohnzimmer setzte sich Zuckerberg als Erster und gab damit den Startschuss zu einer Reise nach Jerusalem: Jeder schnappte sich schnellstmöglich die nächste Sitzgelegenheit. So kam es zu einer ungünstigen Sitzkonstellation, hockten Ev und Zuckerberg doch nun direkt nebeneinander.

Das Treffen verlief in einem sehr freundschaftlichen Ton. Zuckerberg, Taylor und Dan Rose (Facebooks Leiter des Bereichs Geschäftsentwicklung) sowie ein Anwalt des Unternehmens warben für ihre Vorstellungen einer engeren Zusammenarbeit von Twitter und Facebook. Sie benutzten Wörter wie »Chance«, »konstruktiv« und »Partnerschaft«. Alle paar Sekunden drehte Zuckerberg ungelenk den Kopf zu Ev, der nur wenige Zentimeter von ihm entfernt saß.

Der Facebook-Chef erklärte, dass auf seiner Webseite 90 Prozent des Verkehrs von Nutzern generiert werde, die sich die Profile anderer Leute ansehen wollten. Die Startseite diene nur als Sprungbrett, um sie auf die Profilseiten zu lotsen.

»Bei uns ist es genau umgekehrt«, warf Ev ein. Twitters Nutzer richteten ihr Augenmerk zu 90 Prozent auf die Nachrichtenchronik und klickten nur in 10 Prozent der Fälle die Profile anderer User an.

»Ich weiß«, erwiderte Zuckerberg, der stets seine Hausaufgaben machte. »Deshalb bin ich ja von Ihrer Arbeit so angetan. Es wäre doch aufregend, wenn wir« – er hielt kurz inne – »wenn wir etwas mit Ihnen zusammen als Partner aufziehen könnten. Da könnte es doch sinnvolle Dinge geben, wenn wir enger verbunden wären.«

Goldman neigte den Kopf und schielte fragend zu Amac: Hatte Facebook da nicht gerade ein Kaufangebot unterbreitet? Nein, nach Amacs Miene zu urteilen zählte das nicht.

»Und natürlich«, warf Rose ein, »hätten wir Interesse, falls ihr Leute das Unternehmen einfach verkaufen wollt.«

An diesem Punkt hatte Ev schon mehr Kaufangebote für Twitter bekommen, als er zählen konnte. Tatsächlich waren Twitter und Facebook völlig verschiedene Unternehmen mit unterschiedlichen Zielen, die, aus Evs Sicht, auch ein grundlegend anderes Ethos besaßen. Twitters Ideale hatten sich beinahe ein Jahrzehnt zuvor herausgebildet, als Ev Blogger aufgezogen hatte. Damals hatte er die feste Überzeugung gewonnen, dass Bloggen – und nun Twittern – den Menschen eine Bühne bot, um das auszusprechen, was sie bewegte. Das war auch der Grund gewesen, warum Ev Amac ins Boot geholt hatte, denn der hatte sich in seiner Zeit bei Google zu einem energischen Verfechter der freien und ungehinderten Rede im Internet gemausert. Aus demselben Grund arbeitete auch Goldman dort. Sie alle glaubten, dass die Plattform zuallererst ein Sprachrohr für gewöhnliche Menschen sein sollte.

Wenn staatliche Stellen bei Twitter angeklopft hatten, um, aus welchen Gründen auch immer, die Herausgabe von Informationen über bestimmte Nutzer zu verlangen, hatten Ev, Biz, Goldman und Crystal, die Leiterin von Twitters Supportteam, immer nein gesagt: »Nicht ohne richterlichen Beschluss.« Diese Haltung hatte sich mit den Jahren bei Twitter zu einer Grundüberzeugung verfestigt. Das war die spezielle DNA, die im Silicon Valley aus Twitter eine andere Art von Unternehmen machte. So klagte Twitter, mit Amac an der Spitze der Rechtsabteilung, zum Beispiel gegen einen Gerichtsbeschluss, der die Firma verpflichtete, die Tweets von Aktivisten der Occupy-Bewegung bei Demonstrationen herauszusieben. Twitter setzte sich auch gegen eine Hexenjagd des amerikanischen Justizministeriums auf Online-Unterstützer von WikiLeaks zur Wehr. Und in deutlichem Gegensatz zu Facebook erlaubte es Twitter Neuangemeldeten schließlich, die Tracking-Funktion zum Ausspähen ihres Surfverhaltens abzuschalten.

Was den Schutz der Redefreiheit und das Tracking anging, verfolgte Facebook einen völlig anderen Ansatz. Es verletzte häufig die Privatsphäre seiner Nutzer und entfernte manchmal Inhalte, die seine strengen Geschäftsbedingungen verletzten. Facebook

verlangte auch, dass sich die Nutzer mit Klarnamen und Geburts-
datum auf der Webseite registrierten. Twitter war dagegen so offen
wie ein öffentliches Schwimmbad. Genau dies gefiel Ev daran. Publizieren per Mausklick für alle, nun mit 140 Zeichen.

Ev besaß immer noch die Mehrheit an dem Unternehmen und
wäre bei einem Verkauf an Facebook oder einen anderen Bewerber Milliardär geworden. Aber Geld stand für ihn nicht im Vorder-
grund, ihm ging es darum, Twitters Unantastbarkeit zu schützen
und den Menschen, die es nutzten, eine Stimme zu geben.

Man kam überein, im Gespräch zu bleiben, und gab sich zum
Abschied die Hand. »Wir bleiben in Kontakt.«

Als sie nach draußen gingen, vorbei an den Blumenkästen, dem
bräunlichen Gras, fort von dem kleinen Haus des Zufallsmilliar-
därs, zwinkerte Goldman Amac zu und flüsterte leise: »Siehst du,
ich hab's dir doch gesagt!«

Der Coach und der Komödiant

Alle Bereiche von Twitter wuchsen wie verrückt: die Neuanmeldungen, die Zahl der Menschen, die jede Minute die Seite besuchten; alles verdoppelte, verdreifachte und vervierfachte sich. Hatten 2007 noch 5000 Menschen pro Tag Tweets gesendet, waren es 2008 schon 300000 am Tag, und 2009 war diese Zahl um 1400 Prozent auf 35 Millionen täglich gesendete Tweets angeschwollen.

Die Zahl der Mitarbeiter im Unternehmen war zwar langsam gestiegen, befand sich aber immer noch im zweistelligen Bereich. Der Verwaltungsrat hatte Ev gedrängt, neben anderen hohen Leitungspositionen neue Vorstände für die Bereiche Technik und Finanzen und einen Geschäftsführer zu berufen, aber Ev konnte sich für keine geeigneten Kandidaten entscheiden. In seiner typischen Manier zog er es vor, sie unter seinen Freunden zu suchen, unter Leuten, denen er vertraute, die nicht gegen ihn arbeiten oder ihn zwingen würden, seine langsame Entscheidungsfindung zu beschleunigen.

Dabei war das etwas, was Ev unbedingt abstellen wollte: Nie wieder wollte er eine Entscheidung endlos hinauszögern.

1996, mit 24, war Ev wieder auf die Familienfarm gezogen, nachdem er mit der Firma, die er in Lincoln, Nebraska, gegründet hatte, gescheitert war. »Wir geben das Büro auf«, hatte er seinen Angestellten und Freunden eines Nachmittags gesagt. »Geht einfach alle nach Hause.« Dann, mittellos und am Boden zerstört, hatte er seine Siebensachen zusammengepackt und war die 140 Kilometer zurück in sein Heimatdorf Clarks gefahren.

Die Firma, die Plexus geheißen hatte – ein zufällig im Wörterbuch gefundener Ausdruck, der »Geflecht von Nervenfasern oder Blutgefäßen im Körper« bedeutet –, hatte Ev zusammen mit seinem Bruder geführt. Bevor sie für immer schloss, hatte sie zehn Teilzeitbeschäftigte gehabt, die meisten davon Evs Freunde.

Ein Jahr zuvor hatte Ev bei seinem Vater Monte für die Idee geworben: »Das Internet wird ein Riesending«, hatte er geschwärmt, Plexus könnte der größte Internetshop in ganz Nebraska werden. Monte hatte Vertrauen in seinen unkonventionellen Sohn und willigte ein, das Unternehmen zu finanzieren. Nach beinahe einem Jahr war das Geld seines Vaters komplett aufgezehrt, einige seiner Freundschaften zerstört, seine Beziehung zu seinem Bruder in die Brüche gegangen.

Nach diesem Scheitern saß Ev am selben Tisch, an dem er sich einst mit seinen Algebra- und Geschichtshausaufgaben abgemüht hatte, und ging das verflossene Jahr in Gedanken noch einmal durch. Er atmete tief durch, nahm einen Stift und fing an, auf einem Blatt Papier eine Liste zu schreiben.

Eins, zwei, drei, vier, fünf ... Er hielt inne, als er bei zehn anlangte. Dann machte er weiter. Schließlich hatte er 34 Einträge beisammen.

Es handelte sich um eine Sammlung der Geschäftsideen, auf die er in seiner Zeit als Chef von Plexus gekommen war. Aber es war keine gute Liste, nur eine Ansammlung von 34 Hätschelkindern, Projekte, die er gleichzeitig begonnen, aber nie beendet hatte. Er wusste, dass die Firma nicht aus Mangel an Arbeit gescheitert war. Ganz im Gegenteil. Sie war Pleite gegangen, weil Ev jede Woche seinen Freunden und Angestellten eine neue Idee, ein neues Vorhaben aufgetischt hatte. Als sich Plexus endlich auf ein einzelnes Projekt konzentrierte, konnte Ev sich nicht zu einer Entscheidung über die endgültige Markteinführung durchringen. Er war wie ein Geologe gewesen, der nach Öl sucht und die Bohrstelle wechselt, bevor die Arbeiter überhaupt mit ersten Bohrung begonnen haben.

Schließlich hatten sich seine Projekte aufgetürmt und waren unter ihrer eigenen Last zusammengebrochen. Das Schuldgefühl, das Geld seines Vaters vergeudet zu haben – Ersparnisse, die durch mühselige Feldarbeit erschuftet worden waren –, machte die Niederlage nur umso bitterer.

Er schaute auf die Liste und fasste zwei Vorsätze: Erstens würde er seinem Vater sein Geld zurückzahlen; zweitens würde er, falls er jemals die Chance bekäme, eine weitere Firma zu führen, niemals mehr den Fokus aus den Augen verlieren. Er würde von nun an immer klare Entscheidungen treffen und sich daran halten.

Den ersten Vorsatz konnte er bald erfüllen: Ev zahlte seinem Vater sein Geld mit weit mehr als Zinsen und Zinseszinsen zurück. Die Einhaltung des zweiten Vorsatzes war schon schwieriger, schließlich war Ideenreichtum Evs große Stärke.

Nun, im Jahr 2009, gab Ev an der Spitze von Twitter sein Bestes, diesen Fehler zu vermeiden und das Unternehmen inmitten der permanenten Aufmerksamkeit, die es als Kommunikationskanal von Firmen und Protestbewegungen, von Prominenten und Politikern erhielt, mit ruhiger Hand zu führen und die neueste Finanzierungsrunde zu organisieren, die Twitter in eine ganz neue Liga katapultieren sollte.

Ev wollte bei der geplanten vierten Kapitalaufstockung ursprünglich 50 Millionen Dollar einsammeln, doch das Interesse der Risikoanleger an Twitter war dermaßen groß, dass er – unter Führung der New Yorker Finanziers Insight Venture Partners – 100 Millionen Dollar zusammenbekam, was die Bewertung des Unternehmens zum ersten Mal auf 1 Milliarde Dollar steigen ließ. Allerdings war die Ertragslage so trist wie eh und je: Twitter machte keinerlei Profit. Wie seinerzeit bei Plexus fing Evs Scheu vor endgültigen Entscheidungen an, Twitters Geschäftswachstum zu bremsen.

Anfang 2009 hatte der Verwaltungsrat auf Fentons Drängen Ev ermutigt, sich einen »Mentor« zu suchen, der ihm helfen sollte, einen stringenteren Führungsstil zu entwickeln. Fenton hatte sich für Bill Campbell stark gemacht, einen legendären Vorstands-

Coach, der auch schon Steve Jobs und eine lange Liste weiterer Titanen betreut hatte. Aber zu seiner Überraschung erhielt er sowohl von Ev wie von Campbell eine Absage. »Twitter? Kein Interesse«, antwortete Campbell auf Fentons Anfrage, und Ev teilte ihm mit, keinen Coach zu brauchen.

Doch Fenton war nicht der Typ, der ein Nein gelten ließ. Alle paar Tage rief er Campbell an und steckte ihm Neuigkeiten aus der Firma. Als Campbell am Wochenende mit gewichtigen Leuten zum Angeln fuhr, befand sich unter ihnen auch der technikversessene Sohn eines Freundes, der unablässig twitterte, statt sich um Forellen zu scheren. Zurück im Silicon Valley war Campbell klar geworden, dass an Twitter mehr dran sein musste, als er gedacht hatte. Er teilte Fenton mit, dass er die Betreuung von Ev übernehmen würde.

»Campbell ist ein Glücksfall«, frohlockte Fenton in dem Bemühen, Ev zu einer Begegnung mit dem Coach zu überreden. »Er hat Eric Schmidt betreut, Larry und Sergey und Steve Jobs. Er ist eine verdammte Legende.« Ev erklärte sich schließlich bereit, sich mit ihm zu treffen.

Campbell war im Silicon Valley eine Institution. Er hatte als Sportskanone eine Eliteuniversität besucht und wurde von Freunden und Bekannten nur »der Trainer« genannt. Auch mit Ende 60 hatte er noch eine stattliche Figur. Seine Scheitelfrisur mit welligem weißem Haar hatte sich in Jahrzehnten nicht verändert.

Als ihr erstes Zusammentreffen nahte, erwartete Ev, mittlerweile 37, mit Spannung, was er von dieser Legende, dem »Trainer«, wohl würde lernen können.

Er saß auf einer Couch in Campbells Büro, in der einen Hand einen Notizblock, in der anderen einen Stift, bereit, Campbells Ratschläge mitzuschreiben. Fenton beobachtete die beiden gespannt. Campbell lehnte sich in seinem Stuhl zurück und schlüpfte in seine Rolle: Er fing an zu coachen. Er schimpfte, schrie, schwadronierte, warf mit Einzeilern um sich und feuerte Ev an, als ginge es darum, mit einem Ball über die Ziellinie zu stürmen. Dabei fluchte er wie ein Kesselflicker. Unablässig donnerte das Wort »Scheiße« wie ein Hammer auf einen Amboss, diente als Ausrufezeichen am Ende eines jeden Satzes. Scheiße dies, Scheiße das. Scheiße. Scheiße. Scheiße.

Endlich bekam Ev ein Wort dazwischen und stellte seine erste Frage: »Was ist der schlimmste Fehler, um eine Firma in die Scheiße zu reiten?«

»Wenn der Chef seine Scheißfreunde einstellt!«, bellte Campbell ohne Atem zu holen und ließ eine zehnminütige Tirade darüber ab, warum Freundschaft und Geschäft nicht zusammengingen und nie vermengt werden dürften. Ev kritzelte auf seinem Notizblock.

Ev war von Campbell schwer beeindruckt. Sie gaben sich die Hand und kamen überein, sich einmal pro Woche zu treffen. Fenton jubilierte. »Das wird großartig!«, sagte Campbell und schlug Ev auf die Schulter. »Das wird scheißgeil!«

Fenton und der Verwaltungsrat hatten Ev unter anderem deshalb dazu gedrängt, sich einen Mentor zu nehmen, weil er darauf beharrte, bei Twitter seine Freunde einzustellen. Ev sah darin kein Problem. Die meisten seiner Freunde gehörten zu den wenigen Leuten, mit denen er sich über technische Fragen austauschen konnte, und häufig hatten sie perfekt in die Unternehmen gepasst, die er über die Jahre gegründet hatte. Erfolg war für ihn viel harte Arbeit gepaart mit etwas Glück, und er wollte die Menschen, die er kannte, daran teilhaben lassen. Er hatte seine Schwester, eine Köchin, als Küchenchefin von Twitter eingestellt und seiner Frau Sara die Gestaltung der Twitter-Büros übertragen. Zahlreiche Freunde von Google wurden bei Twitter als Programmierer oder Designer beschäftigt.

Was Ev zusätzlich dazu bewegte, war die Überzeugung, dass Freunde ihn nicht hintergehen würden.

Ev war durchaus gewillt, Campbells Rat zu folgen, allerdings hatte er noch einen Kumpel, den er einzustellen gedachte: seinen guten Freund Dick Costolo, den er Jahre zuvor bei Google kennengelernt hatte.

Dick war 45 und lebte mit seiner Frau Lorin und seinen beiden
Kindern in Chicago. Er mochte nicht so jung sein und hip wirken
wie die meisten anderen Technologiegründer, aber er hatte in der
Branche einen Namen und war eng mit Ev befreundet.

Dick war in der Nähe von Detroit aufgewachsen und hatte an der
Universität von Michigan Informatik studiert. Im ersten Semester
des Hauptstudiums hatte er beschlossen, einen Schauspielkurs zu
belegen, um eine Lücke in seinem Stundenplan zu füllen. Bei der
Schauspielerei, so seine Überlegung, würden wohl kaum zusätz-
liche Hausarbeiten anfallen, sodass er die Abende mit seinen Com-
puteraufgaben verbringen konnte. Doch nach der ersten Stunde war
er Feuer und Flamme und belegte im folgenden Semester gleich
wieder einen Schauspielkurs.

Es dauerte nicht lange, da ließ er die Informatik schleifen und
verbrachte die Abende stattdessen als Stand-up-Comedian auf einer
kleinen Bühne in Campusnähe. Dick machte zwar seinen Abschluss
und erhielt auch eine Reihe von Stellenangeboten von großen IT-Fir-
men, doch wollte er lieber seinen neuen Traum verwirklichen, ein
weltberühmter Schauspieler oder Komiker oder beides zu werden.
Er packte seine Tasche und reiste nach Chicago, um in der dortigen
Comedy-Szene zu reüssieren, bis er es irgendwann in *Saturday Night
Live* schaffte oder gar seine eigene Show bekam.

Doch es kam anders.

Dick war zwar ein talentierter Komödiant, neben seinen abend-
lichen Auftritten musste er sich aber tagsüber in einer Filiale des
Einrichtungshauses Crate & Barrel als Verkäufer von Tellern und
Geschirr etwas dazuverdienen, um die Miete bezahlen zu können.
Schließlich hatte er genug davon und beschloss Anfang der 1990er
Jahre, zur Subventionierung seiner Komödiantenkarriere seinen
Computerabschluss als Unternehmensberater bei Andersen Con-
sulting nutzbringend zu verwenden.

Immer wieder erklärte er seinen neuen Chefs, dass es da so ein
neues Ding gebe, dem sie einmal ihre Aufmerksamkeit schenken sollten, genannt »World Wide Web«. Aber seine Vorgesetzten

schenkten ihm nur ein müdes Lächeln und hielten es für einen von Dick Costolos Witzen.

Er hatte das Betriebsklima bald satt und kündigte. Statt ins Komödiantengeschäft zurückzukehren, tat er sich mit einer kleinen Gruppe von Mitstreitern zusammen und gründete seine eigene Beratungsfirma namens Burning Door Networked Media, die sich auf Entwicklung und Management von Internetprojekten spezialisierte. Bald schuf und verkaufte er seine eigenen Unternehmen, drei an der Zahl, und verdiente damit viele Millionen Dollar. Eine der Firmen, mit denen er sich einen Namen machte, hieß Spyonit, ein Dienst, der Nutzer über die Aktualisierung von Webseiten benachrichtigte, an denen sie interessiert waren. Schließlich knackte Dick mit dem Verkauf eines Unternehmens namens FeedBurner, mit dessen Hilfe sich Blogs in andere Seiten dynamisch einfügen (und damit viel weiter verbreiten) ließen, den Jackpot. Google bezahlte dafür 100 Millionen Dollar. Unterwegs lernte er Ev kennen, und die beiden wurden Freunde.

Als Dick 2009 seinem alten Freund auf einer Party in San Francisco zufällig über den Weg lief, fragte ihn Ev, ob er Interesse habe, sich um das Personalmanagement von Twitter zu kümmern, während er eine zweiwöchige Elternzeit mit seinem ersten Kind nahm. Die Unterhaltung verdichtete sich rasch zu der Frage, ob Dick an einem Vollzeitjob als Geschäftsführer von Twitter interessiert wäre. Bis dahin hatte der Vorstandschef die operative Leitung innegehabt, aber Fenton und der Rest des Verwaltungsrats hatten Ev gedrängt, dafür einen eigenen Posten zu schaffen.

Zuerst hatten Bijan und Fenton wenig Neigung, Dick einzustellen. Sie sahen in ihm nur einen weiteren von Evs Freunden. »Ich möchte nur ungern ein Spielverderber sein«, schrieb Fenton in einer E-Mail, aber die Einstellung eines falschen Kandidaten als Leiter der Geschäftsführung könne »ein ziemliches Chaos anrichten.« Bijan war derselben Meinung und neigte eher dazu, die Stelle mit einem Manager von außerhalb zu besetzen, als einen weiteren von Evs Freunden anzuheuern.

Doch Ev gab nicht auf. »Wir sind seit einigen Jahren befreundet, und ich glaube, er wäre eine großartige Ergänzung für mich und das Team«, teilte Ev dem Verwaltungsrat in einer E-Mail mit. »Ich vertraue Dick in einem Maß, wie ich es bei einem Außenseiter, ganz gleich welche Erfahrung er mitbringt, nicht könnte.«

Mit der Leitung des operativen Geschäfts von Twitter bot sich Dick die Chance, die Karriere nachzuholen, die er nach seinem Studium versäumt hatte, als er ins heitere Fach wechselte, statt einen Job bei einer großen Technologiefirma anzunehmen. Twitter veränderte die Welt, und Dick wollte dabei sein. Hier bot sich ihm die Gelegenheit, wieder die Bühne zu betreten – eine Weltbühne.

Nach ausführlichen Bewerbungsgesprächen mit Biz, Goldman, Bijan, Fred und Fenton stimmte der Verwaltungsrat von Twitter zu, ihn einzustellen, allerdings hatte Ev den anderen auch keine große Wahl gelassen. Im Gegensatz zu seiner Unfähigkeit, Entscheidungen von geringerer Tragweite zu fällen, setzte er seinen Willen durch, wenn er sich einmal zu einer großen durchgerungen hatte. Wie damals, als er nach Florida gefahren war, um einen Job bei dem Werbeguru zu bekommen, stand Evs Entschluss fest: Twitter sollte Dick anheuern.

Anfang September 2009, am Tag, bevor Dick zu seinem ersten Arbeitstag bei Twitter eintraf, sendete er seinen ersten Tweet als Angestellter des Unternehmens. Es war ein Witz, der die Leute, auch Ev, zum Lachen brachte. Aber er sollte Dick später noch nachgehen.

»Morgen erster voller Arbeitstag als Geschäftsführer von Twitter«, schrieb er. »Aufgabe Nr. 1: Vorstandschef unterminieren, Macht festigen.«

Jack spielt verrückt

»Wir müssen uns unterhalten«, sagte Biz zu Ev. »Jack spielt verrückt.«

»Was meinst du damit: Jack spielt verrückt?«, fragte Ev lachend.

Biz drehte seinen Laptop um und schob ihn über den Tisch zu Ev.

»Jesus«, rief Ev, nachdem er ein paar Zeilen gelesen hatte, und schüttelte ungläubig den Kopf. »Schon wieder?!«

Anfang 2010 erschien ein weiterer Artikel, der das Hohelied von Jack als Gründer, Erfinder, Architekt und Schöpfer von Twitter sang und ihn praktisch als alleinigen Lenker und Mitarbeiter der Firma hinstellte, obwohl es mittlerweile fast 100 waren, die sich für den Erfolg der Webseite abrackerten. Und Jack gehörte gar nicht mehr zu ihnen.

Es war mit ihm jeden Tag schlimmer geworden. Seit Jack als Vorstandschef gefeuert worden war, hatte er beinahe jede Interviewanfrage angenommen. Blogs, Zeitungen, Fernsehen, Magazine, öffentliche Diskussionsveranstaltungen: zu allem sagte er ja, ja, ja. Er war für alles zu haben.

Selbst Biz, der selten sauer wurde, war zunehmend ungehalten über Jacks Eskapaden. Nicht nur sprach er ständig mit den Medien, er unterschlug dabei auch regelmäßig die Leistung anderer bei der Schaffung von Twitter. Mehr noch, Biz ging es zunehmend auf die Nerven, dass Jack in Interviews das Firmenethos beschädigte. Biz hatte immer klargemacht, dass Mitarbeiter und Manager sich von Interviews fernhalten sollten, bei denen es um Twitter als Katalysator gesellschaftlicher Konflikte gehen sollte. Allen, die für die Firma arbeiteten, war es strikt untersagt, darüber zu diskutieren, wie Twitter als Mittel zum Krieg, als politische Waffe oder bei großen Nachrichtenereignissen benutzt wurde. »Ich möchte nicht, dass es so aussieht, als würden wir uns bei irgendeiner Sache auf eine Seite schlagen«, pflegte Biz zu sagen.

Jack glaubte, diese Regel gelte nicht für ihn, und wenn er sich zu solchen Fragen äußerte, stellte er die Sachverhalte häufig falsch dar. In einem aufgezeichneten Gespräch über digitalen Aktivismus in China mit Ai Weiwei, dem berühmten chinesischen Künstler und Aktivisten, sollte Jack die Haltung Twitters zur Einführung des Dienstes in China erläutern. Ohne eine Ahnung von chinesischer Politik patzte Jack mit einer Antwort, die nur seine Unkenntnis offenbarte, dass Twitter in dem kommunistischen Land blockiert worden war.

Ev bat daraufhin Sean Garret, der als neuer Kommunikationschef des unablässigen Medienansturms Herr werden sollte, mit Jack zu sprechen und ihm ein paar Tipps für den Umgang mit den Medien auf den Weg zu geben. »Wenn er hingeht und diese Pressegeschichten macht, dann sollte er wenigstens wissen, wovon er spricht«, sagte Ev.

Einige Neuerungen bei Twitter konnte Jack in der Öffentlichkeit nicht erklären, und selbst wenn er sich auskannte, war er häufig nicht mit ihnen einverstanden. Jack war überzeugt, dass sich Ev zu sehr auf das Internet konzentrierte und dem mobilen Aspekt des Dienstes nicht genügend Aufmerksamkeit zollte. Und er war mit einer großen Veränderung, die Ev im November 2009 eingeführt hatte – eine der größten bei Twitter seit Jacks Ausscheiden –, ganz und gar nicht einverstanden.

Ev hatte die Frage des Twitter-Textfelds geändert. Statt Jacks alter Frage »Was machst du gerade?« (die Jack immer als Frage zum eigenen Ego betrachtet hatte) lautete sie nun: »Was passiert gerade?«, was Twitter stärker zu einem Kurznachrichtenmedium für aktuelle Begebenheiten machte. Die früheren Debatten der beiden Gründer, ob Twitter, wie Jack meinte, den Status des Schreibers vermelden oder, wie Ev überzeugt war, das aktuelle Geschehen um den Schreiber herum widerspiegeln sollte, hatte Ev damit für sich entschieden.

»Twitter war ursprünglich als mobiler Mitteilungsdienst zum aktuellen Status gedacht – als einfacher Weg, durch Sendung und Empfang kurzer Antworten auf die Frage ›Was tust du gerade?‹ mit den Menschen in unserem Leben in Verbindung zu bleiben«, schrieben Ev und Biz in einem Blogpost auf der Twitter-Webseite. »Natürlich antwortet jemand in San Francisco in genau diesem Augenblick vielleicht auf ›Was tust du gerade?‹ mit ›Genieße eine exzellente Tasse Kaffee‹. Blickt man aus der Vogelperspektive auf Twitter, zeigt sich jedoch, dass es nicht ausschließlich um diese persönlichen Reflektionen geht. Zwischen diesen Tassen Kaffee erleben die Leute Dinge, organisieren Veranstaltungen, schicken sich Links und teilen einander Neuigkeiten mit.«

Sie fügten hinzu: »»Was machst du gerade?‹ ist nicht mehr die richtige Frage: Ab heute ist sie durch eine ebenso kurze ersetzt. Twitter fragt nun: ›Was passiert gerade?‹ Wir erwarten nicht, dass sich dadurch die Art und Weise verändert, wie irgendjemand Twitter nutzt, aber vielleicht wird es dadurch leichter, es deinem Vater zu erklären.« Jack war mit der Veränderung natürlich nicht einverstanden und fuhr in Interviews fort, »Statusmitteilungen« als Grundlage der Tweets zu bezeichnen.

Intern war bei Twitter allen klar, dass Ev das Unternehmen führte. Extern glaubten einige Leute, dass es von Jack aus seiner »Verwaltungsratsposition« heraus geleitet wurde.

Die Medien waren vielfach schlecht informiert, und so wurde Jack nicht selten als Kopf der Firma bezeichnet. Ein Bericht auf CBS von Ende 2009 trug den Titel »Twitters Mastermind«. In seiner Einleitung sagte der Moderator über das Unternehmen: »Die Wall Street hat kürzlich den Preis für das soziale Netzwerk Twitter mit 1 Milliarde Dollar angesetzt, obwohl die Firma ihren ersten Cent erst noch verdienen muss.« Zu einem eingeblendeten Porträt von Jack fuhr der Moderator fort: »Jack Dorsey war erst 29 Jahre alt, als er Twitter erfand, und jetzt, mit 32, ist klar, dass er dazu beigetragen hat, die Art zu verändern, wie wir kommunizieren.«

Die Beitrag, in dem Jack beim Spaziergang interviewt wurde, erwähnte an keiner Stelle die Leistung von Ev, Biz oder Noah. »Dorsey ist ein Superstar geworden«, verkündete der CBS-Moderator. »Er wurde letzten Monat in seiner Heimatstadt St. Louis geehrt, wo er eine Rede an der Webster University hielt, vom Bürgermeister den Stadtschlüssel überreicht bekam und das Spiel der St. Louis Cardinals mit dem ersten Wurf eröffnete.«

Als Ev von dem Bericht hörte, schüttelte er nur den Kopf.

Jeden Morgen entdeckten die Twitter-Mitarbeiter neue Medienberichte über Jack: Artikel, Vorträge und Interviews von überall auf der Welt. Die großen Blätter wie *Los Angeles Times*, *New York Times* und *Wall Street Journal* berichteten über ihn, ebenso Fachpublikationen wie *GigaOM*, *TechCrunch* und *Mashable* oder esoterische Erzeugnisse wie *AskMen* und *Alive*. Auch einige Reden von ihm wurden abgedruckt. Einmal hielt Jack sogar einen Vortrag an einer Grundschule in New Jersey.

Während er Pressetermine anhäufte wie ein Hollywoodstar auf Promotiontour, war man bei Twitter darüber immer verärgerter und manchmal auch peinlich berührt.

Auch bei den Investoren des Unternehmens wuchs die Frustration über die vielen Pressemeldungen. In einer Reihe von Meetings in der Twitter-Zentrale wurde die Situation angesprochen. Mehr als einmal überlegte Ev, Jack aus dem Verwaltungsrat zu entfernen, aber er war überzeugt, dass der schlechte Eindruck in der Öffentlichkeit und die Beschädigung von Jacks Ruf Twitter mehr schaden würden als das, was Jack gegenwärtig tat.

Dabei waren es nicht nur Jacks Medieneskapaden, die den Zorn der Mitgründer und der Twitter-Investoren auf sich zogen. Während er die Entwicklung seines neuen Unternehmens, Square, vorantrieb, nutzte er seine E-Mail-Adresse bei Twitter, um Treffen mit Risikofinanziers und den Medien zu arrangieren, wobei er häufig in Aussicht stellte, sich gerne zu Twitter zu äußern, während es ihm in Wirklichkeit nur um die Präsentation seiner neuen Firma ging. Es fing an, auf Ev, Biz, Fred, Bijan und andere im Unternehmen zurückzufallen, und so wurden weitere Besprechungen anberaumt, um über eine Reaktion zu beraten.

Ebenso wenig war man darüber begeistert, dass Jack seine Twitter-Biografie geändert hatte, in der er sich nun als »Erfinder« und »Gründer« von Twitter hinstellte.

Jack wurde einige Male abgemahnt, seine E-Mail-Adresse bei Twitter nicht mehr als Köder für andere Zwecke zu missbrauchen. Als er jedoch damit fortfuhr, war für das Management, insbesondere für Ev, die rote Linie überschritten.

In einer internen Sitzung beschlossen Ev, Dick, Twitters Justiziar Amac, Sean Garett und andere Manager, Jacks E-Mail-Adresse bei Twitter zu deaktivieren.

Am Nachmittag rief Amac bei Jack an, um ihm darzulegen, dass seine E-Mail-Adresse gesperrt werde, weil er sie für Dinge verwende, die dem Image des Unternehmens schaden könnten. Er nannte Jack einen Katalog rechtlicher und wirtschaftlicher Folgen, die an diese Maßnahme gekoppelt waren.

Jack war außer sich und rief Biz und andere Leute an, um die Abschaltung seiner E-Mail-Adresse zu verhindern. Dann klingelte Jacks Telefon erneut. Dieses Mal war Dick in der Leitung, zu dieser Zeit kein Fan von Jack. Dick legte Jack noch einmal dar, dass er mit seinen Presseeskapaden und dem Missbrauch seiner E-Mail-Adresse zur Verabredung von Konferenzen für sein neues Unternehmen langsam Twitters Ruf Schaden zufüge. Schlimmer noch, Jacks Alleingänge drohten einen Geschäftsbereich zu beschädigen, der sich endlich wie durch ein Wunder im Aufschwung befand.

Zum ersten Mal in der Firmengeschichte zeigte eine Kennziffer, die seit dem ersten Tag null betragen hatte, eine steigende Tendenz: der Ertrag. Im Dezember 2009 war mit Dicks Hilfe ein Deal mit Google und Microsofts Suchmaschine Bing zustande gekommen, um die beinahe 40 Millionen Tweets, die jeden Tag über die Webseite gesendet wurden, auf den jeweiligen Suchmaschinen sichtbar zu machen. Im Gegenzug zahlte Google 15 Millionen Dollar an Twitter, Microsoft reichte 10 Millionen über die Theke. Twitter generiert somit Einnahmen von insgesamt 25 Millionen Dollar.

Jack kochte vor Wut, dass man ihm seine E-Mail-Adresse weggenommen hatte, und pochte darauf, sie sofort wieder zu aktivieren.

Doch zu spät: jack@twitter.com war futsch. Ein Rückschlag – und es gab nichts, was Jack daran ändern konnte.

»Sie haben mir meine verdammte E-Mail-Adresse weggenommen!«, klagte er Fenton, zu dieser Zeit sein einziger Verbündeter im Verwaltungsrat, sein Leid.

Auch Fenton war aufgebracht. »Wir werden das in Ordnung bringen, Jack«, versicherte er.

Der Versuch, Jack zum Schweigen zu bringen, sollte sich für Ev als Bumerang erweisen, denn nun begann Jack gemeinsam mit Fenton einen Plan auszubrüten, mit dem er weit mehr als nur seine E-Mail-Adresse zurückerlangen würde – ein Plan, der Jack zurück zu Twitter bringen sollte.

Steve Jobs 2.0

För die meisten Menschen war es nur einer von unzähligen Tweets, die am späten Abend des 9. September 2009 gesendet wurden: »Höre die Beatles.«

Der nächste flatterte Anfang Dezember vorüber. »Höre die Beatles und arbeite.« Im Januar 2010 folgten drei weitere Tweets mit Erwähnung der britischen Popband. »Höre die Beatles und arbeite mich durch meine E-Mails.« Im März waren es vier. »Arbeite im Büro und höre die Beatles.« Und so weiter.

Niemand bemerkte sie, als sie, verloren unter Abermillionen anderer Mitteilungen, im Twitter-Strom vorbeirauschten.

Aber für Jack, der in all diesen Tweets seine Freude an der Musik der Beatles kundgetan hatte, waren sie der Anfang einer langen Reise, einer Neuerfindung seiner selbst, einer Metamorphose, die den Mann, der ein paar Jahre zuvor mit seiner Telefonnummer auf dem T-Shirt bei Odeo angekommen war, in einen zugeknöpften, Anzug tragenden, auf perfekten Stil bedachten Firmenlenker verwandelte, bei dem alle Welt eine Ähnlichkeit zum größten Geschäftsmann Amerikas erkannte: Steve Jobs.

Genau wie die meisten anderen Jungunternehmer im Silicon Valley hatte Jack Jobs immer bewundert, hatte Zitate des verehrungswürdigen Apple-Bosses gesammelt, seine bevorzugten Designer recherchiert und versucht, seinen Geschäftsstil zu begreifen. Aber anders als die (meisten) anderen Firmenvorstände trieb Jack seine Bewunderung noch einen Schritt weiter.

Als Jack 2009 mit dem Aufbau von Square begann, schaute er

nicht einfach mit Bewunderung zu Jobs auf; er ahmte ihn nach. Das fing ganz schlicht damit an, alle Welt wissen zu lassen, dass er die Beatles hörte, die Lieblingsband des Apple-Chefs – Jobs hatte einmal dem TV-Magazin *60 Minutes* gesagt, sein Geschäftsmodell seien die Beatles. Mit der Zeit fing Jack an, auch Jobs' äußere Erscheinung nachzuahmen. Er experimentierte mit den runden Brillengläsern seines Gurus und legte sich eine ähnliche Alltagsuniform zu: Eines Tages erschien er in Blue Jeans, einem zugeknöpften weißen Hemd und einem schwarzen Blazer, und von diesem Augenblick an trug er in der Öffentlichkeit nur selten etwas anderes.

Jack begann, von Mahatma Gandhi zu sprechen, dem gewaltlosen Führer der indischen Unabhängigkeitsbewegung, nachdem er entdeckt hatte, dass Jobs 1974 auf der Suche nach Erleuchtung mehrere Monate durch Indien gereist war. Jack machte ein Porträt Gandhis zu seinem Bildschirmschoner und twitterte es. Er machte es sich zur Gewohnheit, neue Mitarbeiter seines Bezahldienstes Square auf einem Pfad durch San Francisco zu führen, der bei einer Statue von Ghandi seinen Anfang nahm.

Er kopierte viele von Jobs' Eigenarten. Er sprach in Design-Besprechungen davon, »die Ecken zu runden«, ein Ausdruck, den Jobs ab 1981 benutzt hatte, als er das Macintosh-Betriebssystem entwickelte. Wie Jobs bei Apple führte Jack bei Square wöchentliche Produktbesprechungen ein. Und er fing an, in seine eigenen Reden Jobs-Zitate einfließen zu lassen.

Dann begann Jack damit, bei Square ehemalige Apple-Angestellte anzuheuern. Ihre Vorstellungsgespräche verliefen anders als die anderer Bewerber. »Hatten Sie die Gelegenheit, mit Steve Jobs zusammenzuarbeiten?«, fragte Jack sie. »Können Sie mir ein bisschen von seinem Managementstil erzählen?« In einem Gespräch mit einem bekannten Apple-Designer, der von Square eingestellt worden war, hörte Jack, dass Jobs sich nicht als Vorstandschef, sondern eher als »Editor« betrachtete. Bald betitelte sich Jack auch als »Editor, nicht nur Vorstandschef« von Square. Bei einer Mitarbeiteransprache gab er bekannt: »Ich habe oft vom editorischen Charakter meiner Aufgabe gesprochen. Ich glaube, ich bin schlicht ein Editor.«

»Niemand hat das jemals zuvor gemacht«, pflegte Jack nun oft zu sagen, ein Satz, der Wort für Wort aus einem Interview mit Jobs auf einer Konferenz Anfang 2010 stammte. Jack übernahm auch Ausdrücke, die Jobs bei Apple-Präsentationen auf der Bühne benutzt hatte, um neue Merkmale von Square zu beschreiben, Wörter wie »magisch«, »überraschend« und »herrlich«.

Wie bei jemandem, der so lange kleinere Schönheitsoperationen vornehmen lässt, bis er seinem Idol ähnelt, dauerte es nicht lange, da sah Jack nicht mehr so aus und benahm sich nicht mehr so wie Jack Dorsey, sondern wie ein Wiedergänger von Steve Jobs. Die Beatles, die Hinweise auf Gandhi, der Titel »Editor«, das Design-Ethos, die tägliche Uniform, die Jobs-Zitate, all das waren Puzzelsteine zu einem Bild, das sich langsam in der Öffentlichkeit zusammenzusetzen begann.

Die IT-Blogger, die nun glaubten, dass Jack Twitter eigenhändig gegründet und aufgebaut hatte, dass ihm die Idee dazu schon als Kind gekommen war – eine Geschichte, die Jack in Dutzenden von Interviews verbreitet hatte – und dass er bei Design und Management dieselben Prinzipien vertrat wie Jobs, begannen sich bald zu fragen: »Ist Jack Dorsey der nächste Steve Jobs?« (Eine Frage, die unweigerlich mit ja beantwortet wurde.)

Jobs zu kopieren, war keine von langer Hand geplante Strategie. Es ergab sich eher aus vielen kleinen Korrekturen und summierte sich schließlich zu einer veritablen Nachschöpfung des Vorbilds.

So stand Jobs in vielerlei Hinsicht Pate bei der Formung des neuen Bildes, das Jack Dorsey von sich erschuf. Jobs war zwar berüchtigt dafür, Interviewanfragen abzulehnen, aber er hatte die Medien geschickt darauf abgerichtet, sich exakt so zu verhalten, wie er es wollte: Wenn er sprach, hörten sie zu, das war sein bester Zaubertrick von allen. Als er daher 2009 nach seiner Erkrankung eine Auszeit bei Apple nahm, machten sich die Medien auf die Suche nach dem nächsten Steve Jobs. Jack watschelte wie diese Ente, ließ dieselben Sätze vom Stapel wie diese Ente und trug die gleiche Brille, hatte dieselben Prinzipien und dieselben erstaunlichen Designvorstellungen wie diese Ente. Er hörte sogar die Beatles!

Jacks sorgfältig orchestrierte Erfindung von Steve Jobs 2.0 umgab ihn mit der Aura eines Visionärs und schuf die Voraussetzungen für ein Comeback, auf das er seit seinem Rauswurf bei Twitter sehnlichst brannte. Sie entzündete ein Feuer, um schließlich auch Ev auszuräuchern und aus der Firma zu treiben.

Eines Spätnachmittags Mitte 2010 bat Mike Abbott, der Entwicklungsvorstand von Twitter, Jack um eine Unterredung in den Büros von Square. Abbott hatte keine Ahnung, dass Jacks Titel als Verwaltungsratsvorsitzender von Twitter reine Fassade war. Zusammen mit dem Rest der Welt glaubte er, dass Jack bei den großen Entscheidungen des Unternehmens ein gewichtiges Wörtchen mitzureden hatte. Und wie die meisten im Silicon Valley erkannte auch er in Jack Dorsey den rechtmäßigen Erben des Nimbus von Steve Jobs.

Bald trafen sie sich regelmäßig und besprachen gestalterische Fragen und neue Projekte von Twitter. Dann, eines Nachmittags, ergab sich eine einmalige Gelegenheit.

»Ich brauche Ihre Hilfe«, sagte Abbott zu Jack. »Uns fehlt bei Twitter eine Richtung und ich weiß nicht, wohin das Unternehmen steuert.« Abbott erzählte, dass er nicht gerne mit Greg Pass, dem Technikchef von Twitter, zusammenarbeite, dass er bei Ev keine klare Richtung sehe und dass er Jacks Hilfe und Führung benötige. »Ich weiß nicht mehr, was ich tun soll«, gab Abbott zu.

Das war der Augenblick, auf den Jack gewartet hatte. Fenton war immer auf seiner Seite gewesen. Aber die anderen Verwaltungsratmitglieder, insbesondere Fred und Bijan, waren immer noch vor Jack auf der Hut, überzeugt, dass Twitter in seiner Anfangszeit aufgrund seiner Führungsschwäche beinahe untergegangen wäre.

Nun bat ein Vorstandsmitglied bei Twitter Jack um Hilfe. Wie Jobs begriff Jack, dass er nur ins Ohr des einen zu tuscheln brauchte, damit das Geflüster an anderer Stelle laut hinausposaunt würde. So begann Jack zu flüstern.

»Für mich stehen Sie im selben Rang wie der Vorstandschef, und wenn Sie mit Ev gesprochen haben, ohne etwas zu bewirken, sollten Sie sich an den Verwaltungsrat wenden«, riet Jack. »Sprechen Sie mit Fenton, mit Bijan, mit Fred – mit wem auch immer –, und berichten Sie ihnen von Ihren Sorgen. Sprechen Sie mit den anderen Vorständen.«

Genau das tat Abbott. Er sprach mit dem Verwaltungsrat über seine Bedenken hinsichtlich Ev und Goldman und gab seiner Befürchtung Ausdruck, dass das Unternehmen nicht nur auf dem falschen Weg sei, sondern völlig richtungslos.

Abbott riet seinen Kollegen im Vorstand, sich ebenfalls mit Jack zu treffen. Das Geflüster kam schließlich auch Ali Rowghani zu Ohren, der als Finanzvorstand angeheuert worden war und ebenfalls wegen Evs Zaudern bei drängenden Entscheidungen frustriert war. Rowghani vereinbarte ein Treffen mit Jack im Blue Bottle Coffee in der Nähe der Square-Zentrale. Dort, im Duft von Kaffee für 5 Dollar die Tasse, lamentierte Ali über den Zustand der Firma. Adam Bain, der sich bei Twitter um die Steigerung des Ertrags kümmerte, schaute ebenfalls bei Jack vorbei. Und schließlich folgte ihnen auch Dick.

Es war beileibe nicht so, dass Twitter kurz vor dem Zusammenbruch stand. Ganz im Gegenteil. Twitter hatte das Suchmaschinen-Geschäft mit Google und Microsoft unter Dach und Fach gebracht, experimentierte mit neuen Werbekonzepten und führte eine neue Form von Anzeigen-Tweets ein. Auch die Stabilität war auf dem Weg der Besserung. Das technische Team hatte eine umfassende langfristige Strategie für den kompletten Neuaufbau der Server-Architektur entwickelt und die Probleme mit dem Altsystem behoben, mit denen sich das Unternehmen von Anfang an herumgeschlagen hatte.

Das Problem war Ev. Er war noch immer unfähig, eine Entscheidung zu fällen. Seine Kommunikation mit dem Verwaltungsrat und dem Topmanagement war unregelmäßig. Einige, wie Mike Abbott, nahmen es persönlich, wenn sie nicht an hochrangigen Beratungen und Entscheidungen beteiligt wurden.

Ev leitete eine Firma, deren Führung selbst dem erfahrensten Manager zu schaffen gemacht hätte. Was in einem kleinen Start-up wie Odeo nur geringe Schwierigkeiten bereitet hatte, verursachte in einem Unternehmen, das so schnell gewachsen war wie Twitter, Riesenprobleme. Unter Jacks Vergrößerungsglas dem Verwaltungsrat präsentiert, sollten sie Evs Schicksal in der Firma besiegeln.

Zu dieser Zeit war Ev damit beschäftigt, Twitter komplett umzugestalten und ihm eine dringend benötigte Auffrischung zu geben. Ev suchte sich die zuverlässigsten Mitarbeiter zusammen und richtete in einem der Konferenzräume einen »Gefechtsstand« ein, um in intensiven Sitzungen Anregungen, Ideen und Konzepte zu sammeln. Tagein, tagaus hockte er mit seiner kleinen Gruppe von Designern und Programmieren beisammen, die Wände vollgekleistert mit Bildern und Vorschlägen, und gab dem Internetauftritt von Twitter ein neues Gesicht.

Ev tauchte komplett in die Neugestaltung der Webseite ein und vernachlässigte darüber die alltäglichen Pflichten eines Vorstandschefs. Währenddessen bot ein paar Blocks von den Twitter-Büros entfernt Jack leitenden Mitarbeitern, die nicht in das Projekt einbezogen waren, einen freundlichen Ratschlag: Sprechen Sie doch mit dem Verwaltungsrat, reden Sie mit Fenton, erzählen Sie es Fred und Bijan. Sagen Sie allen, dass Ev seinen Job nicht richtig macht. Berichten Sie von Ihren Sorgen um Twitters Zukunft. Jack sorgte sogar dafür, dass der wachsende Unmut auch Evs Coach, Bill Campbell, zu Ohren kam.

Es war zwar nicht üblich, dass der externe Betreuer eines Vorstandschefs an Verwaltungsratssitzungen teilnahm, doch Campbell kreuzte häufig unangemeldet auf und mischte sich in die Leitung des Unternehmens ein. Zwar mutete vielen das Spektakel befremdlich an, doch sie hielten sich angesichts des legendären Rufs von Campbell lieber bedeckt.

Nachdem nun das Getuschel auch Campbell zu Ohren gekommen war, begann auch er Bedenken an Evs Eignung für die Aufgabe zu äußern. Nur sagte er das nicht Ev, sondern sprach über seine vertraulichen Sitzungen mit Fenton, der wiederum Jack darüber unterrichtete. Wie ein Schneeball, der bergab rollend jedes bisschen Dreck auf dem Weg mit sich reißt und bei jedem Überschlag dunkler und größer wird (mit jeder Sitzung, mit jedem Anruf beim Verwaltungsrat), gewannen die Klagen gegen Ev eine immer mächtigere Wucht.

Zittern vor den Russen

Die Scharfschützen kamen, ganz in Schwarz gekleidet, am frühen Morgen und stiegen aufs Dach. Dort, auf grauen Betonplatten, packten sie ihre langläufigen Gewehre aus und stellten ihre Zielfernrohre ein. Im Rauschen der Funkgeräte wechselten maskierte Männer knappe Anweisungen auf Russisch.

Zwei Wochen lang waren immer wieder zu allen Tageszeiten Schwarzgekleidete bei Twitter aufgetaucht. Sie umschwärmten die Arbeitsnischen wie Wespen auf der Suche nach Obstkuchen, suchten jeden Winkel und jede Ritze des Gebäudes ab. Ihre glänzenden Sonnenbrillen verbargen ihre Augen, unter ihren dunklen Anzugjacken steckten Pistolen. Einige führten grimmig aussehende Hunde mit sich, die das Gebäude nach Sprengstoff abschnüffelten.

Die Männer zogen leise Vorhänge beiseite und lugten aus den Fenstern auf die belebten Straßen San Franciscos hinab.

»Wir brauchen einen Plan aller Ausgänge und Fahrstühle«, sagte einer mit starkem russischen Akzent zu einem Twitter-Angestellten. Die Fahrstühle würden für den Besuch geschlossen. »Wir werden die Metalldetektoren vor den Büros aufstellen.«

Als neuer Verantwortlicher für das operative Geschäft hatte Dick unablässig neue Mitarbeiter eingestellt. Ende 2009 war Twitters Belegschaft einschließlich der freien Mitarbeiter von 30 auf beinahe 120 angeschwollen. Deshalb bezog die Firma im November eine neue Zentrale in der Folsom Street 795, wo sie den sechsten Stock eines großen beigefarbenen Gebäudes belegte, zuvor der Sitz meh-

rerer anderer Start-ups. Bis Juni 2010 arbeiteten beinahe 200 Beschäftigte in den Büros.

Auf einer von der Firma organisierten Konferenz namens Chirp
hatte Ev kurz zuvor bekanntgegeben, dass Twitter mittlerweile über
100 Millionen registrierte Nutzer hatte und jeden Tag 300 000 neue
hinzugewann. Ryan Sarver, bei Twitter zuständig für Applikationen
externer Anbieter, berichtete dem Publikum, dass auf Twitter
100 000 Apps liefen, die mit der Webseite drei Milliarden Mal am
Tag interagierten. Diese beeindruckenden Zahlen machten langsam auch Google nervös: Mittlerweile verzeichnete Twitter 600 000
Suchanfragen pro Tag.

Evs Frau Sara war mit der Gestaltung der neuen Büroräume be-
auftragt worden. Zum funky Look, den sie der neuen Zentrale gab,
gehörten eine rote Lampe in Form eines @-Zeichens, das über einer
modernen blauen Couch hing, zahlreiche Vogelaufkleber und hip-
pe Gestaltungsakzente wie zum Beispiel drei hölzerne Hirschköp-
fe. In der Kantine des Unternehmens gab es sogar eine DJ-Kabine.

Immer mehr Politiker besuchten Twitter. John McCain war an
einem Wochenende gekommen, ließ sich durch die Büros führen
und sprach mit Managern, um sich zu informieren, wie Twitter von
Behörden und staatlichen Institutionen genutzt wurde – und wie
er es nutzen konnte, um die nächste Wahl nicht zu verlieren. Auch
Gavin Newsom, der Bürgermeister von San Francisco, schaute regelmäßig vorbei, erörterte städtische Angelegenheiten oder traf sich
mit Ev. Sogar Arnold Schwarzenegger war auf einen Plausch vorbei-
gekommen.

Aber der 23. Juni 2010 war anders. Der russische Präsident Dimitri Medwedew hatte sich im Twitter-Hauptquartier zu einer Führung angekündigt, um das »heißeste Start-up im Silicon Valley«,
wie er sich ausdrückte, mit eigenen Augen zu sehen. Er hatte vor,
bei dieser Gelegenheit seinen ersten Tweet zu senden.

Der Besuch warf ein grelles Schlaglicht darauf, wie sehr sich die
Welt verändert hatte. Bei früheren Besuchen der USA hatten sich
ausländische Staatsoberhäupter noch mit Zeitungsverlegern getrof-

fen. Nun fielen die Staatsgäste, statt in New York ihre Runde bei
Esquire, Time oder *Newsweek* zu machen, im Silicon Valley ein, um
dort die Unternehmen zu besuchen, die die Art veränderten, wie
die Welt kommunizierte.

Twitter war die erste Etappe eines dreitägigen Staatsbesuchs
Medwedews zur Vertiefung der russisch-amerikanischen Beziehungen. Er plante im Silicon Valley einige Treffen, darunter mit
Steve Jobs. (Medwedew erhoffte sich Aufschlüsse, wie sich ein Silicon Valley in Russland schaffen ließe.) Dann, nach den Begegnungen mit den Nerds, würde er nach Washington fliegen, um sich
mit den hohen Anzugträgern zu treffen: zuerst Präsident Barack
Obama, dann Außenministerin Hillary Clinton, Vizepräsident Joe
Biden und andere US-amerikanische Spitzenpolitiker, Generäle
und Wirtschaftsberater, um mit ihnen über Fragen der nationalen
Sicherheit, Terrorismusbekämpfung, Atomwaffenverträge und die
globale Wirtschaftskrise zu sprechen.

Doch vorher hatte Medwedew noch etwas Wichtigeres zu tun: Er
musste twittern.

Da gab es nur ein kleines Problem.

In den vorangegangenen Monaten hatte Twitter mehr denn je im
Rampenlicht gestanden. Seine Zentrale war zu einer Anlaufstelle
für Prominente geworden, die häufig unangekündigt hereinschneiten und dann der Schar ihrer Follower stolz ihren Aufenthaltsort
twitterten. Der Besuch in den Firmenbüros war zu einer Pilgerreise
geworden. Als Folge wurde Twitter unter einer Lawine von Presseanfragen aller möglichen Medien von San Francisco bis zum Vatikan überrollt. Kaum eine Publikation auf der Welt, die nicht über
Twitter berichtet hatte.

Nur wenige Wochen vor dem Besuch des russischen Präsidenten
war Twitter dem *Time*-Magazin eine Titelgeschichte wert gewesen,
unter der Überschrift »Wie Twitter unser Leben verändern wird«.

In seiner Story beerdigte Bestsellerautor Steven Johnson den verbreiteten Irrglauben, dass Twitter nur ein Ort sei, auf dem man all
seinen Freunden berichtete, »welche Frühstücksflocken man am

liebsten isst«. Millionen von Anhängern, schrieb Johnson, hätten entdeckt, dass Twitter ungeahnten Tiefgang ermöglichte. Zum Teil dank der Aufforderung, statt über den persönlichen Status etwas über das aktuelle Geschehen zu berichten, sei Twitter stärker ein Verweisinstrument als ein Kommunikationskanal geworden: »[...] zum Teilen von Links zu längeren Artikeln, zu Diskussionen, Posts und Videos – zu allem, was hinter einer URL lebt. Twitter lässt sich genauso leicht dazu benutzen, um die Kunde von einem brillanten Artikel im *New Yorker* von 10 000 Wörtern Länge zu verbreiten, wie die Neuigkeit, welche Glücksbringer man bevorzugt.«

Die Folge der großen Medienaufmerksamkeit war, dass sich tagtäglich Hunderttausende Neukunden auf Twitter registrierten. In der Spitze meldeten sich über 20 000 Menschen in einer einzigen Stunde an. (Es hatte acht Monate gedauert, um 2006 den Meilenstein von 20 000 Nutzern zu erreichen.) Selbst die technisch bestgerüstete Webseite im Internet hätte ihre liebe Not gehabt, mit so viel Aufmerksamkeit fertig zu werden. Aber für Twitter, das noch immer von Kaugummi und Malerkrepp zusammengehalten wurde, waren diese Nutzermassen wie ein Wal, den man in ein Goldfischglas pfropfen wollte.

Es gab mehrere Gründe für Abstürze. Ein Twitter-Programmierer hatte vielleicht schadhaften Code hochgeladen, der die Webseite komplett lahmlegte. Ein Server konnte ausfallen und Dutzende andere wie Dominosteine zum Absturz bringen. Aber es gab noch gravierendere Probleme. Nach den Aufständen und Revolutionen im Iran, in Syrien und anderswo im Nahen Osten und Nordafrika war Twitter nun zu einem Angriffsziel von Schurkenregimen geworden, sodass böse Leute mit guten Computern immer wieder versuchten, Twitter zu sabotieren. Einigen geschickten Hackern war es bei verschiedenen Gelegenheiten gelungen, Twitter ins Herz zu treffen und den Dienst vollständig außer Gefecht zu setzen. Wie es das Unglück wollte, traf Twitter in eben jenem Augenblick, als Präsident Medwedews Konvoi schwarzer Limousinen vor dem beigefarbenen Gebäude an der Ecke Folsom und Fourth Street vorfuhr, genau ein solches Unbill.

Die umliegenden Straßen waren in allen Richtungen für den Verkehr gesperrt. Streifenwagen der Polizei von San Francisco und Kipplader dienten als Straßensperren, um mögliche Attentatsversuche zu vereiteln. Russische Agenten und Beamte vom amerikanischen Secret Service umringten den Wagen des Präsidenten auf der Straße, als dieser in schwarz glänzenden Schuhen auf den Asphalt trat.

Oben im Gebäude ging Ev auf und ab. Der Besuch des Präsidenten machte ihn nervös, er hatte sich für den Anlass sogar eigens herausgeputzt und trug ein beigefarbenes Hemd mit offenem Kragen und ein schwarzes Jackett. Biz stand bei Bürgermeister Newsom, der Starbucks Kaffee aus einem Becher schlürfte, der so groß war, dass er für eine ganze Woche hätte reichen können.

»Wie nett, dass du dich so fein gemacht hast«, hatte Ev mit Biz am Morgen gescherzt, als er ins Büro kam. Biz trug zerzauste Turnschuhe, ausgebeulte, abgewetzte Jeans und eine Cargojacke mit Reißverschluss. Er sah aus, als wäre er gerade zum Lebensmittelladen gelaufen, um eine Tüte Milch zu holen, nicht um den Präsidenten von Russland und einen internationalen Pressetross zu empfangen.

Produktvorstand Goldman saß mit seinem Team von Programmierern auf der dritten Etage. Als eines der dienstältesten Firmenmitglieder hatte er sich bereiterklärt, jedes Problem auszuräumen, damit der russische Präsident seinen ersten Tweet versenden konnte.

Draußen auf der Straße blickte Präsident Medwedew, umringt von seinen Leibwächtern, am Gebäude hoch. Er passierte den Subway-Laden zu seiner Rechten, ging durch die offene Glastür und schritt über den Marmorfußboden durch die Eingangshalle zum Fahrstuhl. Er musste nicht auf einen Lift warten, denn für die nächsten Stunden war die einzige Person, die das Gebäude betreten oder verlassen oder von einem Stockwerk in ein anderes fahren konnte, er selbst.

Goldman stand da wie ein General an der Spitze der Pioniertruppe, die über die Webseite wachte. Während der Präsident durch das Gebäude am dritten Stock vorbei nach oben fuhr, blickte ein Programmierer auf und sprach die vier gefürchteten Wörter: »Die Seite ist zusammengebrochen.«

»Was meinst du damit, die verfluchte Seite ist zusammengebrochen?«, fragte Goldman. Wie jemand, der gerade in ein Becken mit Eiswasser gefallen ist, wurde er ganz taub. Er malte sich schon das schlimmste Szenario aus.

In Besprechungen mit dem Weißen Haus, dem Außenministerium, dem Büro des Bürgermeisters von San Francisco, dem Büro von Gouverneur Schwarzenegger und der russischen Botschaft waren in den vorangegangenen Wochen alle Details des geplanten Besuchs bis ins Kleinste durchgespielt worden. Nachdem der russische Präsident seinen ersten Tweet verschickt hatte, so lautete der Plan, würde das Weiße Haus darauf antworten. Barack Obama würde Medwedew zu seinem Tweet gratulieren, ebenso wie der Bürgermeister und der kalifornische Gouverneur. Sie alle würden den russischen Präsidenten bei Twitter und in den Vereinigten Staaten willkommen heißen.

Aber dazu würde es ohne funktionierende Webseite nicht kommen. Schlimmer noch, Goldman saß im dritten Stock gefangen, bis der Präsident das Gebäude wieder verlassen hatte, er konnte also nicht schnell zu Ev und Biz laufen, um sie vorzuwarnen. Ohne zu wissen, was drei Stockwerke über ihm vor sich ging, versuchte Goldman, mit einer SMS zu ihnen durchzukommen. Er konnte nur hoffen, dass sie ihre Mobiltelefone eingeschaltet hatten.

Als Medwedew im sechsten Stock aus dem Fahrstuhl trat, schüttelte Bürgermeister Newsom ihm die Hand. Dann wurden ihm Ev, Biz und Dick vorgestellt.

Gerade als Biz dem Präsidenten die Hand gab, vibrierte das Handy in seiner Jackentasche. In seiner SMS erklärte Goldman die Situation und drängte Biz, alles Erdenkliche zu unternehmen, um den ersten Tweet hinauszuzögern.

Biz zeigte Ev die Nachricht, der mit einem gespielten Lächeln vom Display aufschaute.

»Sollen wir?«, fragte Bürgermeister Newsom und führte sie den Korridor hinunter. Biz folgte den anderen so langsam wie möglich. Ein Mitarbeiter der Public-Relations-Abteilung, der den Ausfall bemerkt hatte, tippte Dick auf die Schulter und wiederholte exakt die Worte aus Goldmans SMS: »Die Webseite ist zusammengebrochen.«

Dick fuhr der Schreck in die Knochen. »Wie, komplett außer Betrieb?!«, fragte er mit aufgerissenen Augen. Biz ging weiter im Schneckentempo und suchte nach einer Ausrede, um die Gruppe vom Twittern abzuhalten. »Hey, wir sollten ihm das Elektrofahrrad zeigen!«, raunte er Ev und Dick zu.

Die Twitter-Mitarbeiter standen Spalier, während die Gruppe an den Arbeitsbereichen vorbeischritt. Biz bewegte seine Füße mit der Geschwindigkeit eines 90-Jährigen und gab sein Bestes, um die unvermeidliche Ankunft in der Cafeteria, wo der erste Tweet des Präsidenten amerikanischen Boden verlassen sollte, hinauszuzögern.

Langsam, aber sicher näherten sie sich ihrem Ziel, vorbei an einigen Kunstwerken, die Ev und Sara für das Büro ausgesucht hatten. Ihr Blick fiel auf eins von Evs Lieblingswerken, schwarz gerahmt und ironisch auf den Kopf gehängt. Darauf stand zu lesen: »Let's make better mistakes tomorrow« – lasst uns morgen bessere Fehler machen.

Ev liebte das Werk. Er hatte, als es Mitte Dezember eines späten Donnerstagnachmittags eingetroffen war, darüber unter dem Titel »Neues Plakat im Twitter-Hauptquartier« stolz getwittert. Aber nun, da der russische Präsident nur noch wenige Schritte von der Cafeteria entfernt war, hätten er und seine Leute auf den heutigen Fehler gut und gerne verzichten können. Oder auf den morgigen.

Goldman perlte der Schweiß von der Stirn, während er hinter den Programmierern, die bei Servern und Konsolen ihr Bestes gaben, um die Webseite wieder zum Laufen zu bringen, auf und ab ging. »Woran liegt es, Leute?«, fragte er. »Redet mit mir; sagt mir, dass wir die Seite wieder online haben.« In ihrer verzweifelten Ursachenforschung zogen die Programmierer sämtliche Register.

Drei Stockwerke über ihnen konnten Biz und Ev den Präsidenten nicht länger hinhalten. Ohne zu wissen, was sie auf dem Computermonitor erwarten würde, betraten sie die Cafeteria. Alles geschah wie in Zeitlupe, Blitzlichter leuchteten auf, der Präsident näherte sich dem Podium und streckte nun schon seine Finger zu den Tasten des Laptops aus, der für seinen ersten Tweet bereitgestellt worden war. Ev blickte zu Biz hinüber, der ebenso ratlos dreinschaute wie er selbst. Würde die Seite funktionieren? Oder würde es gleich zur größtmöglichen Peinlichkeit für das Unternehmen kommen, ein Mediengewitter von San Francisco bis St. Petersburg? Twitter und die amerikanische Technologie ein kompletter Witz?

Doch die Götter hatten ein Einsehen. »Wir sind wieder da!«, rief ein Programmierer, lehnte sich in seinem Stuhl zurück und schaute triumphierend zu Goldman. Seufzer der Erleichterung hallten durch den Raum.

»Hallo, alle zusammen!«, tippte Medwedew langsam auf Russisch in den Mac auf dem Podium. »Ich bin auf Twitter, und dies ist mein erster Tweet.« Ev hatte ein Mikrofon in der Hand und kommentierte für die Angestellten und die Medien das Geschehen. Als Medwedew auf »senden« drückte, schaute er zum Projektorbild vor ihm auf und lächelte. Der Präsident gab mit dem linken Daumen das Okay-Zeichen und strahlte wie ein Kind, das gerade ein kompliziertes Puzzle gelöst hatte. Biz, der mit Händen in den Hosentaschen hinter beiden stand, schmunzelte versonnen, während sich die Leinwand in seinen Brillengläsern spiegelte.

»Heilige Scheiße«, flüsterte er Ev zu, als der Präsident auf ein Wort zu Bürgermeister Newson hinüberging. »Das war knapp.«

Geheime Unterredungen

Die Eingangstür zu Jacks Apartment ging auf und herein marschierte Dick Costolo. Er lief durch den Korridor in die Küche, die sich zu einem Wohnzimmer öffnete, schnurstracks auf den Kühlschrank zu, zog die Tür auf und lugte hinein. »Jap, genau wie ich mir das gedacht habe«, rief er amüsiert, als er die gähnende Leere im Inneren sah, wo sich bis auf ein paar Wasser- und Bierflaschen keinerlei Nahrungsmittel befanden. »Sieht schwer nach Junggesellenbude aus.«

Jack lachte, während sich Dick dem Wohn- und Esszimmerbereich zuwandte, um Fenton und ein paar anderen die Hand zu schütteln, darunter ein externer Public-Relations-Berater, den Fenton mitgebracht hatte, um etwaige Wogen zu glätten, sollten die Medien Wind von der Unterredung bekommen.

Damit begann der ernste Teil der Zusammenkunft.

Es war das zweite von zwei geheimen Treffen, die im Sommer 2010 in Jacks Loft an der Mint Plaza stattfanden, und zu diesem war auch Dick eingeladen worden. Seit einigen Monaten war Jack nun schon bemüht, Verwaltungsrat und Management zu überzeugen, dass die Reihe nun an Ev war, als Chef von Twitter gefeuert zu werden.

Jack hatte kein Problem gehabt, Fenton zu überzeugen, dass Ev für die Führung des Unternehmens der falsche Mann war. Fenton hatte von Anfang an jede von Jacks Äußerungen kritiklos nachgebetet. Den Rest des Verwaltungsrats zu überzeugen, hatte allerdings weit größere Schwierigkeiten bereitet.

Doch das Blatt begann sich zu wenden, als Mike Abbott, Ali Rowghani und andere Topmanager immer häufiger beim Verwaltungsrat mit Klagen über Ev vorstellig wurden, über seine jüngsten Entscheidungen, über den nur knapp abgewendeten Patzer mit dem russischen Präsidenten, über seine faultierhafte Langsamkeit bei der Lösung drängender Probleme und sein Beharren darauf, seine eigenen Freunde im Unternehmen unterzubringen.

Damit die richtigen Informationen auch den richtigen Leute zu Ohren kamen, hatte Jack den Sommer über seine Gewährsleute in der Firma wie Bauern auf dem Schachbrett gegen seinen Erzfeind in Stellung gebracht. Ev ahnte von diesem Machtspiel nicht das Geringste. Geheime Unterredungen in Jacks Apartment, im Blue Bottle Coffee, in der Zentrale von Square? Ev hatte keinen Schimmer davon.

Nach Jacks Ausscheiden anderthalb Jahre zuvor hatten Fred und Bijan in Ev den richtigen Nachfolger an der Spitze von Twitter gesehen. Und Ev hatte ihnen seine Eignung rasch unter Beweis gestellt. Doch nun, angesichts der nur schleppenden Ertragssteigerung und einem ganzen Katalog neuer Probleme aufgrund der rasanten Wachstumsschübe, die Twitter im Lauf des Jahres 2009 erlebt hatte, begannen sich die ersten Investoren zu fragen, ob er der Richtige war, um Twitter auf die nächste Entwicklungsstufe zu führen, was unter anderem bedeutete, das Unternehmen nachhaltig profitabel zu machen, um es schließlich, wenn alles nach Plan ging, an die Börse zu bringen. Ihre Besorgnis wuchs, als Jack ihnen indirekt einflüsterte, dass sie mit Ev am Ruder Hunderte Millionen von Dollar verlieren könnten.

Natürlich hatte Ev gar keine Chance, solche Befürchtungen zu zerstreuen. Soweit er wusste, stand bei Twitter ja alles zum Besten. Er pilgerte zu seinen wöchentlichen Sitzungen mit Campbell und erhielt dort seine volltönende Aufmunterung. »Scheiße, Sie leisten verdammt gute Arbeit!«, pflegte Campbell zu bellen. Der Coach tauchte bei Verwaltungsratssitzungen auf, um Evs Präsentationen zur Situation der Firma zu lauschen. Nach jedem Sermon

Evs klatschte er laut, umarmte seinen Protegé, verkündete abermals allen Anwesenden lauthals, dass Ev eine »scheißgeile Arbeit« leiste, und forderte alle auf, ihm Beifall zu spenden (nichts davon war in Verwaltungsratssitzungen üblich). Dann, nachdem Ev den Raum verlassen hatte, stolz auf das Lob seines Mentors für seine großartige Arbeit, rief Campbell der Gruppe zu: »Sie müssen diesen Scheißkerl loswerden! Der hat keinen verdammten Schimmer!«

Aus Sicht einiger Führungskräfte bei Twitter, darunter Finanzvorstand Rowghani, wurde die Situation immer brenzliger, weil ein bedrohliches Problem, das die Firma in die Knie zwingen konnte, ungelöst blieb.

Seit einem Jahr war ein Unternehmen namens UberMedia dabei, externe Twitter-Applikationen zu entwickeln und aufzukaufen, darunter sehr namhafte wie Echofon und Twidroyd. Chef von UberMedia war der gerissene Geschäftsmann Bill Gross, der nun kurz davorstand, sich auch noch die wohl größte Twitter-App namens TweetDeck unter den Nagel zu reißen. Dabei führte Gross einen weit größeren Plan im Schilde als nur den Aufkauf von Client-Anwendungen externer Anbieter.

Tatsächlich hatte Gross vor, einen Twitter-Netzwerkklon aufzuziehen, mit dessen Hilfe sich die Nutzer von Twitter fort zu einem gänzlich neuen Dienst locken ließen, dessen Werbeeinnahmen Gross dann abschöpfen konnte. Er hatte auch schon eine geschäftliche Beziehung zu Asthon Kutcher aufgebaut und hoffte, ihn für das neue Unternehmen gewinnen zu können.

Als Dick und Rowghani von dem geplanten Aufkauf von TweetDeck erfuhren, wurde ihnen klar, dass Gross damit in den Besitz von 20 Prozent aller Twitter-Apps käme. Der Finanzvorstand und andere Topmanager von Twitter wollten TweetDeck selbst kaufen, bevor es UberMedia tun konnte. Doch Ev konnte sich zu keiner Entscheidung durchringen. Er fragte sich, ob TweetDeck den Preis von mehreren 10 Millionen Dollar überhaupt wert war. In einem Augenblick war er für den Kauf der App, im nächsten wieder dagegen und schob so mit seiner Unschlüssigkeit die Sache auf die lange Bank.

Die Gruppe in Jacks Loft einigte sich bei ihrer ersten geheimen Unterredung auf einen Pakt: Erstens kam sie überein, unter allen Umständen gegen Ev und Goldman zusammenzustehen; zweitens wollte sie dafür sorgen, dass Ev als Vorstandschef abgelöst würde; Dick sollte, drittens, als Interimschef eingesetzt werden, bis jemand Passendes für die Position gefunden wäre; schließlich wurde beschlossen, Jack wieder zurück in die Firma zu holen. Eigentlich schielte Jack selbst auf den Posten des Vorstandschefs, aber ihm war klar, dass seine Chancen dafür schlecht standen, solang er gleichzeitig Square führte. Er musste mit einer Rückkehr zu Twitter vorliebnehmen – zumindest fürs Erste.

Beim zweiten Geheimtreffen holte die Gruppe auch Dick ins Boot und weihte ihn in einen Teil ihres Plans ein. Man erklärte ihm, die Wahl sei auf ihn gefallen, weil die Mitarbeiter ihm vertrauten und er daher ein geeigneter Übergangschef wäre, bis man einen dauerhaften Ersatz gefunden hätte. Doch den konnte man erst nach Evs Ausscheiden suchen.

In der Twitter-Zentrale ahnte Ev nichts von den Putschplänen gegen ihn. Er strotzte vor Stolz über die jüngsten Twitter-Zahlen: Die Nutzer verschickten über den Dienst mehr als zwei Milliarden Tweets pro Monat, jede Woche wurden Millionen neuer Konten eingerichtet. Außerdem war er von dem neuen, verbesserten Twitter-Design, dessen Einführung für den 14. September 2010 geplant war, begeistert. Intern trug es den Codenamen »Phoenix«, extern sollte es »#NewTwitter« genannt werden und Medienschnipsel einschließen, die sich direkt in die Tweets einbetten ließen. So würde man sich nicht mehr zu anderen Webseiten durchklicken müssen, um Fotos, Videos oder Links zu sehen, die andere gesendet hatten; all das würde auf Twitter in kleinen Seitenleisten auftauchen. Der Tweet von 140 Zeichen wurde so zu einer Hülle, die weitere Informationen enthielt.

Twitter verdiente nun mehr Geld mit seinen Werbeprodukten, allerdings machte sich Ev über die Ertragsseite des Unternehmens keine allzu großen Sorgen – was dem aufkeimenden Wunsch des

Verwaltungsrats, ihn abzusägen, nur mehr Nahrung gab. Umgekehrt hatte sich Dick das vorrangige Ziel auf die Fahne geschrieben, Twitter in die Profitabilität zu führen, wodurch er sich als idealer Kandidat für den Posten des Interimschefs empfahl, sobald man Ev losgeworden war.

Unterdessen verlief in Evs Leben alles nach Plan. Er und Sara wünschten sich ein zweites Kind. Er versilberte einen kleinen Teil seiner Twitter-Anteile, was ihm etliche Millionen Dollar einbrachte, die er für den Kauf eines neuen Hauses in San Francisco und eines Ferienhauses in einem Skigebiet drei Autostunden nordöstlich der Stadt verwendete. Wie gewohnt half Ev anderen weiterhin, wo er konnte, und verschenkte Geld in ungenannter Menge. Bei der Vernissage eines befreundeten Künstlers kaufte er anonym dessen Werke. Er spendete großzügige Summen für wohltätige Zwecke und verschenkte heimlich Hundertausende von Dollar. Und er kümmerte sich um seine Freunde und Familie und bezahlte die Schulden der Menschen, die ihm am nächsten standen.

Ev hatte nicht den geringsten Schimmer von den Unterredungen hinter seinem Rücken. Er ahnte nicht, dass seine Untergebenen mit dem Verwaltungsrat sprachen und seine Unterhaltungen mit seinem Coach erst Fenton und dann Jack zu Ohren kamen.

Soweit Ev wusste, machte er einen »scheißgeilen Job«.

Chaoten mit Goldmine

Es war Mitte September 2010. Die Sonne strahlte in das Büro, in dem Ev auf seinem Whiteboard Ideen zu Twitter sammelte. Vor seiner Tür hörte man, unterlegt von Mausklicks und dem Klacken der Tastaturen, das geschäftige Murmeln der Mitarbeiter in ihren Arbeitsnischen. Unten auf der Straße schoben sich die Autos durch den dichten Verkehr.

Ev schaute auf und erblickte Campbell, der mit seiner massigen Gestalt fast den ganzen Türrahmen ausfüllte.

Ev lächelte, froh, den Coach zu ihrer wöchentlichen Sitzung zu begrüßen. Er fühlte sich geradezu beschwingt angesichts der guten Kritiken, die das neue Twitter-Design in der Fachpresse einheimste. Außerdem war für den Abend als krönender Abschluss eines Monats harter Arbeit eine Party mit den Mitarbeitern geplant, auf die er sich besonders freute. Obendrein bereitete die Sonntagsausgabe der *New York Times* ein ausführliches Porträt von ihm vor: der Milliardär vom Land, der geholfen hatte, Blogger und Twitter zu schaffen, der Mann hinter zwei Unternehmen, die die Medien und die Art verändert hatten, wie Menschen miteinander kommunizierten.

Doch Campbell runzelte sorgenvoll die Stirn. »Setzen Sie sich«, sagte er in feierlichem Ton. »Das wird jetzt hart für Sie. Wir müssen ein schweres Gespräch führen.«

Ev ließ sich auf die Couch sinken, unsicher, was Campbell ihm wohl mitzuteilen hatte. Rasend spielte er im Geist die Möglichkeiten durch, bis ihn der nächste Satz Campbells wie ein dumpfer

Schlag traf: »Der Verwaltungsrat möchte, dass Sie in die Rolle des Vorsitzenden aufsteigen.«

»Was soll das heißen?!«

»Der Verwaltungsrat wird Dick zum Vorstandschef machen«, erwiderte Campbell. »Er möchte, dass Sie zurücktreten.«

Campbell macht sicher einen blöden Witz, dachte Ev und lachte nervös. Aber Campbell scherzte nicht.

»Ist das Ihr Ernst?«, fragte Ev mit schneller werdendem Puls. »Ich bin verwirrt. Wovon reden Sie?« Das Lächeln war nun vollständig aus seinem Gesicht gewichen. »Ich verstehe nicht, wovon Sie sprechen.«

Campbell wiederholte: »Der Verwaltungsrat möchte nicht, dass Sie Vorstandschef bleiben. Er möchte, dass Sie zurücktreten. Er möchte, dass Sie die Geschäftsleitung verlassen.«

Campbell redete weiter, faselte etwas von der Entscheidung des Verwaltungsrats, von dessen Überzeugung, dass Ev nicht der Richtige sei, um Twitter zu leiten. Dass er für seine Entscheidungen zu lange brauche. Dass er nicht führen könne. »Diese Scheißkerle. Diese beschissenen New Yorker Investoren«, fluchte Campbell, um zu unterstreichen, dass er mit alldem nichts zu tun hatte.

Als Ev klar wurde, dass er sich nicht verhört hatte, unterbrach er Campbell abrupt. »Stecken Sie etwa auch dahinter? Sind Sie mit dem Verwaltungsrat einer Meinung?« Campbell fing an, herumzudrucksen und mied Evs Blick, unfähig, ihm eine ehrliche Antwort zu geben. »Sind Sie mit von der Partie?«, insistierte Ev mit erhobener Stimme. Seine Ungläubigkeit verwandelte sich in Wut.

Wieder lavierte Campbell herum, verfluchte den Verwaltungsrat, die Investoren. »Diese Arschlöcher!«, wetterte er.

Schließlich hatte Ev genug gehört und bat Campbell zu gehen. Er wollte selbst vom Verwaltungsrat hören, was los war, und griff zum Hörer.

»Hey, tut mir wirklich leid«, sagte Bijan. Er seufzte und versicherte Ev, dass er ihn für einen großartigen Vorstandschef halte. »Wir möchten, dass Sie als Produktberater dabeibleiben«, versicherte er.

»Wir möchten nicht, dass Sie aus dem Unternehmen ausscheiden. Wir glauben, dass Sie für Twitter wirklich wertvoll sind.« Aber, so erklärte er, das Unternehmen brauche einen neuen Typ von Chef, der sich auf den Ertrag konzentrierte und Twitter auf den Börsengang vorbereitete.

Ev war baff über das, was er hörte. Er legte auf und rief Fred Wilson an, der nicht die geringste Freundlichkeit heuchelte oder herumdruckste wie die anderen. Fred sagte rundheraus, dass er ihn immer für einen schlechten Vorstandschef gehalten habe, dass er die neue Gestaltung der Webseite furchtbar finde und Ev die Firma in die falsche Richtung führe.

»Ich weiß überhaupt nicht, wovon Sie reden, verdammt noch mal«, sagte Ev ungläubig. »So versauen Risikofinanziers eine Firma.« Seine Stimme bebte.

»Auf welchem Mist ist das gewachsen? Bei jeder meiner Präsentationen kam doch von Ihnen: ›Ja, das ist aufregend, das ist toll‹«, empörte sich Ev. »Ich weiß, dass unser Management nicht optimal war, aber ...« Er hielt inne, senkte die Stimme und erklärte feierlich: »Ich weiß wirklich nicht, wie Sie das dem Gründer eines Unternehmens antun können.«

»Ich hab Sie nie als Gründer angesehen«, erwiderte Fred abfällig, verletzt, wie Ev über die Kapitalgeber wie ihn hergezogen war. »Jack hat Twitter gegründet.«

Evs Augen weiteten sich. »Verflucht, was soll das heißen?«, rief er. »*Sie* haben doch Jack gefeuert! Das ist doch krank. Scheiße ... das ist ... absolut krank!«

»Wir diskutieren hier nicht«, erwiderte Fred. Es war beschlossene Sache, der Verwaltungsrat hatte entschieden: Ev würde nicht länger Vorstandchef sein.

Ev war außer sich. Er wusste nicht, wem er noch vertrauen konnte. Wie lange schon hatte der Verwaltungsrat an seinem Stuhl gesägt? *Durften* sie ihn überhaupt feuern? Schließlich besaß Ev immer noch die Mehrheit an Twitter.

Wiederholt versuchte er, Fenton zu erreichen, nur um immer

wieder dessen Anrufbeantworter zu hören. Er wollte mit Goldman und Biz sprechen. Steckten sie da womöglich auch mit drin? Campbell, Fred, Bijan und Fenton wollten ihn als Vorstandschef loswerden, so viel war inmitten all der Konfusion klar, aber was war mit »seinen« Jungs? Wenn sein langjähriger Freund Dick der neue Chef werden würde, musste er einer der Putschisten sein, überlegte Ev.

Aber doch nicht *Goldman und Biz*?! Auf keinen Fall. Er stürmte, den Blick fest nach unten gerichtet, um bloß nicht mit einem Mitarbeiter sprechen zu müssen, aus seinem Büro in den dritten Stock.

»Alles in Ordnung mit dir?«, fragte Goldman, als Ev mit sorgenvoller Miene vor ihm stand. Ev wies auf den rückwärtigen Konferenzraum. Goldman schloss die Tür hinter sich und setzte sich, mit gespannter Miene auf seinen besten Freund und Boss blickend, an den Tisch. Es gab keine Fenster, nur eine gedimmte Deckenbeleuchtung. Draußen gingen Hunderte von Mitarbeitern geschäftig ihrer Arbeit nach. Ev lehnte sich gegen die Wand und erzählte Goldman, was gerade passiert war. Es war sofort offenkundig, dass Goldman nicht Teil der Rebellion war.

»Du willst mich wohl verarschen«, rief Goldman entgeistert. »Was haben die gesagt?«

Ev schilderte ihm die Unterredung mit Campbell und die Anrufe bei Fred und Bijan und rekapitulierte in groben Zügen den Stand der Dinge.

Goldman war schockiert.

***

Draußen war es dunkel, während der Regen unablässig auf Dick Costolos Wagen trommelte. Er umfasste das Lenkrad fester und versuchte, sich auf die dunkle Straße zu konzentrieren, erschöpft vom langen Flug aus Indianapolis, wo er auf einer Konferenz über Twitter gesprochen hatte. Noch ein paar Kilometer mehr, und er war zu Hause und konnte sich umziehen.

Er hatte die Golden Gate Bridge hinter sich und fuhr nun über die dunklen, gewundenen Straßen, die zu seinem Haus in Marin County führten, als sein Handy klingelte. Er tastete nach dem Knopf der Freisprechanlage.

Ev und Goldman saßen in einem anderen fensterlosen Konferenzraum im sechsten Stock der Twitter-Zentrale, als am anderen Ende endlich der Hörer abgenommen wurde. »Costolo am Apparat«, hörten sie unter dem Trommeln der Regenflut, die auf das Dach und gegen die Scheiben von Dicks Wagen plätscherten.

»Verdammte Scheiße, Dick!«, rief Goldman. »Du wirst also hinter Evs Rücken Chef der Firma! Ich kann's nicht fassen ...«

Dick fiel ihm ins Wort. »Verdammt, wovon sprichst du überhaupt? Wer soll Vorstandschef werden?«

Ev lehnte sich langsam über die Freisprechanlage. »Der Verwaltungsrat hat heute versucht, mich zu feuern, und erklärt, dass er dich mit der Führung der Firma betraut«, sagte er gelassen und wiederholte: »Man hat mich aufgefordert, Verwaltungsratsvorsitzender zu werden und mir gesagt, dass du die Firma führen sollst.«

»Wovon, verflucht, redest du da? Das ist mir völlig neu«, beteuerte Dick und klang dabei so überrascht wie Ev, als er die Neuigkeiten von Campbell gehört hatte. »Sollte ich selbst das auch irgendwann erfahren?«, fragte er scherzend. Über den Lautsprecher hallte seine tiefe Stimme im Konferenzsaal wider.

»Willst du sagen, du hast davon nichts gewusst?«, fragte Goldman.

»Ja!«, antwortete Dick mit allen Anzeichen von Entrüstung. »Das ist wortwörtlich das Erste, was ich davon höre.« Das stimmte zwar nicht, aber es war auch nicht komplett gelogen.

Der Verwaltungsrat hatte Dick zwar Anfang des Sommers den Posten des Interimschefs angetragen, Dick hatte ihn jedoch darum gebeten, taktvoll zu sein und es Ev so zu vermitteln, dass nicht der Eindruck entstand, als dränge Dick ihn aus der Firma, was ja auch nicht der Fall war. Dieser Plan hatte sich in Rauch aufgelöst, als sich Campbell in Evs Büro gehörig verplappert hatte. Während er Ev betreute, war Campbell seit Monaten über Evs nahenden Rauswurf im Bild gewesen und hatte dem Verwaltungsrat angeboten, Ev zum Rücktritt aufzufordern. Dabei hatte er aber nicht erwähnen sollen, dass Dick mit von der Partie war. Das hatte man Ev erst später sagen wollen.

Dick brachte die Absetzung seines Freundes und Bosses in eine Zwickmühle zwischen Moral und Geschäft, und er war lange unschlüssig gewesen, was er tun sollte. Er hatte mit einem taktvollen Vorgehen des Verwaltungsrats gerechnet, aber das war gründlich schiefgegangen.

Während Dick auf der regennassen Straße durch die Dunkelheit fuhr, erklärte er Ev und Goldman, dass er sich vom Verwaltungsrat ausbedingen wollte, Evs Posten nicht ohne dessen Zustimmung anzunehmen – und da das eindeutig nicht der Fall sei, würde er den Job auch nicht übernehmen.

Als das Gespräch beendet war, schaute Goldman zu Ev und fragte ihn, ob er Dicks Darstellung glaubte. »Ich habe keine Ahnung«, antwortete Ev. »Verdammt, ich weiß nicht, wem ich überhaupt noch was glauben soll.«

***

In den folgenden Tagen durchlebte Ev ziemlich genau das Gleiche wie Jack zwei Jahre zuvor.

Am Telefon sagte ihm Twitters Justiziar Ted nahezu wörtlich, was er auch schon Jack bei dessen Entlassung erklärt hatte. »Da können Sie nicht viel tun. Es hängt vom Votum des Verwaltungsrats ab.« Ted hakte auch gleich den nächsten Punkt ab: Er dürfe, erläuterte er Ev, gar nicht weiter mit ihm über die Angelegenheit sprechen, da er ja zuallererst der Anwalt von Twitter sei.

Nun ging Goldman in die Offensive. Er machte dem Verwaltungsrat klar, dass er Ev schlecht kenne, wenn er glaube, dass er einfach zurücktreten werde. »So wird das schlicht nicht laufen«, sagte er. »Wenn Sie Ev hinausdrängen, gehe ich auch. Ebenso Biz und die Hälfte der Mitarbeiter. Sie werden uns alle verlieren.«

Er hatte recht. Die meisten Twitter-Mitarbeiter standen hinter Ev. Mehr als die Hälfte von ihnen hätte bereitwillig seine digitalen Habseligkeiten auf einen USB-Stick gepackt und mit Ev die Firma verlassen, wenn er sie darum gebeten hätte. Er hatte sich die größte Mühe gegeben, ein guter Chef zu sein, und das war ihm geglückt. Doch so viel Geschick er bei der Führung seiner Untergebenen bewies, sein Verhältnis zum Management war etwas gänzlich anderes.

Es wurde reichlich geflucht, aber die Unterhaltungen fingen an, ins Leere zu laufen. Fenton ließ sich in der Zentrale blicken, wohl eher, um eine Nebelgranate zu zünden. »Die Sachte tut mir echt leid, aber ich hab Ihnen ja gesagt, Sie sollen Campbells Ego im Griff behalten«, hielt er Ev unter vier Augen vor.

»Was, verdammt noch mal, soll das denn mit Campbell zu tun haben?«, wollte Ev wissen und fluchte – wütend gestikulierend – vor sich hin. »Hören Sie, ich gebe sofort zu, dass ich nicht der beste denkbare Vorstandschef bin, aber Sie können nicht Dick auf den Posten setzen. Dick ist kein Produktentwickler, er ist ein Geschäftsführer.«

»Um die Produktseite kümmern wir uns später«, wiegelte Fenton ab.

»Wie bitte?«

»Äh, es findet sich da schon ein Weg. Sie werden auf höchster Ebene beteiligt. Vielleicht kann Jack ja zurückkommen und aushelfen.«

Das saß wie ein Schlag in die Magengrube. Der Name »Jack« hallte im Raum wider. »Moment mal, was haben Sie gerade gesagt?«, bellte Ev mit aufgerissenen Augen. »Sie wollen Jack zurückholen?«

»Nein, nein. Ich weiß nicht, ob Jack zurückkommen wird. Das ist nicht meine Entscheidung, darüber wird der neue Vorstandschef entscheiden«, wand sich Fenton heraus.

***

Einige Tage darauf gab es eine vertrauliche Unterredung zwischen Campbell, Ev und dem Rest des Verwaltungsrats. Dick saß unten in seinem Büro und kümmerte sich um den laufenden Betrieb.

Nach Rücksprache mit den Anwälten war Ev klar geworden, dass ihm keine Wahl blieb: Er musste als Vorstandschef zurücktreten. Aber er wusste auch, dass er den Übergang in die Länge ziehen konnte, um zum Wohl von Twitter einen guten Ersatz zu finden.

»Sollten wir uns auf die Suche nach einem externen Manager machen, den wir in die Firma holen, oder soll Dick Vorstandschef werden?«, fragte Campbell, der die Moderation der Sitzung an sich gezogen hatte, Ev.

Dick habe gute Arbeit für das Unternehmen geleistet, antwortete Ev, sei aber »als Firmenchef nicht der Richtige«.

»Wenn er also nicht der Richtige ist, sollten wir uns nicht von ihm trennen?«, fragte Campbell zurück.

Ev hielt inne. »Wenn ich als Vorstandschef zurücktrete, werde ich wahrscheinlich Dicks Rolle übernehmen, also ja, wir sollten uns von ihm trennen.«

»Okay!«, rief Campbell aus, schlug mit der Hand auf den Tisch und erhob sich, woraufhin ihm andere sofort Zeichen machten, er solle sich wieder hinsetzen.

»Sollten wir darüber nicht zuerst reden?«, warf Fenton verzweifelt ein.

»Nein. Leute, wir führen hier ein Start-up!«, trompetete Campbell, stürmte aus dem Raum und ließ einen schockierten Verwaltungsrat zurück. Augenblicke später saß er in Dicks Büro und erklärte ihm, er sei gefeuert, solle den Verwaltungsrat anrufen und ohne Abfindung zurücktreten.

»Was? Was sagen Sie da?«, fragte Dick perplex. »Soll das ein Witz sein?« Eben noch wurde ihm der Posten des Vorstandschefs von Twitter angetragen und im nächsten Augenblick wurde er entlassen?

Campbell beteuerte, dass man für Dick im Silicon Valley schon einen anderen Vorstandsposten bei einem anderen Unternehmen finden werde, machte auf dem Absatz kehrt und ließ ihn völlig baff zurück.

Kaum hatte der Verwaltungsrat davon erfahren, läutete Dicks

Telefon, und Fred und Bijan gaben Entwarnung: »Bleiben Sie bloß, wo Sie sind! Sie sind *nicht* gefeuert!«

Als das Wochenende kam, beschlossen Dick und Ev, sich zum Brunch in Marin County zu treffen. Dick hatte zahllose Nächte nachgegrübelt, hin und her gerissen zwischen seiner Freundschaft und seinem Wunsch, Twitter mit all seinen Angestellten zu einem erfolgreichen Unternehmen zu formen.

»Hör mal, du hast mich hierher geholt, und ich hab dir von Anfang an gesagt, dass ich dich nie hintergehen werde, und dabei bleibt's auch«, sagte Dick, als sie am Frühstückstisch Platz genommen hatten. »Sag du mir also, was ich tun soll, und ich mach's.«

»Ich brauche deine Kündigung, damit ich mich auf die Suche nach einem Vorstandschef machen kann«, antwortete Ev.

»Na gut, schön«, erwiderte Dick, wobei er bei jedem Wort sachte mit der Hand auf den Tisch pochte. »Schön. Ich schicke Ted eine Mail und bitte ihn, die Papiere fertig zu machen und meine Abfindung zu klären.« Er war bemüht, in Evs Sinn das Richtige zu tun, und glaubte, dass dies seinem Wunsch entsprach.

Kaum hatte der Verwaltungsrat Wind davon bekommen, dass Dick seine Kündigung einreichen wollte, klingelte wieder sein Telefon. »Kündigen Sie nicht!«, drängte ihn Fenton.

»Himmelherrschaften«, stöhnte Dick. »Was, zum Teufel, soll ich denn Ihrer Meinung nach tun?«

»Tun Sie gar nichts.«

***

Schließlich platzte Fred der Kragen.

In einer E-Mail informierte er alle Beteiligten, dass er mit Bijan zu einer Sitzung nach San Francisco fliegen würde. Angehängt war das formelle Einladungsschreiben zu einer Verwaltungsratssitzung. »Tut mir leid wegen der förmlichen Mitteilung, mir wurde aber gesagt, dass sie notwendig ist«, schrieb er.

»Die Verwaltungsratsmitglieder von Twitter, Inc. (›Twitter‹) werden hiermit gemäß Artikel II, Absatz 2,4 der Satzung zu einer außerordentlichen Versammlung des Verwaltungsrats eingeladen. Die außerordentliche Sitzung findet unter persönlicher Anwesenheit am Freitag, den 1. Oktober 2010, um 14 Uhr Ortszeit in den Büros von Fenwick & West, California Street 555, 12. Stock, San Francisco, Kalifornien, statt.«

Unterzeichnet war das Dokument von Fenton, Bijan, Fred und Jack.

***

Obwohl Biz in groben Zügen wusste, was sich zwischen Ev und dem Verwaltungsrat abspielte, hatte er keine Ahnung vom ganzen Ausmaß der Angelegenheit. Es interessierte ihn auch nicht. Er hatte nie einen Sitz im Verwaltungsrat von Twitter angestrebt. Krieg innerhalb der Firma war nicht seine Sache. Er zog es vor, nach außen das Firmenethos hochzuhalten. Aber ob er wollte oder nicht, er war drauf und dran, ein Fußsoldat in der jüngsten Schlacht zu werden.

Als die förmliche Einladung zur Verwaltungsratsversammlung versandt wurde, befand sich Biz auf einer Japanreise mit mehreren Presseterminen und Meetings. Alles lief glatt, bis sein Handy klingelte, als er gerade durch das Foyer der japanischen Vertretung von Twitter lief. Er schaute auf das Display und las »Jack Dorsey«, wischte mit dem Daumen über den Bildschirm und hob das Telefon ans Ohr.

»Ev ist als Vorstandschef raus«, sagte Jack umstandslos. »Du musst zurückkommen, damit wir es der Firma morgen sagen können.« Biz blieb wie angewurzelt stehen und lauschte Jacks Worten, während japanische Twitter-Angestellte eifrig durch die Eingangshalle an ihm vorbeiliefen. »Warte mal, warte mal«, warf Biz ein, während er sich nach einem ruhigen Örtchen umschaute, wo er ungestört sprechen konnte. Er öffnete die erstbeste Tür und schloss sie hinter sich.

»Was sagst du da?«, fragte Biz. Jack berichtete, was geschehen war – der Brief von Fred, die anberaumte Sitzung in der Anwaltskanzlei –, und erklärte, dass geplant sei, Evs Ausscheiden aus der

Firma gleich am folgenden Tag, Freitag, bekanntzugeben. Davon wusste Ev noch nichts.

»Das kannst du nicht ohne mich tun«, protestierte Biz, um sich herum ein Gewirr blauer Ethernetkabel, die sich über den Fußboden schlängelten und an den Wänden entlangzogen. Er war im Server-Raum des japanischen Twitter-Dienstes gelandet.

»Ich weiß, dass wir das nicht können. Das ist der Grund, warum du jetzt zurückkommen musst. Du musst bis morgen hier sein«, drängte Jack. »Steig einfach in ein Privatflugzeug und komm her.«

»Ich kann mir in Japan doch keinen verdammten Privatjet nehmen«, wandte Biz ein. »Das kostet so ungefähr 1 Milliarde Dollar.« Außerdem hatte er noch eine wichtige Pressekonferenz.

»Sag die Konferenz ab und nimm einen Privatjet«, entgegnete Jack. »Die Firma bezahlt.«

»Lass mich einen Moment überlegen«, sagte Biz. Er hielt einen Augenblick inne und blickte auf die Reihen der Server mit ihren blinkenden Lämpchen und surrenden Lüftern. Er wusste, wenn Jack anrief, war es ernst und Ev würde am folgenden Tag zum Abgang aus der Firma gezwungen, aber dies war einer der seltenen Momente, in denen Biz die Ereignisse aufhalten konnte.

»Hör zu, ihr könnt das nicht ohne mich durchziehen«, sagte er. »Wenn Du dich ohne mich vor die Firma hinstellst, werden die Mitarbeiter glauben, dass du Ev hinausgedrängt hast, und zwar hinter meinem Rücken, weil ich nicht da bin.«

»Weiß ich doch! Deshalb brauche ich dich ja hier«, insistierte Jack.

»Tja, aber ich kann nicht«, sagte Biz kompromisslos. »Ich kann nicht vor Sonntag zurückkommen. Wir müssen es also der Firma am Montag bekanntgeben.«

Nachdem er aufgelegt hatte, rief Biz Goldman an, um mit ihm eine Strategie zu besprechen. Aus demselben Grund telefonierte Jack mit Fenton. Es spielte keine Rolle: Jack würde am folgenden Tag in die Firma zurückkehren, mit Biz an seiner Seite oder ohne ihn.

***

In der Nacht zum Freitag bekam Jack kaum ein Auge zu. Er wälzte sich unruhig hin und her und überlegte, was er den 300 Twitter-Angestellten, von denen ihn 290 nie kennengelernt hatten, sagen sollte, wenn er am folgenden Tag zu ihnen sprechen würde. Aber es war nun fest eingeplant, zumindest glaubte er das. Nach der Verwaltungsratssitzung und vollbrachter Tat würde Jack mit Dick und den Verwaltungsratsmitgliedern in die Twitter-Zentrale fahren, um dort triumphierend zu verkünden, dass er in die Firma zurückkehrte. Der exilierte König nahm seinen Thron wieder ein. Dick würde der neue einstweilige Vorstandschef werden und Jack eine andere Rolle bei Twitter übernehmen, sehr wahrscheinlich die Produktentwicklung, und darauf pochen, dass mobile Statusmitteilungen den Vorrang vor internetbasierten Kurznachrichten erhielten.

Während er sich am Freitagmorgen in seine tägliche Uniform warf, übte er ein, was er den Mitarbeitern sagen würde. Er schlüpfte in seine dunkle Earnest-Sewn-Jeans, steckte sein weißes Dior-Hemd in die Hose, drückte sich einen Klecks Gel in die Hand und frisierte sein Haar, bis es perfekt saß. Seine Saga als Twitter-Erfinder hatte er in den letzten beiden Jahren vervollkommnet, und nun würde er hingehen und sie in dem Haus verbreiten, das er selbst erbaut hatte.

Der Tag verging mit nahezu schneckenhafter Langsamkeit. Jack war ständig abgelenkt. Während der Termin der Sitzung näher rückte, ging er noch einmal seine E-Mails durch und entdeckte eine Nachricht von Ev. Die beiden hatten seit Monaten kein Wort mehr gewechselt. Er fing an zu lesen. »Jack: Ich weiß, dass wir in der Vergangenheit nicht miteinander klargekommen sind, aber ich möchte wirklich eine Lösung finden ... wenn ich Vorstandschef bleibe, werde ich einen Weg finden, dich zurück ins Unternehmen zu holen ... Ich möchte dich daran erinnern, dass, falls es dabei bleibt, falls wir diese Änderung jetzt so durchziehen, ich deinen Sitz kassieren werde und du nicht mehr im Verwaltungsrat bist.«

Wie Ev zwei Jahre zuvor antwortete Jack nicht.

***

Auch Ev schlief in der Nacht zum Freitag kaum. Er wälzte sich hin und her und grübelte über das nach, was am folgenden Tag unweigerlich passieren würde. Als er erwachte, war er wie benommen. Der Tag verging wie in Trance. Als der Nachmittag anbrach, wusste er, dass sein Stündchen geschlagen hatte.

Er wanderte allein durch die Straßen der Stadt, bis er zur Kanzlei Fenwick & West kam, und blickte die hohe Glasfassade des Gebäudes hinauf. Er war extra früher gekommen, um mit Fenton einen Kompromiss über seine künftige Rolle im Unternehmen auszuhandeln, in der Produktentwicklung, zumindest hatte man ihm das zugesagt.

Der Rezeptionist begrüßte Ev und führte ihn in den Sitzungssaal, wo Ev neben Fenton sofort Fred und Bijan entdeckte. »Was ist los?«, fragte Ev an Fenton gerichtet, verwirrt über die Anwesenheit der beiden anderen. »Ich dachte, Sie hätten gesagt, wir treffen uns erst allein.«

»Tut mir leid, ging nicht. Wir müssen das jetzt einfach durchziehen«, antwortete Fenton.

Ev bat Fred und Bijan, sie einen Augenblick allein zu lassen.

»Verdammt, Sie haben mich belogen«, polterte Ev los, als die anderen beiden den Raum verlassen hatten. »Verdammt, was soll das?«

Während sich hinter Fred und Bijan die Tür schloss, mühte sich Fenton, Ev zu beschwichtigen.

***

Kurz darauf begann der offizielle Teil der Versammlung. Alle sieben Verwaltungsratsmitglieder – Fred, Bijan, Fenton, Dick, Jack, Goldman und Ev – sowie die Firmenanwälte Amac und Ted waren anwesend.

Als sich die Tür des Sitzungssaals schloss und alle auf ihren Stühlen Platz genommen hatten, war die Spannung im Raum mit Händen zu greifen.

Nachdem die Sitzung formell eröffnet worden war, meldete sich Ev zu Wort und sprach fünf kleine Wörter: »Ich trete als Vorstandschef zurück.«

»Jemand muss dazu einen Antrag stellen«, merkte Ted an. Er bat zwei Leute im Raum, den Antrag einzubringen. Ev schaute sich um, wer sich melden würde.

»Ich«, sagte Fred, der dem Gezerre der vergangenen Woche endlich ein Ende setzen wollte.

Einen kurzen Augenblick herrschte Schweigen. Weder Fenton noch Bijan meldeten sich, auch Dick nicht. Stattdessen war es Jack, der seine Hand hob.

»Ich bin der Zweite«, sagte er.

In diesem Augenblick trat Ev schlagartig vor Augen, was geschehen war. Es war Jack, der hinter allem stand, er war der Stratege, der die ganze Partie zehn Schachzüge im Voraus geplant hatte. Es war seine Rache.

Ev war, wie ihm jetzt schon etliche Anwälte, freilich in juristischen Begriffen, klargemacht hatten, am Arsch. Der Verwaltungsrat hatte monatelang den Rauswurf des Vorstandschefs vorbereitet und dafür gesorgt, dass Ev nichts dagegen unternehmen konnte, sobald sich das Räderwerk einmal in Bewegung gesetzt hatte.

Zu diesem Zeitpunkt gab es, wie einer der Anwälte bestätigt hatte, sieben Verwaltungsratssitze. Fred, Bijan und Fenton würden eindeutig für Evs Entlassung votieren. Goldman, Ev und sogar Dick würden gegen seinen Rauswurf stimmen. Somit blieb eine allesentscheidende Stimme übrig: Jack.

Als sich Ev im Raum umschaute und ihm klar wurde, dass Jack gegen ihn konspiriert hatte, dachte er an die Zeit zurück, als er zwei Jahre zuvor in seinem Wohnzimmer mit Fred und Bijan erörtert hatte, was mit Jack nach seiner Entlassung geschehen sollte.

Ev hatte damals zugestimmt, Jack als Trostpreis für seine harte Arbeit zum stillen Verwaltungsratsvorsitzenden zu machen. Dazu war Ev nicht verpflichtet gewesen. Es gab keine gesetzliche Vorschrift oder Satzungsbestimmung, Jack diesen Posten zu überlassen – es war lediglich ein Gebot des Anstands gewesen.

Seitdem hatte er immer wieder mit dem Gedanken gespielt, Jack seinen Verwaltungsratsposten wieder wegzunehmen: wegen Jacks Medieneskapaden, weil er sich bei Leuten aus der Branche offen darüber beschwerte, dass Ev ihn rausgeschmissen hatte, weil sich Jack in seiner Twitter-Biografie als »Erfinder« darstellte; wegen ihrer grundsätzlichen Meinungsverschiedenheit über die Ausrichtung von Twitter. Doch obwohl Ev bei mehreren Gelegenheiten kurz davor gestanden hatte, Jack – einst sein Freund, nun sein größter Feind – den Sitz zu nehmen, hatte er sich immer gegen einen Konflikt entschieden. Diese Milde besiegelte Evs Untergang.

Einen kurzen Augenblick kreuzten sich im Sitzungssaal Jacks und Evs Blicke. Zu diesem Zeitpunkt war keinem von beiden bewusst, dass sie beide entscheidend dazu beitragen hatten, was aus Twitter geworden war. Das perfekte Gleichgewicht zweier Sichtweisen auf die Welt: das Bedürfnis, über sich selbst zu sprechen, und die Notwendigkeit, den Menschen Gelegenheit zu geben, das mitzuteilen, was um sie herum geschah. Eins hätte nicht ohne das andere existieren können. Dieses Gleichgewicht beziehungsweise diese Spannung hatte Twitter geschaffen. Ein Werkzeug, das von Konzerntitanen und Teenagern, von Prominenten und Unbekannten, von Spitzenpolitikern und Revolutionären benutzt werden konnte. Ein Ort, an dem sich Menschen mit einer fundamental unterschiedlichen Weltsicht wie Jack und Ev miteinander unterhalten konnten.

Ein neuer Antrag unterbrach ihr Starren. Dick sollte zum Interimschef gewählt werden. Eins, zwei, erledigt. Und dann kam ein weiterer Antrag.

»Wir wechseln die Verwaltungsratssitze«, erklärte Fenton. »Wir ernennen Jack zum exekutiven Verwaltungsratsvorsitzenden.«

Goldman und Ev sahen sich völlig entgeistert an. »Was soll das heißen, wir wechseln die Verwaltungsratssitze?«, fragte Goldman.

Ev hatte angenommen, dass er selbst auf die Position rücken würde, die Jack für ihn warmgehalten hatte, da er ja nun nicht länger Vorstandschef war. Durch diesen Wechsel wäre Jack aus dem Verwaltungsrat ausgeschieden. Doch das hatten die anderen Verwaltungsratsmitglieder vorausgesehen. Sie hatten alles bis aufs i-Tüpfelchen geplant. Ev sollte noch tiefer die Treppe hinuntergestoßen werden. Ev war geschockt, mit welch nackter Gewalt die Verwaltungsratsmehrheit gegen ihn zu Felde zog.

Dick, der neue Interimschef, meldete sich zu Wort. »Okay, dann gehen wir also zu Twitter und geben bekannt ...«, sagte er, doch Ev fuhr ihm ins Wort.

»Nein, wir ändern die Bekanntgabe«, erklärte Ev.

»Wie meinst du das?«

»Fenton und ich haben uns geeinigt, dass ich als Produktvorstand bleibe« sagte Ev. »Ich möchte daher die Formulierung überdenken. Wir werden es also der Firma heute noch nicht mitteilen.« Außerdem wolle er Jack bei der Bekanntgabe nicht dabeihaben. Auch das, erklärte er, sei mit Fenton vor der Sitzung so vereinbart worden.

Die Versammlung wurde geschlossen. Jack kochte vor Wut, dass er nun nicht in die Firma zurückkehren konnte, um seine leidenschaftliche Rückkehrrede zu halten. Kaum zurück in seinem Büro bei Square, machte er mit einer Reihe von Anrufen seinem Ärger Luft. »Wie konnte das passieren?«, maulte er Fenton an. »So war das nicht geplant!«

»Ich weiß, ich weiß. Wir bringen das in Ordnung.«

Stürmischer Sonntag

Das erste Mal erlebten Biz' Kollegen, welchen Kampfgeist er entwickeln konnte, als die Sache mit den Mäusen passierte.

Das war Ende 2006. Odeo war kurz zuvor an den South Park 164 umgezogen, in jenes Büro, das bald darauf zur Wiege von Twitter werden sollte. Die Räumlichkeiten waren recht ausgefallen, ebenso wie der Trupp von Programmierern, der nun dort einzog. Kleine Räume zur Rechten und Linken auf unterschiedlichen Niveaus und eine kleine Küche.

Nach dem Einzug, bei dem sie sich wie die Kinder um die besten Schreibtischplätze gebalgt hatten, war die kleine Küche rasch zum Herzen des Büros geworden. An manchen Morgen briet Noah Eierkuchen und sang dazu den »Pancake Song«. Um den Ort ein wenig heimeliger zu machen, zierten Knabbereien und eine Schale frisches Obst die Anrichte. Allerdings wiesen die Äpfel und Bananen bald Bissspuren auf, die unmöglich von den Odeo-Programmierern stammen konnten: Allnächtlich nämlich schlichen sich ungebetene Besucher in die Küche, die auf dem Obst winzige Zahnabdrücke hinterließen.

»Sauerei«, klagten die Mitarbeiter, wenn sie morgens das angefressene Obst erblickten.

Unverzüglich fiel der Entschluss, der Mäuseplage ein gründliches Ende zu bereiten – mit Fallen, mit Gift, mit allem, was zur Ausmerzung der Viecher erforderlich war.

Als Biz von dem Vorhaben Wind bekam, die Mäuse zu töten, raste er an den Tatort wie der polizeiliche Verhandlungsführer bei einer Geiselnahme in einem Kindergarten.

»Ihr werdet diese Mäuse nicht umbringen«, protestierte er. Seine Kollegen sahen ihn an und fragten sich, ob das ein Scherz sein sollte. »Das ist kein Witz, Leute. Niemand rührt sie an.«

Alle mühten sich, ihn mit guten Argumenten zur Vernunft zu bringen. Die Mäuse nagten schließlich das Obst weg, sie waren schmutzig und so weiter.

»Das ist mir scheißegal. Ich will auf keinen Fall, dass wir die Mäuse mit Fallen töten«, entgegnete er trotzig mit tränenfeuchtem Blick, bebender Stimme und geballten Fäusten. Er konnte nicht begreifen, wie irgendjemand so gemein sein konnte, einem Tier ein Leid zuzufügen, erst recht einem so kleinen und hilflosen Wesen wie einem Mäuschen. »Das kommt überhaupt nicht in die Tüte«, wiederholte er. »Niemand bringt hier Mäuse um!«

Es war das erste Mal, dass Biz in dieser Weise auf die Palme ging, ein Schauspiel, das bei ihm nur höchst selten zu beobachten war.

Am Morgen des 3. Oktober 2010, zwei Tage, nachdem Ev in der Verwaltungsratssitzung als Vorstandschef abserviert worden war, erwachte Biz, von seiner Japanreise zurückgekehrt, mit schwerem Jetlag aus einem unruhigen Schlaf. Er ahnte es nicht, doch stand er kurz davor, abermals auszurasten. Dieses Mal ging es nicht darum, Mäuse zu beschützen, sondern Ev, seit beinahe einem Jahrzehnt sein Chef und engster Freund.

Biz versorgte die Haustiere, kochte sich Kaffee, gab Livy einen Abschiedskuss, entschuldigte sich, dass er an einem Sonntag ins Büro musste, und machte sich auf den Weg nach San Francisco.

In der Twitter-Zentrale war an diesem windstillen Morgen alles ruhig. Das Licht war gelöscht, die Computer schliefen. Nichts regte sich. Draußen führten Frühaufsteher ihre Hunde Gassi, gelegentlich fuhr ein leeres Taxi vorbei. Kleine, bauschige Wolken zogen langsam über den Himmel. Ein paar Blocks entfernt erwachte das Baseballstadion AT & T Park zum Leben, um sich auf den Spieltag vorzubereiten, an dem die San Francisco Giants und die San Diego Padres aufeinandertreffen würden.

Doch die Stille in der Zentrale war trügerisch, schon bald brauste ein Sturm durch die Korridore. Binnen weniger Stunden hallten die Twitter-Büros von den Flüchen der Mitarbeiter wieder, ein bislang ungekannter Unmut machte sich Luft. Der erste Donnerschlag fuhr um 9:57 Uhr in Form einer E-Mail von Fred aus New York in das Haus, an Ev adressiert und in Kopie an den gesamten Verwaltungsrat und Biz gesendet.

»Ev«, begann die Mail, »Peter, Bijan und ich werden am Montag nicht im Unternehmen sein, wie wir es besprochen hatten.« Dann listete er sechs Punkte auf, die den Twitter-Beschäftigten und den Medien mitgeteilt werden sollten und Ev in der Mehrzahl schon bekannt waren: Dick würde Interimsvorstandschef werden; der Verwaltungsrat würde sich unterdessen auf die Suche nach einem neuen Vorstandschef begeben, der schließlich an seine Stelle treten würde; Ev würde weiterhin im Verwaltungsrat sitzen, ein Büro bei Twitter haben, die Firma nach außen vertreten und einen Beitrag zur Produktstrategie leisten. Doch die Mitteilung enthielt auch noch einen neuen Punkt. »Sie werden im Unternehmen keine operative Aufgabe mehr ausüben.«

Verwirrt las Ev die Zeile zum wiederholten Mal. Fenton hatte ihm doch, als er sich am Freitag zum Rücktritt bereiterklärt hatte, versichert, dass er Produktvorstand bei Twitter werden würde, um dafür zu sorgen, dass die Webseite auch gestalterisch weiterentwickelt und nicht einseitig monetarisiert würde. Und nun, wo er kurz davor stand, im Büro die Bekanntmachung vorzubereiten, die doch nur eine Rochade in den Vorstandspositionen verkünden sollte, fiel man ihm in den Rücken und gab ihm zu verstehen, dass man ihn mit falschen Versprechungen geködert hatte.

Wie Jack zwei Jahre zuvor und Noah weitere zwei Jahre früher stand Ev bei Twitter nun offiziell ohne Job da. Und wie damals seinen beiden Mitgründern fehlte ihm jegliche Macht, daran etwas zu ändern. Was der Verwaltungsrat sehr wohl wusste. Er war offiziell als Vorstandschef zurückgetreten, alle weiteren nicht auf Papier oder per E-Mail schriftlich fixierten Abmachungen waren null und nichtig. Die Entscheidungsgewalt lag nun bei Jack, dem exekutiven

Verwaltungsratsvorsitzenden, und bei Dick, der offiziell und recht-
mäßig bei Twitter zu Evs Boss geworden war.

Nach und nach trudelten alle im Büro ein, Ev, Dick, Biz, Goldman, Amac und Sean Garrett, der Leiter der Public-Relations-Abteilung. Die Lichter wurden eingeschaltet, die Lüfter der Computer
sprangen an. Die Vorstandsassistenten trafen ihre Vorbereitungen
für den Tag.

Nun begann eine Kette von Besprechungen des Managements,
abwechselnd in gleich drei verschiedenen Konferenzräumen. Die
Stimmung war nicht locker, es wurde nicht gelacht, denn in den
Sitzungen ging es um das Schicksal von Ev. Die Atmosphäre war
zum Bersten gespannt, und gleichzeitig lag eine Wehmut in der
Luft, von der auch die Sieger nicht verschont blieben.

Goldman war nach der Lektüre von Freds E-Mail niedergeschlagen und schmollte in seinem Büro. Sie hatten verloren, Ev war
draußen. Es war vorbei. Blieb nur noch die Abfassung der Pressemitteilung, die in die Geschichtsbücher eingehen und den bitteren
Ausgang der Schlacht schönfärben würde.

Allein Biz konnte es noch immer nicht fassen. »Ich verstehe
nicht, wie sie Evs gesamte Karriere einfach wegwerfen können«,
sagte er Goldman, als sie über Freds E-Mail sprachen. »Haben diese
Leute denn gar keine Gefühle?« Obwohl einer der Mitgründer von
Twitter, hatte Biz nie viel Macht in der Firma gehabt. Er hatte nie
verstanden, was die »Geldleute« bewegte. Die E-Mail vom Verwaltungsrat erschien ihm durch und durch unfair.

Während sie von einem Konferenzraum zum nächsten zogen,
setzte sich eine Angestellte der Public-Relations-Abteilung auf die
Couch im Foyer, klappte ihren Laptop auf und schrieb verschiedene
Fassungen des Blogposts, der am Montagmorgen auf der Seite erscheinen sollte. Die erste Version gab bekannt, dass Ev das Unternehmen für immer verließ und Jack, der exilierte Gründer, zurückkehrte. Aber im Lauf des Tages veränderten sich der Plan und der
Blogpost noch mehrere Male.

Kris, Evs Assistentin, war gebeten worden, Dicks Tweets durchzugehen und alles hervorzukramen, was als kontrovers wahrgenommen werden könnte. Beim Scrollen durch die Tausenden von Botschaften aus höchstens 140 Zeichen hielt sie mitten auf einer Seite inne, rollte die Augen und rief ein paar Leute heran, um sich die Mitteilung anzuschauen, die er zum Spaß ein Jahr zuvor geschrieben hatte: »Morgen erster voller Arbeitstag als Geschäftsführer von Twitter. Aufgabe Nr. 1: Vorstandschef unterminieren, Macht festigen.«

**

Zuerst hockte sich Ev mit Dick in einen Konferenzraum zusammen und versuchte ihn davon zu überzeugen, ihn im Unternehmen zu belassen.

»Das liegt nicht in meiner Hand«, wiegelte Dick ab. »Darüber entscheidet der Verwaltungsrat.«

»Du bist der Vorstandschef, du musst entscheiden«, insistierte Ev.

So ging es hin und her, bis die Unterhaltung hitzig wurde. »Das mache ich bestimmt nicht«, hörten Leute auf dem Flur Dick brüllen. »Ich werde einen Scheißdreck tun!«

Augenblicke später kam Ev mit hängendem Kopf aus dem Raum. Biz ging zu Dick und fragte: »Ev ist gerade hier rausgekommen, er sah sehr enttäuscht aus. Was war los?«

Dick erklärte ihm, dass Ev vorgeschlagen hatte, eine leitende Rolle in der Produktentwicklung zu übernehmen, während Dick dauerhaft Vorstandschef bleiben würde, aber er hatte den Vorschlag abgelehnt. »Mir wäre unwohl dabei«, erklärte er Biz, »weil das so aussehen würde, als hätte ich einen Handel gemacht, um diese Position zu bekommen.«

Kopfschüttelnd verließ Biz den Raum. Er konnte nichts ausrichten und fühlte sich so geschlagen wie Ev.

Der Verwaltungsrat hatte Dick angewiesen, an der Entscheidung festzuhalten, Ev keinen Posten mehr zu geben. Selbst wenn Dick ihn im Unternehmen hätte halten wollen, lag dies nicht bei ihm; seine Vorgesetzten hatten sich bereits festgelegt.

Mitglieder des Verwaltungsrats wurden angerufen, vertrauliche Unterredungen anberaumt. Schließlich trafen sich alle – Dick, Sean, Amac, Goldman, Biz und Ev – im großen Konferenzsaal, um sorgfältig zu überlegen, was am Montag der Öffentlichkeit mitgeteilt werden sollte.

»Der Deal sieht also so aus: Ev ist raus, und ich bin der Interimsvorstandschef ... «, sagte Dick und skizzierte, wie seiner Meinung nach die Mitteilung an die Presse formuliert werden sollte. Ev saß schweigend da, hilflos in dem Unternehmen, das er zwei Tage zuvor noch geführt hatte.

»Und dann wird Jack hier sein ...«, erläuterte Dick den weiteren Plan, der unter anderem vorsah, dass Jack bei der Bekanntmachung von Evs Ausscheiden anwesend sein würde.

Biz fiel ihm mit einem halb geflüsterten Einwand ins Wort. »Tut mir leid, ich bin ein bisschen verwirrt. Warum können wir nicht einfach sagen, dass Ev für die Produktabteilung verantwortlich sein wird?«, fragte er Dick, der ihm direkt gegenübersaß.

»Das werde ich nicht tun«, erwiderte Dick nüchtern.

»Ja, warum denn nicht?« Biz konnte es einfach nicht begreifen.

»Ich werde keinen Deal eingehen. Ich werde nicht zulassen, dass später herauskommt, ich wäre nur durch einen Pferdehandel Vorstandschef geworden«, erwiderte Dick und pochte mit den Fingern beim Sprechen mehrfach auf den Tisch.

Biz blickte ihm verwirrt in die Augen. Was meinte Dick mit dem Ausdruck »Pferdehandel«? Biz wollte es auch nicht in den Kopf, dass der Verwaltungsrat so mir nichts, dir nichts Ev aus Twitter hinauswerfen konnte, ohne zumindest einen Kompromiss anzustreben.

Dick wiederholte sich: »Ich werde nicht zulassen, dass es so aussieht, als wäre ich nur aus dem einzigen Grund Vorstandschef geworden, weil ich einen Handel eingegangen bin.«

Biz' Miene zuckte leicht, als er das hörte.

»Hört mal alle einen Augenblick zu!«, sagte er mit erhobener Stimme und erhobener Hand wie ein Verkehrspolizist, der den Verkehr stoppen will. »Hört einfach zu, eine Sekunde.« Seine Augen fixierten Dick, während alle schweigend auf Biz schauten, dessen Stimme nun zitterte.

»Dick!«, sagte er laut. »Bitte erklär mir mal eins – mal sehen, ob ich das fragen darf: Du bist mit der Idee, dass Ev Produktleiter wird, während du Vorstandschef wirst, nicht einverstanden, weil dir dabei *unwohl* ist?«

»Stimmt genau«, antworte Dick knapp.

»Hey!«, rief Biz. »Hey! Wie wäre es, wenn dir unwohl wäre, weil seine gesamte verdammte Karriere im Eimer ist?«, fragte er aufgebracht, mit seinem Arm auf Ev weisend. »Warum ist dir *dabei* nicht unwohl?«

Im Raum herrschte Totenstille. Kein Mucks war zu hören, während Biz Dick mit zornigem Blick musterte. Dann senkte Biz seine Stimme, sein Tonfall verriet Hoffnungslosigkeit. »Dich überkommt kein Unwohlsein angesichts von Evs komplettem Karriereende?«

Alle schauten mit verblüffter Miene auf Biz, der nun halb zornentbrannt, aber auch irgendwie erleichtert über seinen eigenen Ausbruch dasaß.

Dick starrte einen Augenblick schweigend zurück, während er im Kopf die moralische Entscheidung gegen die geschäftliche abwog. »Na gut, schön«, sagte er. »Gut, ich mach es. Okay, okay, okay!« Er sprang auf, lief zur Tür und fügte hinzu: »Ich muss Fenton anrufen und mit ihm sprechen.«

Dick ging in die Cafeteria, zog sein Handy aus der Tasche und lehnte sich gegen ein Fenster des gähnend leeren Raums, wo ihn in weniger als 24 Stunden die Angestellten als neuen Chef von Twitter begrüßen würden.

Nach ihm verließen Biz und Goldman ebenfalls den Raum und zogen sich in einen anderen Sitzungssaal zurück. Die Vorstandsassistenten in der Lobby verfolgten verwirrt, wie ihre Vorgesetzten kreuz und quer durch die Gegend liefen. Kris schickte eine Reihe von SMS an Evs Frau Sara, die mit dem Baby zu Hause war, um sie über den aktuellen Stand auf dem Laufenden zu halten.

Seine Hände bebten, als Biz mit selbstbewusster, kraftvoller Stimme auf Bijan einredete. »Hören Sie, wenn Ev am Montag nicht herkommt, komme ich auch nicht!«, sagte er mit Nachdruck. »Dann können Sie die Sache allein bekanntgeben, ohne mich, ohne Goldman und ohne Ev, und das wird ein Scheißdesaster.«

Goldman saß ruhig da, während er dem Gespräch von Biz und Bijan lauschte, als ob es ihm komplett an der Hutschnur vorbeiginge. Bijan musste nicht lange überzeugt werden. Er hatte ein schlechtes Gefühl, so wie die Dinge gelaufen waren, aber er wusste auch, dass die Investoren die Gewissheit brauchten, nicht Hunderte von Millionen Dollar zu verlieren, die auf dem Spiel standen, wenn Twitter scheiterte. Wie Dick steckte er in der Zwickmühle zwischen Moral und Geschäftssinteressen. Als Bijan schon antworten wollte, fiel ihm Biz ins Wort. »Und Sie müssen Dick zum vollgültigen Vorstandschef machen, statt uns mit diesem Interimsquatsch zu kommen.« Er erklärte, dass das Unternehmen und seine Beschäftigten bereits genug durchgemacht hätten und der aktuelle Plan, den Chef zu feuern, einen Interimschef zu holen und dann nach einem dritten Vorstandschef zu suchen, das Vertrauen der Angestellten in Twitter zerstören würde.

»Okay, ich hab's verstanden, schon klar«, antwortete Bijan. »Lassen Sie mich Fred und Fenton anrufen und mit ihnen sprechen.«

✳✳✳

Nach Beendigung der Telefonate trafen sich alle im Konferenzraum und arbeiteten einen letzten Plan aus – einen, über den Jack nicht glücklich sein würde, da er bedeutete, dass er bei der Bekanntgabe am Montag nicht dabei sein würde; ein Plan, der bedeutete, dass Ev im Unternehmen einen Job als Leiter der Produktentwicklung behalten würde.

Nur wusste Jack, dass es ein Plan war, der nur eine kleine Weile Bestand haben würde. Ev nicht.

✳✳✳

4. Oktober 2010, 10:43 Uhr, Twitter-Zentrale

»Raus«, sagte Ev zu der Frau, die gerade in seiner Bürotür aufgetaucht war. »Ich muss mich übergeben.«

Sie trat einen Schritt zurück und schloss die Tür mit einem metallischen Klicken, das durch den Raum hallte, während er mit feuchten, zittrigen Händen nach dem schwarzen Papierkorb in der Ecke seines Büros griff.

Es war Montagmorgen, eine Stunde, bevor Ev vor die Beschäftigten treten würde, von denen niemand im Mindesten ahnte, was sie oder ihn erwartete.

Die Zentrale öffnete wie üblich ihre Pforten. Die Kaffeebecher füllten sich, immer mehr Angestellte trudelten wie an jedem Montagmorgen in ihren Büros ein. Vielleicht würde heute wieder ein Star oder Politiker unangemeldet hereinschauen. Vielleicht würde ein Lieferant eine Leckerei oder eine andere Aufmerksamkeit für die Mitarbeiter vorbeibringen, das Dankeschön einer anderen Firma für das kräftige Wachstum, das Twitter ihr beschwert hatte.

Goldman war an jenem Montagmorgen schon früh ins Büro gekommen. Einigen Vertrauten schenkte er reinen Wein ein und erzählte ihnen, was sich wirklich hinter den Kulissen abgespielt hatte – eine andere Version als die geschönte Pressemitteilung, die später an die Medien herausgehen würde. Dann war Ev mit Sara eingetroffen und in sein Büro gegangen, wo er sich auf die Bekanntmachung vorbereitete. Ihm war nicht wohl.

»Geht's dir gut?«, fragte Sara, als sie seinen Zustand bemerkte.

Er wusste nicht, ob es die Nerven waren oder ob er sich etwas eingefangen hatte, jedenfalls grummelte sein Magen. Als eine Mitarbeiterin der Public-Relations-Abteilung anklopfte, um mit ihm die Rede durchzugehen, die er in Kürze halten würde, verließ Sara den Raum. Noch bevor die Mitarbeiterin eintreten konnte, schickte Ev sie wieder fort. Ihm war plötzlich speiübel.

Als sich die Tür schloss, sank er auf die Knie.

Das war's, seine letzte Handlung als Vorstandschef von Twitter. Er starrte auf den Boden eines schwarzen Papierkorbs und fragte sich, wie es so weit hatte kommen können. Wirre Erinnerungen, Blogposts, Fotos und Tweets schossen ihm durch den Kopf, ein chaotisches Rauschen, das alles Fassliche übertönte.

Er suchte hilflos nach Antworten. Was hatte dazu geführt, dass er in weniger als einer Stunde öffentlich zurücktreten musste, als Chef jener Firma, die er gegründet und mit seinem Geld finanziert hatte, die er liebte und in deren Management auch Freunde von ihm saßen, die er selbst ins Unternehmen geholt hatte?

Einige dieser Freunde hatten ihn hintergangen.

So sehr er auch in seiner Erinnerung wühlte, er konnte keine Vorzeichen des Verrats entdecken. Alle Anhaltspunkte waren wie unscheinbare Tweets, die unter Milliarden anderer verloren gegangen waren, ein elektronisches Elefantengedächtnis, das ohne Index wertlos war.

Das wirklich Wichtige war nie das Geld, das hatte Ev immer gewusst. Auch Milliardäre kotzen in Papierkörbe, wenn ihnen übel ist. Es ging darum, einen Unterschied zu machen, eine Bewegung anzustoßen. Es ging darum, die Macht zurückzuholen von denen, die sie okkupiert hatten, von den Politikern, von Hollywood, von den Berühmtheiten, Revolutionären, Konzernen und Medien, und sie durch dieses bizarre, irre Wunderding namens Twitter wieder ein bisschen mehr in die Hand aller Menschen zu legen. Eine zufällige Erfindung, die die Welt auf den Kopf stellte.

Nun war es Evs eigene Welt, die Kopf stand. In diesem Augenblick empfand er ein tiefes Gefühl des Bedauerns.

Die Bürotür ging auf. Sara war zurück. »Hey, was hast du denn? Wie fühlst du dich?«

»Beschissen.«

Nebenan marschierte Dick in seinem Büro auf und ab und verhandelte am Telefon über Jacks Rückkehr in die Firma. Es wurde bereits ein neuer Plan ausgebrütet.

Biz setzte sich an den Computer und tippte eine E-Mail, in der er die gesamte Belegschaft zu einer Versammlung um 11:30 Uhr in die Cafeteria bat. Außenstehende waren nicht erwünscht und sollten für die Dauer der Versammlung im Foyer warten. Kein großes Palaver, nur die Bekanntgabe einer wichtigen Neuigkeit.

Und dann war es so weit.

Die Mitarbeiter erhoben sich von ihren Schreibtischen, liefen durch die labyrinthischen Korridore und strömten in der Cafeteria zusammen. Gedämpftes Gemurmel erfüllte den Raum, während sich die Leute einen Sitzplatz suchten.

Dann erschien Ev mit Biz und Goldman im Schlepptau, und schließlich ließ sich auch Dick blicken.

Mit einem Mikro in der Hand trat Ev vor die Versammelten und hielt seine eigene Grabrede. Er habe sich entschlossen, sich um die Produktentwicklung zu kümmern und Dick gefragt, ob er den Posten des Vorstandschefs übernehmen wolle. Es waren wenige, feierliche Worte, getragen von einem optimistischen Grundton. Dann trat er beiseite und übergab das Mikrofon dem neuen Vorstandschef von Twitter – in zwei Jahren nun schon der dritte.

Um 11:40 Uhr übernahm Dick das Ruder. Eine Mitarbeiterin der Public-Relations-Abteilung, die mit geöffnetem Laptop im Publikum saß, drückte »senden« und veröffentlichte die Firmenmitteilung als Blogpost: Dick Costolo war der neue Vorstandschef von Twitter, Evan Williams trat auf eigenen Wunsch von diesem Amt zurück, um sich auf die Produktentwicklung zu fokussieren.

»Um aus Twitter ein 100-Milliarden-Unternehmen zu machen«, sagte Dick dem Publikum, »ist dies, darüber sind Ev und ich uns einig, der beste Schritt für die Firma.«

Die Presse überschlug sich, um die Nachricht schnellstmöglich zu veröffentlichen. Nichts in der Bekanntmachung deutete auf die hinterhältigen Intrigen, die in den letzten Monaten im Verwaltungsrat von Twitter gesponnen worden waren und Ev beinahe gänzlich aus der Firma getrieben hatten. Unerwähnt blieb auch, dass Jack Dorsey in die Firma zurückkehren würde. Das sollte erst noch folgen.

V. #Dick

Sturmfreie Bude

»**R**iechst du das?«, fragte ein mondgesichtiger Programmierer und lugte über den Rand seiner Arbeitsnische. Es war ein später Donnerstagnachmittag. Bis zu diesem Augenblick war das Büro nur von den üblichen Gerüchen und gedämpften Geräuschen eines normalen Arbeitstags erfüllt gewesen.

»Riecht wie Gras«, meinte der Programmierer zu den Kollegen auf den Nachbarplätzen und sog die Duftfahne noch einmal tief ein, um sich zu überzeugen, dass sein Eindruck ihn nicht trog. »Stimmt's? Das ist doch Gras?!«

Schnüffelnd reckte ein weiterer Programmierer seinen Kopf in die Höhe. »Hey, höre ich da Rap?«

Die Twitter-Mitarbeiter schauten sich ratlos an.

Was sie nicht wussten, war, dass kurz zuvor ein Tross von überwiegend farbigen Leuten in ausgefallenen Outfits durch die Metalltüren des Fahrstuhls im sechsten Stock in die Lobby der Twitter-Zentrale geströmt war, als würde dort die Eröffnungsszene eines Rapvideos geprobt.

»Hi, ich bin Nick Adler«, stellte sich selbstbewusst ein Mann mit kahlrasiertem Schädel bei der taubenäugigen Empfangsdame vor, die hinter ihrer niedrigen Theke verblüfft auf den Menschenpulk starrte. »Wir sind mit Biz Stone verabredet. Wir kommen von Omid.«

In der Mitte der Gruppe entdeckte die zierliche Rezeptionistin eine alle anderen überragende, wie eine Bienenkönigin umschwärmte Gestalt. Der Rapper Snoop Dogg war mit seiner Entourage bei Twitter eingefallen. Dogg wiegte den Kopf leicht von einer zur anderen Seite, während er den Blick im Foyer umherwandern ließ. Ein großer Schlapphut bedeckte seine Zopffrisur, eine Sonnenbrille verbarg die blutunterlaufenen Augen.

»Ja, äh, ich rufe ihn«, sagte die Empfangsdame mit einem eingeschüchterten Lächeln und versuchte, Biz zu erreichen. Doch es gab niemand, den sie anrufen konnte. Sämtliche Manager und leitenden Angestellten, die den Star hätten empfangen und herumführen können, waren außer Haus.

Eine von Dicks ersten Amtshandlungen nach seinem Dienstantritt als Vorstandschef war die Ablösung von Goldman als Chef der Produktentwicklung gewesen. Dick wollte den Vorstand säubern, alte Leute entfernen und neue hinzugewinnen, um Twitter seinen Stempel aufzudrücken. Die Ablösung von Goldman war der erste Schritt. Immerhin hatte im letzten Augenblick ein Kompromiss dafür gesorgt, dass Goldman, statt gefeuert zu werden, selbst kündigen durfte.

Anfang Dezember, auf der Pariser IT-Konferenz LeWeb, hatte Goldman in einem Podiumsgespräch mit dem Blogger M. G. Siegler von *TechCrunch* die Neuigkeit öffentlich gemacht.

»Sie sind schon seit einiger Zeit bei Twitter. Wie geht es bei Ihnen persönlich weiter?«, hatte Siegler gefragt.

»Ich habe letzten Freitag gerade der ganzen Firma mitgeteilt, dass ich Twitter Ende des Monats verlasse«, antwortete Goldman. »Ich werde jetzt nicht sagen, dass ich mehr Zeit mit meiner Familie verbringen möchte – sie besteht ja nur aus meiner Freundin und zwei Katzen –, aber ich brauche einfach mal eine kleine Pause.« (Er war immer noch mit Crystal zusammen.)

Auch von Ev war in der Twitter-Zentrale nirgends eine Spur, als Snoop Dogg ihr seine Aufwartung machte. Nachdem Ev den Chefsessel zugunsten von Dick geräumt hatte, saß anfänglich der Schock darüber, dass man ihn abgeschoben hatte, tief. Sobald ihm aber klar geworden war, dass er sich nun nicht mehr die Haare raufen musste, um den Ertrag zu steigern, sondern sich ganz der Weiterentwicklung von Twitter widmen konnte, hatte er sich mit Begeisterung in die neue Arbeit gestürzt. Im November machte er sich an den Entwurf neuer Funktionen. Doch schon bald trübte sich das Bild.

Als er Dick seine neuen Ideen präsentierte, schenkte der ihnen kaum Beachtung und wischte sie überwiegend vom Tisch. Es dauerte nicht lange, da wurde auch Ev selbst links liegengelassen. Es gab Besprechungen im Management, zu denen er nicht eingeladen wurde, Vorstandsmeetings außer Haus, in die er nicht eingeweiht war. Wie Jack in seiner Rolle als »stiller« Verwaltungsratsvorsitzender war Ev nun ein »stiller« Produktleiter.

In den Weihnachtsferien flog Ev mit seiner Familie in den Urlaub nach Hawaii, wo er oft mit Dick Ferien gemacht hatte, doch das gehörte der Vergangenheit an. Als er fern der Firma am Pool saß und über die psychische Belastung der vergangenen Monate nachdachte, wurde ihm klar, dass er bei Twitter keine wirkliche Rolle mehr spielte. Er war gefeuert, aber nicht vor die Tür gesetzt worden.

Am 2. Januar 2011 schrieb er allen in der Firma in einer E-Mail, dass es für ihn Zeit für eine Pause sei. »Ich habe beschlossen, meinen Urlaub noch weiter zu verlängern – bis März. Warum? Ich brauche schon lange Urlaub und der Zeitpunkt erscheint ideal. Ich werde weiterhin verfügbar sein und die E-Mails checken, an Verwaltungsratssitzungen teilnehmen, regelmäßig mit Dick und anderen Leuten sprechen, falls nötig Presseinterviews geben und alles genau im Auge behalten. Aber ich werde auch viel mehr Zeit mit Miles und Sara verbringen.« Er unterzeichnete die E-Mail mit »Mahalo, Ev«.

Da Goldman aus der Firma ausgeschieden und Ev im Urlaub war, kam auch Biz nicht mehr ins Büro. Er fühlte sich in Dicks Unternehmen wie ein Fremdkörper und hatte tagelang hin und her überlegt, ob auch er Twitter verlassen sollte.

Ein weißer, kleiner, kauziger Programmierer tauchte mit seinem Notebook unterm Arm in der Lobby auf. »Hi, äh, Biz ist gerade nicht da«, sagte er zu Snoop Dogg und seinem Tross. »Er ist auf dem Weg ins Büro, aber ... ich kann Ihnen hier alles zeigen, bis er eintrifft.«

Der Angestellte führte die Gruppe nervös durch die Twitter-Büros. Sofort machte sich Unruhe breit, als der Tross an den Arbeitsbereichen vorbeizog.

»Wie geht's, Schätzchen, du siehst geil aus«, baggerte Snoop beim Vorbeischlendern eine junge, attraktive Angestellte an. »Verdammt, jau, du bist die volle Wucht. Hast du auch einen Namen, Honey Bunny?«, ließ er bei einer anderen seinen Charme spielen, während er sich in seiner übergroßen blauen Adidas-Jacke mit den Buchstaben »L.A.« auf der Brust über ihre Arbeitsnische beugte. »Uh, uh, uh«, fügte er hinzu, schürzte die Lippen und wiegte den Kopf hin und her, als liefe ihm angesichts des appetitlichen Anblicks schon das Wasser im Mund zusammen.

Der Lärm der Gruppe war so störend wie eine Dose explodierender Knallfrösche in einer Stadtbibliothek.

»Äh, entschuldigen Sie, Mr. Snoop Dogg«, unterbrach der Programmierer und schaute ängstlich zu dem 1,93 Meter großen Rapper auf. »Wir gehen mal, äh, wir gehen in den Konferenzraum.«

Snoop war mit seinem Trupp, darunter Warren G und mehrere andere Rapper, zu einem Konzert angereist, das am Abend in San Francisco stattfinden sollte. Nick Adler, verantwortlich für Snoops Webpräsenz, hatte das Treffen organisiert, bei dem Biz anwesend sein sollte. Es gab jedoch ein kleines Problem: Biz hatte man davon überhaupt nichts gesagt.

Snoops Besuch war von einem frisch eingestellten Mitarbeiter des Medienteams eingefädelt worden, eine im Aufbau befindliche Abteilung, die neue Kontakte zu Stars – Schauspieler, Sportler, Musiker – knüpfen und pflegen sollte. Intern wurden solche Leute als »äußerst wichtige Twitterer« bezeichnet: Very Important Tweeters oder VIT.

Darin spiegelte sich auch ein Wandel der Musikkultur. Früher schon hatten erfolgreiche Musiker zwar Twitter besucht – darunter Kanye West und P. Diddy –, doch mittlerweile vernachlässigten solche Stars zu seinen Gunsten ein anderes Medium, das Radio, das

Ev und Noah ironischerweise 2005 hatten neu erfinden wollen. Statt Radiosender wollten die Musiker nun lieber Twitter besuchen. Auftritt Snoop Dogg.

Nach Evs Ablösung hatte Dick eine Reihe von Konferenzen außer Haus organisiert, um die Firma neu zu ordnen, und so waren die meisten Manager nicht im Büro, als Snoop Dogg und seine Entourage aufkreuzten. Ihren Empfang hatte der schmächtige Programmierer übernommen. Doch es lief nicht gut: Er kam sich vor wie ein Vertretungslehrer in einer Klasse von Schwererziehbaren.

»Das hier ist also unser neues Analysewerkzeug«, dozierte er. »Es kann Ihnen zeigen, welche Tweets besser laufen als andere.«

»Oh, echt, Mann? Das ist ja richtig geil!«, äffte Snoop die Stimme des Programmierers nach. »Das ist euer neues Analysewerkzeug. Mann, das ist voll krass.« Der Rest der Klasse, der auf seinen Stühlen herumrutschte, mit seinen Handys spielte und kaum zuhörte, brach in schallendes Gelächter aus.

Tapfer fuhr der Programmierer fort. »Wann immer Sie einen Tweet über Gras senden, gibt es also, wie Sie sehen können, bei Ihren Followern einen großen Ausschlag.« Bei diesen Worten spitzte Snoop die Ohren und schaute forschend auf die Tabelle auf dem Bildschirm.

Nach der Präsentation im Konferenzraum wurde rasch ein kurzes Video mit den Besuchern gedreht, um eine neue Funktion von Twitter zu veranschaulichen, dann ging es durch die Cafeteria Richtung Ausgang. Als Snoop Dogg mit seinen Leuten am DJ-Pult der Cafeteria vorbeikam, blieb er wie angewurzelt stehen.

»Yo, yo, yo«, rief er mit ausgebreiteten Armen. »Kann ich da mal ran?«

Noch bevor der Programmierer antworten konnte, hatte Snoop das Mikro in der Hand und beschallte den Saal mit lauter Musik. Der Sound hallte durch die Korridore und lockte die ersten Twitter-Mitarbeiter in die Cafeteria. Es dauerte nicht lange, da zückten sie ihre Smartphones, schossen Fotos, drehten Videos und berichteten natürlich in Tweets, was gerade Unglaubliches geschah.

Plötzlich holte Snoop Dogg wie ein Zauberer, der ein Kaninchen aus dem Hut zieht, eine fette Cannabiszigarre, hervor, zündete sie an und sog den Qualm in tiefen Zügen ein. Als seine Begleiter das sahen, ließen sie jede Hemmung fahren und holten ihre eigenen Joints aus ihren Taschen oder hinter den Ohren hervor.

In Minutenschnelle war die Cafeteria zur Bühne eines improvisierten Snoop-Dogg-Konzerts geworden, mit einem Dutzend psychotroper Glimmstengel, die unter den berühmten Rappern und den Twitter-Mitarbeitern die Runde machten. Die meisten tanzten, manche hauteng mit einem Partner. Ein paar junge Frauen standen auf den Tischen und wedelten mit den Armen, als stünden sie auf den Lautsprechern eines Nachtclubs statt auf einem Kantinentisch ihrer Arbeitsstelle.

Kein Manager weit und breit. Die Bude war sturmfrei, und so ging die Party richtig ab.

Schließlich tauchte einer der Anwälte von Twitter auf. Es war kein leichtes Unterfangen, Snoop Dogg und seinen Anhang zu bitten, im Büro doch bitte das Grasrauchen zu unterlassen, aber alle Partys mussten ja einmal ein Ende finden, und schließlich zogen die Besucher ab, hinter sich eine Wolke Cannabisqualm und eine Schar bekiffter Angestellter zurücklassend, die das Ereignis bereits mit zahlreichen Tweets inklusive Belegfotos verewigt hatten.

Umgehend verfasste der Anwalt einen Rundbrief an alle Beschäftigten, in dem er sie daran erinnerte, dass Drogen am Arbeitsplatz verboten waren. Einige Mitarbeiter wurden aufgefordert, Tweets zu löschen, beweiskräftige Fotos wurden aus dem Netz entfernt. Das einzige inkriminierende Video, das im Internet abrufbar blieb, stammte von Snoop Dogg.

Dick war wütend, als ihm die Geschichte mit dem Gras und den tanzenden Angestellten zu Ohren kam. Er schwor sich, dass so etwas das letzte Mal geschehen war. Für Twitter war es an der Zeit, erwachsen zu werden, sagte er.

Jack ist zurück!

Draußen war es hell, im Gebäude dunkel. Nur ein paar Strahlen Tageslicht drangen durch Ritzen in den Vorhängen, während Jack vor der hellen Projektorleinwand in seinen braunen Anzugschuhen über den Teppich tänzelte. Ein weißes Namensschild mit der Aufschrift »Jack Dorsey« und »Twitter« baumelte in Hüfthöhe an seiner Jeans.

»Wir nennen das Twitter 1.0«, sagte er den mehreren Hundert Twitter-Mitarbeitern, die seinen Ausführungen lauschten. »Wir werden es zu T1 abkürzen.« Dann erklärte er allen, dass vor dem Augenblick seiner Rückkehr Twitter unvollständig gewesen sei. »Achten Sie auf die Richtung, nicht die Details«, riet er seiner Zuhörerschaft selbstbewusst. Jetzt kam er zur Präsentation der neuen Twitter-Version. Er verschwendete kein Lob auf die bisherige Ausgestaltung – Evs Ziehkind –, vielmehr bedachte er sie mit einer Reihe kleiner Seitenhiebe. Das sei nur eine unvollständige Betaversion, betonte er.

Als Einleitung hatte er den Song »Blackbird« von den Beatles gewählt, der davon handelt, dass ein Vogel mit gebrochenen Flügeln wieder fliegen lernt. Eine passende Wahl. Einige der Beschäftigten waren angetan, aber viele waren offenbar auch verstimmt darüber, dass er die Arbeit der letzten zwei Jahre herabsetzte.

Es war der Moment, auf den Jack lange hingeplant, auf den er hingefiebert hatte: Der Augenblick, der schon Monate früher hätte kommen sollen, als Ev zum Rücktritt gezwungen worden war. Jetzt hatte er Ev endgültig aus der Firma gedrängt.

Nach Gesprächen mit Dick und dem Verwaltungsrat war Jack ein aus der Verbannung heimgekehrter König, Ende März in sein Schloss zurückgekommen.

Als Dick ihn der Belegschaft vorstellte, erntete Jack von den meisten der 450 Beschäftigten, von denen viele den rechtmäßigen Thronanwärter vor sich zu haben glaubten, stürmischen Beifall. Doch es gab einige, die sich nicht erhoben, eine Hand voll Leute, die wussten, was Jacks Rückkehr wirklich vorausgegangen war.

Während Jack dastand und im Applaus badete, schickte Ev eine E-Mail an alle Angestellten von Twitter.

»Ich bin ernstlich in mich gegangen«, schrieb er über die vergangenen zwei Monate, seit er fort war. »Offenkundig ist Twitter das Größte, bei dem ich je eine bedeutsame Rolle gespielt habe und wohl spielen werde. Ich könnte zwar nicht stolzer auf das sein, was wir zusammen erreicht haben, es ist jedoch beileibe noch nicht beendet. Wenn Twitter sein ganzes Potenzial ausschöpft, wird es viele, viele weitere Jahre fortbestehen, und wir werden auf 2011 als eines der kuriosen frühen Jahre zurückblicken.«

»Ich habe jedoch beschlossen« fuhr er fort, »bei Twitter von jetzt an keine tägliche Rolle mehr zu spielen. Ich werde mein Möglichstes tun, um zu helfen, als Mitgründer, Verwaltungsratsmitglied, Anteilseigner und Freund der Firma (und so vieler Leute in ihr).«

Er schloss das Schreiben mit den Worten: »Ich werde auf keinen Fall verschwinden. Fahrt fort, die Welt zu verändern. Euer Freund Ev.«

Drei Tage später, am Montagmorgen, gab das Unternehmen mit einer Pressemitteilung offiziell bekannt, dass Jack zurückgekehrt war. Der Ankündigung folgte zur Bestätigung sein Tweet: »Heute bin ich aufgeregt, bei @Twitter wieder an die Arbeit zu gehen und mich als exekutiver Verwaltungsratsvorsitzender um die Leitung der Produktentwicklung zu kümmern. Und ja: @Square in alle Ewigkeit als Vorstandschef zu führen«, schrieb er.

Dann rückte die Presse an. In hellen Scharen. Fenton kümmerte sich persönlich darum, dass Jack auch ja als der große Held dargestellt wurde. »Es war während der Phase von zwei Jahren, als er nicht dabei war, eine Tragödie, dass wir den Gründer vermissen mussten«, sagte Fenton der *New York Times* für einen Artikel über Jacks Rückkehr.

In öffentlichen Vorträgen und Interviews ahmte Jack weiterhin Steve Jobs nach, mit Ausdrücken wie »magisch«, »herrlich«, »überraschend« und »das Beste« zur Beschreibung neuer Funktionen. Mit Sätzen wie »Wir sind nur Menschen, die dieses Unternehmen führen« bediente er sich dabei fast wortwörtlich der Ausdrucksweise und Wendungen seines Vorbilds, wie man sie aus dessen Reden und Fernsehinterviews kannte, und wurde nicht müde, Jobs' Diktum zu wiederholen, »am stolzesten« auf das zu sein, was sein Unternehmen unterlassen habe.

In einem groß aufgemachten Porträt, das am 1. April 2011 unter dem Titel »Twitter war der erste Akt« in *Vanity Fair* erschien, strebte Jack noch höher hinaus. Neben dem sehr ausführlichen Artikel war ein Foto von Jack in schwarzem Anzug und Krawatte abgedruckt, die Brust leicht nach vorn gewölbt, mit einem kleinen blauen Vogel auf der Schulter.

Der Artikel stellte Jack großspurig als »Erfinder« von Twitter heraus und warb damit, dass er dem Magazin gegenüber wie selten zuvor Rede und Antwort über seine Entlassung als Vorstandschef gestanden habe. »Es war wie ein Schlag in den Magen«, sagte Jack dem Journalisten David Kirkpatrick von *Vanity Fair.* Das Zitat wurde tausendfach aufgegriffen und über soziale Netzwerke und in den Nachrichten verbreitet.

Allerdings klang der Satz gespenstisch vertraut. Wie vieles, was Jack in der letzten Zeit von sich gegeben hatte, war er ein Zitat von Jobs ohne Nennung der Quelle. Als Jobs 1987 Apple verlassen musste, hatte er *Playboy* gesagt: »Ich fühle mich wie jemand, dem man einen Schlag in den Magen verpasst hat.«

Zwei Wochen später tauchte zum ersten Mal seit etlichen Jahren noch ein anderer in der Presse auf: Noah. Nicholas Carlson, ein Blogger bei *Business Insider,* hatte Noah aufgespürt und für einen Artikel zur wahren Geschichte der Gründung von Twitter befragt.

Carlson schrieb, dass »alle frühen Angestellten und Odeo-Investoren, mit denen wir gesprochen haben, darin übereinstimmen, dass niemand bei Odeo größere Leidenschaft für Twitter hegte als Odeos Mitgründer Noah Glass.«

Ray, Blaine, Rabble und andere gaben zu Protokoll, dass Noah der »geistige Vater« von Twitter gewesen sei. Auch Noah selbst, der nur widerwillig über die Vergangenheit sprach, bestätigte das.

»Einige Leute haben die Lorbeeren dafür bekommen, andere nicht. In Wahrheit war es eine Gruppenleistung. Ich habe Twitter nicht allein geschaffen. Es ist aus Gesprächen entstanden«, erzählte Noah Carlson im Interview. »Was ich weiß, ist, das Twitter ohne mich nicht existieren würde. Zu sehr großen Teilen.« Aber Noahs eigentliche Klage richtete sich gegen Ev, der ihn, wie er noch immer glaubte, aus der Firma geworfen hatte.

Als der Artikel erschien, twitterte Ev: »Es stimmt, dass @Noah nie genug Anerkennung für seine frühe Rolle bei Twitter bekommen hat. Er ist außerdem auf den Namen gekommen, was brillant war.«

Doch nichts davon konnte Jack bremsen. Als der »nächste Steve Jobs«, als den ihn die Medien hinstellten, war er zu groß und mächtig, als dass irgendjemand an seiner Version der Geschichte kratzen wollte. Sie wurde in Tausenden von Veröffentlichungen breitgetreten. Mit den Monaten wuchsen Jacks Image und Ruhm nur noch mehr. Er fing an, seine Zeit mit Berühmtheiten zu verbringen. Er ging auf stinkvornehme Partys in Los Angeles und New York. Er flog in Privatjets. Klatschblätter verbreiteten, wie er auf Jachten mit Stars und Models Partys feierte. Er verwandelte sich mithilfe von Beratern und Stylisten und vergrößerte Twitters Public-Relations-Team, das ihm Auftritte in TV-Shows und Porträts in weiteren Magazinen verschaffte, drastisch.

Biz war der letzte der übrigen Gründer, der ging. Am 28. Juni 2011 gab er bekannt, dass er sich aus der tagtäglichen Arbeit bei Twitter zurückziehe. In Wirklichkeit ging er jedoch, *weil* er in die tagtägliche Arbeit bereits gar nicht mehr eingebunden war. All seine Mitarbeiter waren weg.

Am Tag nach der Mitteilung seines Ausscheidens wurden die Twitter-Angestellten in einer E-Mail darüber informiert, dass Präsident Obama am folgenden Tag in einer offiziellen Fragestunde des Weißen Hauses (»Twitter Town Hall«) getwitterte Bürgerfragen beantworten würde, die erste Initiative ihrer Art. Die Veranstaltung würde im Ostzimmer des Weißen Hauses stattfinden und per Videostream im Internet sowie auf Twitter von Millionen von Amerikanern verfolgt werden. »Jack Dorsey«, kündigte das Schreiben an, »wird der Moderator sein.«

Biz saß aufrecht im Bett, als er die E-Mail las, sein Rücken gegen das Kopfkissen gelehnt. Als er Jacks Namen las, wurde er wütend. All die Jahre hatte Jacks unablässige Medienpräsenz ihn nie wirklich verärgert, es sei denn, er beschädigte damit das Ethos der Twitter-Kultur, das Ev und er so mühsam im Unternehmen durchgesetzt hatten, zum Beispiel, als Jacks Name in einem Artikel der *New York Times* über die iranische Revolte aufgetaucht oder er unbedacht genug war, sich zu Twitter und China zu äußern. Und nun wollte er es wieder tun.

Biz sträubten sich die Nackenhaare. Rasch tippte er mit dem Daumen eine E-Mail in sein iPhone.

»Als Amac mir das zum ersten Mal erklärt hat, hat er gesagt, dass niemand von Twitter Moderator sein würde, um besonders hervorzuheben, dass wir ein neutraler Dienst sind«, schrieb Biz in einer E-Mail an die gesamte Firma. »Ich bin vehement dagegen, dass irgendjemand von Twitter als Moderator auftritt, insbesondere ein Gründer.« Und er fuhr fort: »Dies widerspricht den dreijährigen Bemühungen, sich aus dem Geschehen herauszuhalten und neutral zu bleiben. Amac, was ist passiert? Das ist das genaue Gegenteil von dem, was du mir gegenüber vertreten hast und was es aus meiner Sicht zu vermeiden galt, das Einzige, dem du vorbehaltlos zugestimmt hast. Das Einzige, das zu vermeiden ich mir ausbedungen habe. Bitte, bitte, bitte macht das nicht in dieser Weise. Wir sollten uns nicht in dieser Form einmischen.«

Dann, wie ein Lichtschalter, der das einzige, trüber werdende

Licht in einem einst hell erleuchteten Raum ausknipst, wurde Biz'
Adresse für den Versand von E-Mails an die gesamte Firma gesperrt. Seine Stimme war zum Schweigen gebracht worden.

Jack Dorsey würde den Präsidenten der Vereinigten Staaten
interviewen, für alle Welt sichtbar im breiten Rampenlicht der Medien. Ev, Biz und Goldman würden ihn jetzt nicht mehr aufhalten
können.

Mach morgen bessere Fehler

Die nunmehr beinahe 600 Twitter-Angestellten verbrachten einen Großteil der ersten Juniwoche 2012 damit, ihre Habseligkeiten in Kartons zu packen. Bücher, Tastaturen, Computerkabel, Krimskrams, alles wurde in Pappkisten verstaut. Am Ende der Woche verließen sie zum letzten Mal das Büro in der Folsom Street 795, das Ev eingerichtet hatte.

Am Wochenende traf ein Schwarm von Packern ein und lud die Kisten und Computer in Lkws, die sich die Straße entlangreihten. Ein leichter Wind rauschte durch die Bäume in der Folsom Street, als die Motoren keuchend ansprangen. Dann fuhren die Laster durch stille Straßen, bogen links in die Third Street ein, fuhren rechts in die Mission Street und bogen wieder links ab, bis sie schließlich in der Market Street vor einem beigefarbenen Gebäude von der Breite eines Straßenblocks ankamen: Twitters neues Zuhause in San Francisco.

Zusammen mit den Kartons und Computern transportierten die Möbelpacker auch behutsam die Kunstwerke, die Ev und Sara mit viel Liebe ausgewählt hatten, ein schönes Neonschild mit dem Schriftzug »Tell Your Stories Here« und das @-Symbol, das in der Cafeteria gehangen hatte.

Am folgenden Freitag trat Dick in der neuen Kantine der Firma vor die versammelte Belegschaft. Verglichen mit den alten Büros waren die neuen Räumlichkeiten gewaltig. Rechts vom Eingangsbereich gab es eine ausladende Dachterrasse, auf der sich Angestellte auf Kunstrasen entspannen und arbeiten konnten, umringt von der Skyline San Franciscos. Auf jeder Etage befanden sich Snackbars. Es gab einen mit Sofas und Baumscheibentischen eingerichteten Spielraum mit Tischtennisplatte und alten und neuen Videospielen, einen Yogaraum, Parkflächen und einen Speisebereich, wo Dick nun seine Rede an die Belegschaft begann, mit einer Decke, die zum Himmel aufstrebte wie eine Welle kurz vor ihrem Gipfel.

Nach außen hin trieb Jacks Image zwar üppige Blüten, intern begann seine Aura jedoch rasch zu verblassen. Ende Juli 2011 hatte er vier Produktmanager gefeuert, die zu Evs Team gehört hatten und (mehr oder weniger gut) über Jacks Rolle beim Rauswurf von Ev Bescheid wussten. Dann servierte er Sean Garrett ab, den Kommunikationschef, zum Teil aus Rache dafür, dass Garrett sich ein Jahr zuvor bemüht hatte, Jacks Mitteilungswut gegenüber den Medien zu zügeln. Twitter-Beschäftigte beklagten sich außerdem immer häufiger bei ihren Vorgesetzten über die schwierige Zusammenarbeit mit Jack, der zu ihrem Leidwesen wiederholt seine Meinung zu Produktentwicklungen änderte.

Jacks unablässige Medienpräsenz fing an, seine Beziehung zu Dick in Mitleidenschaft zu ziehen, dessen Führungsrolle als Vorstandschef von Twitter er in Interviews einfach unterschlug, sodass Dick wie ein bloßer Angestellter erschien.

Im Fernsehen wurde Jack manchmal als Chef von Twitter und Square vorgestellt, und er gab sich keinerlei Mühe, den Irrtum zu berichtigen. Dieser Trugschluss verbreitete sich bei anderen Firmenvorständen, den Medien, ja sogar bis hin zu den Taxifahrern der Stadt.

Eines Nachmittags nahm Dick ein Taxi, um zu einer Besprechung in die Twitter-Zentrale zu fahren.

»Wohin?«, fragte der Fahrer.

»Ecke Market und Tenth«, erwiderte Dick. »Twitter-Zentrale.«

Er werde seinen Gast an der Ecke herauslassen müssen, erklärte der Taxifahrer, weil man dort auf der Market Street nirgendwo halten könne. »Es ist jedes Mal das Gleiche, wenn ich jemanden dorthin fahre«, klagte der Mann. »Es sollte vor dem Twitter-Gebäude wirklich einen Haltestreifen geben.«

»Mal sehen, was ich für Sie tun kann«, sagte Dick verständnisvoll. »Ich bin der Vorstandschef von Twitter.«

Der Taxifahrer drehte sich aufgeregt um und rief: »Wow! Sie sind Jack Dorsey?!«

Dick seufzte.

Mochte es in der Öffentlichkeit auch nicht bekannt sein, wenigstens die Angestellten von Twitter wussten, dass Dick das Sagen hatte.

Er hatte sich redlich Mühe gegeben, um nach den stürmischen Jahren mit verschiedenen Vorstandschefs in der Firma für eine gute Stimmung zu sorgen. Dick war bei den Mitarbeitern unzweifelhaft beliebt. Er vergalt es ihnen, indem er sich wirklich für die Firma und die Menschen, die in ihr arbeiteten, ins Zeug legte. Er hatte sich außerdem sehr bemüht, im Unternehmen die ethischen Werte lebendig zu halten, die Ev, Biz und Goldman eingeführt hatten, und sträubte sich weiterhin gegen die Herausgabe von Nutzerinformationen an die Behörden. Bei alledem war er sich bewusst, dass er eine Verantwortung hatte, Twitter zu einer profitablen, florierenden Firma zu machen. Dick und Finanzvorstand Ali Rowghani machten sich außerdem daran, Feeds von Drittanbietern zu blocken, damit Konkurrenten wie Bill Gross die Nutzer nicht von Twitter zu anderen Netzwerken weglotsen konnten.

Nachdem die Angestellten ihre Kartons ausgepackt und Bücher, Tastaturen, Computerkabel und persönliche Gegenstände auf und in den Schreitischen ihres neuen Büros verteilt hatten, hielt Dick in der Zentrale an der Market Street seine erste Mitarbeiterversammlung ab. Er stand in der Cafeteria vor seiner Belegschaft und hieß alle an ihrer neuen Arbeitsstätte willkommen. Twitters neues Heim sah nun wie die Zentrale eines großen Konzerns aus, dessen Bewertung unter Dicks Führung 2012 auf zehn Milliarden Dollar angestiegen war. Das Unternehmen machte nunmehr eine Million Dollar Umsatz pro Tag durch gesponserte Tweets und andere

Werbung. Bis Ende des Jahres würde es mit Hunderten Millionen Dollar Werbeeinnahmen im Jahr durchgehend profitabel werden. Unter Dick bekam Twitter auch bald das Problem der Ausfallzeiten in den Griff und war nahezu 100 Prozent der Zeit online. In weniger als zwei Jahren sollte das Unternehmen an die Börse gebracht werden und schließlich, wie die Investoren hofften, 100 Milliarden Dollar wert sein.

Mit dem Mikro in der Hand schritt Dick vor den lauschenden Angestellten auf und ab und rekapitulierte den Umzug. Er habe, sagte er, die Umzugsfirma angewiesen, von den Kunstwerken eines zurückzulassen. Es hatte seit Ende Dezember 2009 in der Folsom Street gehangen. Das Kunstwerk mit schwarzem Rahmen und weißem Rand war in einem Anflug von Ironie falsch herum aufgehängt worden. In großen weißen Lettern auf schwarzem Grund hatte es die Betrachter aufgefordert, morgen bessere Fehler zu machen als heute: »Let's make better mistakes tomorrow.«

Die neuen Büros, erklärte Dick, bedeuteten, dass es für Twitter an der Zeit war, als Unternehmen erwachsen zu werden, die langen Ausfallzeiten zu beenden und die lange Liste anderer Probleme zu bereinigen, die Twitters Kindheit geplagt hatten.

»Wir lassen das Motto, morgen bessere Fehler zu machen, im alten Gebäude zurück«, sagte Dick. »Das ist nicht mehr die Art von Firma, die wir sind.«

Was passiert gerade?

Jeden Tag lugt Chris Hadfield, Kommandant der internationalen Raumstation ISS auf ihrer 35. Mission, aus dem Kuppelfenster seines Raumschiffes, hält seine Digitalkamera hoch und nimmt einen kleinen, rechteckigen Ausschnitt des Planeten Erde auf. Er schwimmt dann durch die Schwerelosigkeit zurück zu seiner Schlafkoje, lädt die Bilder auf seinen Computer und twittert sie. Es sind digital verewigte Ansichten, wie sie die meisten der sieben Milliarden Menschen, die sich unter ihm drehen, im wirklichen Leben niemals selbst zu Gesicht bekommen werden.

Er fängt in seinen Aufnahmen den Nahen Osten ein, wo Proteste gegen diktatorische Regime immer noch mithilfe von Twitter organisiert werden. Er fotografiert Rom, wo der Papst nun Abermillionen Katholiken kurze Glaubensbotschaften in 140 Zeichen zukommen lässt. Er fängt Washington D.C. ein, wo der Präsident der Vereinigten Staaten die Amerikaner regelmäßig in Tweets anspricht. Er lichtet Israel und die palästinensischen Autonomiegebiete ab, wo immer wieder Konflikte um Land aufleben, die die Parteien auch online auf Twitter austragen. Er fängt Bilder für Hunderte Millionen Menschen ein, die einander jede Woche Milliarden von Tweets schicken, in jeder Sprache und jedem Winkel des Globus.

Am 24. Januar 2013 flog Hadfield zufällig über San Francisco, machte einen Schnappschuss von der Stadt, in der Twitter aus der Taufe gehoben worden war, und twitterte das Bild. Betrachtet man das Foto genauer, sieht man die Golden Gate Bridge, ihre riesigen, in den Himmel ragenden Pylone, umgeben von der Bucht von San

Francisco – eben jene Bucht, durch die ein paar Jahre zuvor eine Gruppe von Freunden, die in einer kleinen, untergehenden Podcasting-Firma namens Odeo arbeiteten, zu einem Umtrunk in Sam's Anchor Café segelten, knapp ein Dutzend Leute, die alle auf ihre je eigene Weise zur Schaffung von Twitter beitrugen.

Könnte man in Kommandant Hadfields Foto hineinzoomen und es lebendig werden lassen, könnte man zu den Wolkenkratzern, Wohn- und Bürohäusern der Stadt hinabtauchen und sich durch das dichte Gewirr der Straßen bewegen, so könnten einem unterwegs Jack, Ev, Biz und Noah begegnen, die durch die Stadt wandeln – getrennt, zusammen.

***

In banger Erwartung betrat Noah mit seiner Freundin Delphine im Sommer 2012 eine Arztpraxis. Sie nannten der Sprechstundenhilfe am Empfang ihre Namen und füllten ein Formular aus, setzten sich ins Wartezimmer und hielten einander an der Hand.

Noah war Mitte 2011 zurück nach San Francisco gezogen, nachdem ihm klar geworden war, dass es an der Zeit war, mit dem Leben weiterzumachen. Er kehrte in ein anderes Leben zurück als jenes, das er zwei Jahre zuvor verlassen hatte. Er hatte in Los Angeles seine Habseligkeiten in Pappkartons verstaut und war wieder nach Norden aufgebrochen, von wo aus er damals die umgekehrte Richtung eingeschlagen hatte. Ohne Noah hätte Twitter niemals das Licht der Welt erblickt, doch sein eigenes Dasein hing beileibe nicht an Twitter.

Die Zeit heilt alle Wunden, auch wenn manche sehr deutliche Narben hinterlassen. Er zog wieder in dieselbe Stadt und mietete sich mit Delphine in einem anderen Viertel eine Dachgeschosswohnung. Er fand neue Freunde, Leute, die nichts mit IT zu tun hatten und nicht seine Geschäftspartner werden würden.

Dann, im Juli 2012, erfuhr er die Neuigkeit und vereinbarte einen Termin beim Arzt.

Ihr Name wurde aufgerufen, sie gingen durch den Korridor, öffneten eine Tür und betraten einen abgedunkelten Raum mit piependen Apparaten, Monitoren und blinkenden Lämpchen. Delphine wurde aufgefordert, sich auf die Liege zu legen und ihre Bluse hochzuziehen, während Noah nervös zuschaute. Die Ärztin drückte eine Reihe von Knöpfen und rieb Delphines Bauch mit Gel ein. Noah hielt zärtlich ihre Hand.

Die Ärztin bewegte die Sonde über Delphines Bauch, vergrößerte einzelne Ausschnitte auf dem Monitor, speicherte sie als Bilddateien ab und wandte sich schließlich zu Delphine und Noah.

»Herzlichen Glückwunsch«, sagte sie mit einem Lächeln. »Sie werden ein kleines Mädchen bekommen.« Noah schossen Freudentränen in die Augen, Delphine strahlte überglücklich. Überwältigt vergrub er sein Gesicht in den Händen und weinte. Er hatte über die Jahre ungezählte Tränen vergossen. Er hatte allein geweint, in seinem Bett, in seinem Camper. Doch dieses Mal war es anders, heute kullerten seine Tränen vor lauter Glück. Er hatte sich immer ein Mädchen gewünscht, das er im Arm halten, wiegen, küssen und umsorgen konnte. Ein kleines Kind, das er lieben konnte. Nun wuchs dieses Wesen in Delphines Bauch heran.

In diesem Augenblick wurde ihm klar, was er Mitte 2006 gesucht hatte, als er sich an seinen Computer gesetzt und einen kurzen Blogpost zum Namen des jüngsten Projekts getippt hatte, das er mit seinen Freunden begonnen hatte: Twitter.

Er hatte erklärt, was dieser neue Dienst leisten würde: »Die Tatsache, dass ich erfahren konnte, was meine Freunde in jedem Augenblick des Tages taten, gab mir das Gefühl, ihnen näher verbunden und, ganz ehrlich, weniger einsam zu sein.«

Was ihn bewegt hatte, als er sich an der Gründung von Twitter beteiligte, war die Hoffnung gewesen, dass er über die Informationstechnologie mit Menschen in Verbindung kommen konnte. Doch die wahre Verbindung, die er gesucht hatte, war die Hand, die er in diesem Augenblick hielt, Delphines Hand. Auch die technischen Apparaturen im Raum hatten für Noah etwas geleistet, was Twitter nie vermocht hatte: eine Verbindung zu einem Wesen zu spüren, das noch gar nicht ganz auf der Welt war. Technik hatte ihn mit seinem noch ungeborenen Baby verbunden.

Noah fing sich wieder, wischte sich die Tränen ab, schaute Delphine an und küsste sie. Draußen vor der Praxis trocknete der Wind sein feuchtes Gesicht. In den Bäumen hüpften und flatterten Vögel umher und zwitscherten im warmen Sonnenlicht San Franciscos ihre Weisen. Er nahm Delphines Hand und schlenderte mit ihr die Straße hinunter. Verglichen mit seinen ehemaligen Mitgründern hatte Noah mit Twitter und Odeo nur sehr wenig Geld verdient. In Zukunft möchte er sich mit seinen geringen Ersparnissen wieder an der Gründung eines Start-up-Unternehmens versuchen.

Am 6. April 2013 twitterte Noah zum ersten Mal seit zwei Jahren: »Mit von herrlichen Freudentränen befeuchteten Wangen und in tiefer Demut feiere ich die Geburt meiner Tochter Oceane Donnie Marie-Louise Poncin Glass.«

***

Wenn Biz und Livy an manchen Morgen in ihrem 185 Quadratmeter großen Haus in Marin County weich gebettet aufwachen und die Sonnenstrahlen durchs offene Fenster fallen, sagt Biz manchmal: »Hey, Livy! Wir sind reich! Wir sind reich!«, woraufhin beide kichern wie Kinder über einen geheimen Schatz von Süßigkeiten. Sie erinnern sich daran, dass sie in der Entstehungszeit von Twitter ein ganz anderes Leben geführt hatten. Manchmal kommt ihnen dann ein ganz bestimmter Tag vor fünf Jahren in den Sinn, als sie vor der Elephant Pharmacy in Berkeley standen.

Es war ein Spätnachmittag an einem Wochenende gewesen. Biz und Livy waren in die Küche ihrer kleinen, kastenförmigen Wohnung gegangen und hatten den Kühlschrank geöffnet. Es war nichts drin gewesen, er war nur eine mit weißem Plastik ausgeschlagene, gähnend leere Höhle. Sie durchstöberten die Schränke: leer. Ihre Portemonnaies: ohne einen Cent. Zu dieser Zeit hatten sie mehrere Zehntausend Dollar Kreditkartenschulden, eine offene Rechnung türmte sich auf die andere. Sie hatten sich bereits zweimal Geld von

Ev geborgt, von dem nichts mehr übrig war. Ihre Tweets beklagten ihren aktuellen Zustand: »Wir zahlen Rechnungen.«

Sie waren völlig pleite und wussten nicht mehr ein noch aus. Da kam ihnen plötzlich eine Idee.

»Ich wette, da ist eine Menge Kleingeld in dieser Dose«, sagte Biz und schnappte sich die große Kaffeedose, in der die beiden ihr Kleingeld gesammelt hatten. Es war ein selbstgebasteltes Sparschwein, eine runde Dose aus Metall mit einem Plastikdeckel. Jeden Tag kamen die Stones nach Hause und ließen 10-, 5- und 1-Cent-Stücke in die Dose plumpsen, manchmal sogar ein paar 25-Cent-Stücke. *Klack, klack, klack.* Nach und nach, als sich die Dose zu füllen begann, wurde das Echo leiser. Pleite und hungrig, wie sie waren, beschlossen sie, dass es an der Zeit war, ihr Sparschwein zu plündern. Sie liefen die Cedar Street hinunter, die Kaffeedose wie ein rohes Ei in der Hand, und kamen zur Elephant Pharmacy im »Gourmet Ghetto«, dem Geschäftsviertel von Nordberkeley. Sie betraten den Laden durch die Glastür und gingen zum Geldwechsler.

Seine Gelddose fest im Griff, begann Biz unter Livys wachsamen Blick die Münzen einzuwerfen. Sie hatten geschätzt, aus ihrer Spardose 30 Dollar schlagen zu können – womöglich sogar 50! –, doch schon waren sie darüber hinaus. Bald waren sie bei 60 Dollar angelangt, dann bei über 70, schließlich bei 80. Und es war noch mehr Kleingeld übrig.

»Mein Gott! Mein Gott!«, rief Livy, klatschte vor Freude in die Hände und sprang umher.

»Sind wir etwa in Las Vegas?!«, scherzte Biz, während sein Blick zwischen der Anzeige und Livy hin und her sprang.

»Meine Güte, schaffen wir es vielleicht über 100 Dollar?«, fieberte sie mit, während der Betrag weiter in die Höhe stieg. Schweigend sahen sie nun zu, wie die Maschine weiterzählte: 90 Dollar, 91, 92. Als sie über 100 Dollar kamen und schließlich den Endbetrag von 103 Dollar erreicht hatten, brach Livy in Jubel aus und hüpfte mit rudernden Armen auf und ab. Ihre Gesichter verklärten sich zu einem außerirdischen Grinsen: Das Glück steckte in einer gefüllten Kaffeedose.

Nachdem sie ihren Gewinn eingestrichen hatten, liefen sie zu einem Supermarkt, luden den Wagen voll, kauften Chips und Dips, Brot und ein Sixpack billiges Bier und was nicht noch alles und liefen glücklich nach Hause. Beruhigend raschelten die vollgepackten Lebensmitteltüten, als sie die Cedar Street hinunterliefen.

Jahre später hatte sich ihr Leben radikal verändert. Biz bekommt manchmal für eine 15-minütige Rede über eine halbe Million Dollar. Ihr Bankkonto, auf dem einst ein Minus prangte, endet nun auf sieben Nullen.

»Geld verändert die Leute selten, es verstärkt nur ihr eigentliches Wesen«, sagt Biz gerne, wenn ihn Leute nach seinem Reichtum fragen. Biz und Livy fahren noch immer in ihrem alten Volkswagen und Subaru zur Arbeit. Biz sieht immer noch so aus, als kleide er sich in Secondhandläden ein. Und das Gros ihrer Einkünfte geht an die Biz and Livia Stone Foundation (zur Unterstützung von Organisationen, die sich um bedürftige Studenten kümmern) sowie an eine Reihe von Tierschutzgebieten. Als Folge können sich nun ein paar Mäuse mehr über ein behütetes Habitat freuen.

***

Anfang 2012 verkaufte Jack sein Loft an der Mint Plaza, kehrte den Obdachlosen im nahegelegenen Tenderloin-Viertel den Rücken und zog in den schicksten Teil der Stadt. Sein neues Heim, für das er beinahe 12 Millionen Dollar zahlte, ist von der Straße aus nicht einsehbar. Es liegt hinter einem großen Holztor jenseits einer steilen Zufahrt, vor den Blicken Neugieriger durch alte, im Wind wogende Bäume verdeckt. Die Rückseite des Hauses bildet eine lange Glasfassade vor einer steil abfallenden Klippe, der Rand des Kontinents.

Jeden Abend, wenn Jack von der Arbeit nach Hause kommt, tippt er das Passwort in die Tastatur der Eingangstür und verschwindet in seinem leeren Himmelsschloss aus Glas. Die Zimmer des Hauses sind spärlich möbliert. Im Wohnzimmer stehen nur ein paar

Möbelstücke, darunter die gleiche Couch mit Stuhl von Le Corbusier, die Steve Jobs einst in seinem Haus hatte.

Vom Wohnzimmer öffnet sich eine Reihe von Glastüren auf den Balkon, der wie ein Zauberteppich in der feuchten Luft über den Felsen zu schweben scheint. An manchen Abenden geht Jack allein hinaus und blickt über die Bucht. Wie das Brüllen eines Löwen in einem tiefen Verließ branden unten die Wellen mit dumpfem Donnern gegen die Felsen.

2013 hat Jack ein Nettovermögen von 1 Milliarde Dollar. Es sah ganz danach aus, dass er auf der Gewinnerseite stand. Doch manche Leute, die ihn kannten, als er acht Jahre zuvor zu Odeo gekommen war, hatten den genau gegenteiligen Eindruck. Damals war er als stiller, junger Programmierer zu dem Unternehmen gekommen, auf der Suche nach Freunden und einem Mentor. Den Mentor fand er gewissermaßen in Steve Jobs, den er nachahmte. Aber er verlor seine Freunde, als er sie als Trittleiter benutzte, um an die Spitze zu gelangen.

Jack erscheint häufig auf den Titelseiten von Magazinen. Die Sendung 60 Minutes brachte ein Porträt von ihm als Visionär, und er wird in den Klatschblättern als milliardenschwerer Playboy verkauft, der mit den Stars rauschende Partys feiert. Er wird häufig als der nächste Steve Jobs und als alleiniger Erfinder von Twitter bezeichnet.

Wenn er von seinem Balkon auf den dunklen Ozean unter ihm hinabblickt, kann er die Geräusche der Schiffe hören, die vom Meer heimkehren und bei der Ankunft im Hafen einsam ihre Nebelhörner tuten lassen.

Heute, Anfang 2013, tritt Jack oft allein auf den Balkon hinaus, lässt sich die Meeresluft um die Nase wehen, blickt auf den Ozean hinaus und plant seine nächsten Züge: schmiedet Pläne für Square, wo er sich als fähiger Firmenchef erwiesen hat, mit dem Ziel, daraus ein milliardenschweres Unternehmen zu machen; macht Pläne für Twitter, wo er eines Tages wieder Vorstandschef werden könnte; sinniert über seinen Traum, einmal Bürgermeister von New York zu werden.

Aber in jenen Augenblicken, wenn er sich wirklich einsam fühlt – wenn der Ozean, die Sirenen, die Felsen aufhören, ihn zu rufen, geht er zurück ins Haus, schließt die Glastüren hinter sich, greift in die Tasche und zieht sein Smartphone hervor. Er erweckt das Glasdisplay mit einem Fingerwisch zum Leben, drückt mit dem Daumen auf das Logo des blauen Vogels – und spricht mit Twitter.

***

An Montagabenden hastet Ev kurz vor fünf Uhr aus der Obvious Corporation, die er nach seinem Weggang von Twitter wieder zu geschäftlichem Leben erweckt hat. Sein Büro liegt in einem gesichtslosen Gebäude an der Market Street nur wenige Blocks vom Twitter-Hauptquartier entfernt. Er eilt nach Hause, um das Abendessen mit seiner Familie einzunehmen. Dann ziehen sie sich nach oben zu ihrer allabendlichen gemeinsamen Lektüre zurück. Es ist der Teil des Tages, der ihnen am liebsten ist.

Ev war nach seinem Ausscheiden bei Twitter monatelang niedergeschlagen. Er hatte versucht, sich das Vorgefallene zu erklären, hatte nach und nach mehr über die Geheimtreffen zwischen Jack und den anderen erfahren. Immer wieder dachte er an die Gespräche mit ehemaligen Mitarbeitern zurück, die überrascht getan hatten, als sie erfuhren, dass er gefeuert worden war. Einige dieser Leute hatten in Wirklichkeit zu den Putschisten gehört.

An Dienstagabenden arbeitet Ev im Wiederschein des leuchtenden Computermonitors oft lange an neuen Projektideen und ist häufig der Letzte, der das Büro verlässt.

Der Wert seiner Anteile an Twitter und anderen Unternehmen beläuft sich nunmehr auf bald 2 Milliarden Dollar und wird zweifellos weiter steigen, während Twitter seinem Ziel zustrebt, ein 100-Milliarden-Dollar-Konzern zu werden.

Mittwochs kommt abends ein Ernährungsberater und Kochlehrer ins Haus. Dann lernen der vierjährige Miles, Ev, Sara und ihr zweiter, vierzehn Monate alter Sohn Owen mehr über Gemüse, Böden und Gartenbau.

2012, ein Jahr, nachdem Ev offiziell Twitter verließ, grübelte er darüber nach, was sich hinter seinem Rücken abgespielt hatte. Zusammen mit Sara fragte er sich damals: Wie müssen wir unsere Kinder erziehen, damit sie sich niemals so verhalten? Wie können wir aus ihnen ehrliche, fürsorgliche Menschen machen? Wie können wir uns bewusst zu den Eltern entwickeln, die wir sein möchten, zu der Art von Familie, die wir großziehen wollen?

Sie kamen auf zwei Antworten. Erstens sollte das Geld, das sie über die Jahre verdient hatten, in eine Stiftung fließen. Wenn Miles und Owen groß wären, sollten sie die Verantwortung dafür übernehmen, das Geld für wohltätige Zwecke und an Hilfsorganisationen zu verteilen, um die Welt zu einem besseren Ort zu machen. Zweitens entwarfen sie für sich einen Wochenplan, der die Familie an die oberste Stelle stellte.

Wochenenden sind für Ev, Sara, Miles und Owen etwas Besonderes. Samstagmorgens macht Ev Waffeln, häufig nach ausgefallenen Rezepten mit Nüssen, Saaten und anderen ungewöhnlichen Zutaten.

Miles ist wie sein Vater ein Tagträumer und sitzt häufig einfach nur da und starrt Löcher in die Luft, während er seinen Gedanken freien Lauf lässt. Sonntags machen sich die beiden Traumtänzer immer gemeinsam zu einem kleinen Abenteuer auf, nehmen zum Beispiel den Zug nach San Francisco, um ein Museum, einen Park oder einen Buchladen zu besuchen.

Ev und Sara haben früh bemerkt, dass Miles wie Ev schüchtern und in Gesellschaft ein wenig unbeholfen ist. So sehr sie dies bei ihm ändern möchten, ist ihnen bewusst, dass sie nur bedingt Einfluss auf sein Wesen nehmen können. Aber sie wissen auch, dass technische Geräte ebenso wenig etwas daran ändern werden, daher ist den Kindern die Benutzung von Computern, Smartphones und Fernsehen strikt untersagt. Stattdessen ermutigen die Eltern ihren Umgang mit Menschen und das Lesen von richtigen, anfassbaren Büchern aus Papier.

So ist es Sonntagabend, vor Beginn des neuen Wochenplans am nächsten Tag, wieder an der Zeit für das allabendliche Ritual, den besten Teil des Tages.

Auf einer Seite von Miles' Zimmer steht ein breites, ovales, graues Sofa. Es ist gerade groß genug für die ganze Familie. Direkt gegenüber steht ein vollgepacktes Regal mit zahlreichen Büchern in allen möglichen Formen und Größen, Kinderbücher, Bücher über Schmetterlinge, Enzyklopädien.

An jedem Abend setzt sich Ev auf das Sofa, Sara nimmt neben ihm mit Owen im Arm Platz, und Miles stürmt durch das Zimmer zum Bücherregal, um sich sein Lieblingsbuch zu holen, eine Geschichte über eine Gruppe von Kindern, die Astronauten werden wollen, wenn sie groß sind. Miles rennt zurück zum Sofa und gibt seinem Papa das Buch, und dann lesen die Erwachsenen gemeinsam daraus vor, während Miles aus dem Fenster schaut, genau wie Ev auf dem grünen Traktor seines Vaters den Wolken am Himmel hinterherschaute.

***

Von Zeit zu Zeit stellen sich die Astronauten der Weltraumstation ISS einer Fragestunde auf Twitter. Es sind Fragen von maximal 140 Zeichen, die durch den Cyberspace in den echten Weltraum geschickt werden, wo die Astronauten, die jeweils sechs Monate in der Raumkapsel auf ihrer Erdumlaufbahn verbringen, ihr Bestes geben, um zu erklären, wie es ist, in einem Raumschiff aus Glas, Metall und Kunststoff Hunderte von Kilometern von der Erde entfernt zu leben.

In einer der Fragestunden wollte eine Frau von der Erde von den Astronauten wissen, ob sie sich im Weltraum einsam fühlten.

»Inmitten jeder Großstadt der Welt, umgeben vom Lärm und dem Gewimmel von Millionen, gibt es einsame Menschen«, antwortete Kommandant Hadfield. »Einsamkeit hat weniger damit zu tun, wo man ist, es ist eher ein Gemütszustand.« Dann erklärte er, dass die wenigen Besatzungsmitglieder in der Raumstation zu ihren Familien mittels einer Reihe von Technologien Kontakt halten, die dazu geschaffen wurden, Menschen zu verbinden: Funk, Telefon, soziale Netzwerke.

Jemand anderes wollte wissen, wie die Astronauten aus dem All twitterten. Hadfield erklärte, dass er in seiner Schlafkoje einen Laptop habe. Wenn er durch das Raumschiff schwebte, um Experimente zu überwachen – zur Heilung von Krankheiten, zur besseren Nutzung knapper Ressourcen, zur Lösung naturwissenschaftlicher Rätsel –, mache er häufig kurze Pausen, um in seiner Schlafkoje sein Twitter-Konto zu kontrollieren. Dort spricht er zu Millionen von Menschen, die fast 400 Kilometer unter ihm auf der Erde leben. Menschen, die mit ihm sprechen, ihn aber nicht berühren können. Menschen, die ihm das Gefühl geben, einfach ein bisschen weniger allein zu sein.

Dank

Auf Twitter darf man jeweils nur höchstens 140 Zeichen senden. Aber selbst gedruckte Bücher haben ihre Längenbegrenzungen, und so bitte ich alle, denen ich hier nicht einzeln danke, um Verständnis. Es lag nicht an fehlender Wertschätzung, sondern am knappen Platz.

Mein besonderer Dank gilt den vielen Hundert Menschen, die mir für dieses Buch Dokumente und E-Mails zu Verfügung gestellt und Interviews gegeben haben, besonders Ev, Biz, Jack, Goldman, Noah, Bijan, Fred, Fenton und Dick. Einige von ihnen haben zwar nur widerwillig mit mir gesprochen, dennoch bin ich ihnen zutiefst dankbar. Es gibt einige, denen ich nicht namentlich danken kann – Quellen, die ihre Arbeitsplätze und ihre Freundschaften riskierten, um mir zu helfen, die Wahrheit herauszufinden. Sie wissen, wer gemeint ist, wenn ich mich hier von Herzen tief vor ihnen verbeuge.

Dank an meine Lektorin Niki Papadopoulos, die mit telepathischer Fähigkeit zu ahnen schien, wann ich beim Schreiben oder bei einem Thema festsaß, um mir, manchmal über Twitter, einen Anstoß zu geben und mich in die richtige Richtung zu lenken. (Ich bin ihr unendlich verbunden, dass sie meinen stundenlangen Abschweifungen über dieses Buch zugehört hat.) Meinen Agenten Katinka Matson, John Brockman und Max Brockman, die mir halfen, dieses Projekt und einen Verleger zu finden, der daran glaubte, sowie Natalie Horbachevsky, Jennifer Mascia, Adrian Zackheim und Drummond Moir für ihr Engagement, ihre Mitarbeit und Hilfe bei diesem Buch.

Dank gilt ferner meinen Freunden und Mitarbeitern: Nora Abousteit, Jill Abramson, Melissa Barnes, Ruzwana Bashir, Lane Becker, Veronica Belmont, Danielle B. Marin, Ryan Block, Tom Bodkin, Danah Boyd, Matt Buchanan, David Carr, Brian Chen, Mathias Crawford, Tony und Mary Conrad, Tom Conrad, Paddy Cosgrave, Dennis Crowley, Damon Darlin, Anil Dash, Mike Driscoll, Aaron Durand, Josh Felser, Tim Ferris, Brady Forrest, David Callhager, Michael Galpert, John Geddes, Shelly Gerrish, Ashley Khaleesi Granata, Mark Hansen, Quentin Hardy, Leland Hayward, Erica Hintergardt, Mat Honan, Arianna Huffington, Kate Imbach , Larry Ingrassia, Walter Isaccson, Mike Issac, Joel Johnson, Andrei Kallaur, Paul Kedrosky, Kevin Kelly, Jeff Koyen, Brian Lam, Jeremy LaTrasse, Steven Levy, Allen Loeb, Kati London, Om Malik, John Markoff, Hubert McCabe, Christopher Michel, Claire Cain Miller, Trudy Muller, Tim O'Reilly, Carolyn Penner, Nicole Perlroth, Megan Quinn, Narendra Rocherolle, Jennifer Rodriguez, Evelyn Rusli, Naveen Selvadurai, Ryan und Devon Sarver, Elliot Schrage, Mari Sheibley, MG Siegler, Courtney Skott, Robin Sloan, Anclrew Ross Sorkin, Suzanne Spector, Brad Stone, David Streitfeld, Gabriel Stricker, Arthur Sulzberger Jr., Kara Swisher, Clive Thompson, Deep Throat, Baratunde Thurston, Mark Trammell, Sara Morishige Williams, Nick Wingfield, Jenna Wortham, Aaron Zamost, Edith Zimmerman.

Dank meiner Familie: Terry und Margie, Betty und Len, Eboo, Weter und Roman, Sandra und David, Stephen, Amanda, Ben und Josh, Matt und Sam und natürlich Michael, Luca, Willow und Crazy Lotte, die mich (und Pixel) beherbergte und verpflegte, während ich an ihrem Esszimmertisch schrieb.

Ich danke den Lesern, dass sie sich in einer Welt endloser Medienangebote die Zeit zur Lektüre dieses Buches genommen haben.

Und zu guter Letzt Chrysta Olson für ihre Weisheit, ihre Unterstützung und Liebe. Dank unserer Diskussionen im Cecconi's und andernorts über den Handlungsverlauf des Buches entspann sich eine ganz eigene Handlung zwischen uns beiden. Ich liebe dich.

E-Book inside:
So funktioniert's

1. Öffnen Sie die **Webseite**
   http://www.campus.de/ebookinside
2. Geben Sie den untenstehenden **Gutscheincode** ein
   und füllen Sie das Formular aus
3. Wählen Sie das gewünschte E-Book-**Format**
4. Mit dem Klick auf den Button am Ende des Formulars
   erhalten Sie Ihren persönlichen **Downloadlink** per
   E-Mail

GUTSCHEINCODE

JJ2AZ-H88KM-9TWM5